国学院大学久我山中学校

(ST)

〈収録内容〉

便利な DL コンテンツは右の QR コードから

解答用紙

過去年度

国語の問題は
紙面に掲載

JN101259

※データのダウンロードは 2025 年 3 月末日まで。
※データへのアクセスには、右記のパスワードの入力が必要となります。 ⇒ 362695

〈合格最低点〉

	第 1 回	第 2 回
2024年度	184点／176点	196点／189点
2023年度	172点／174点	163点／161点
2022年度	155点／160点	166点／171点
2021年度	175点／175点	207点／199点
2020年度	156点／146点	180点／172点
2019年度	156点／151点	―
2018年度	190点／186点	―

※点数の内訳は、男子／女子

本書の特長

実戦力がつく入試過去問題集

- ▶ 問題 …………… 実際の入試問題を見やすく再編集。
- ▶ 解答用紙 …… 実戦対応仕様で収録。
- ▶ 解答解説 …… 詳しくわかりやすい解説には、難易度の目安がわかる「基本・重要・やや難」の分類マーク つき（下記参照）。各科末尾には合格へと導く「ワンポイントアドバイス」を配置。採点に便利な配点つき。

入試に役立つ分類マーク

基本 確実な得点源！
受験生の 90%以上が正解できるような基礎的、かつ平易な問題。
何度もくり返して学習し、ケアレスミスも防げるようにしておこう。

重要 受験生なら何としても正解したい！
入試では典型的な問題で、長年にわたり、多くの学校でよく出題される問題。
各単元の内容理解を深めるのにも役立てよう。

やや難 これが解ければ合格に近づく！
受験生にとっては、かなり手ごたえのある問題。
合格者の正解率が低い場合もあるので、あきらめずにじっくりと取り組んでみよう。

合格への対策、実力錬成のための内容が充実

- ▶ 各科目の出題傾向の分析、合否を分けた問題の確認で、入試対策を強化！
- ▶ その他、学校紹介、過去問の効果的な使い方など、学習意欲を高める要素が満載！

解答用紙ダウンロード 解答用紙はプリントアウトしてご利用いただけます。弊社ＨＰの商品詳細ページよりダウンロードしてください。トビラのＱＲコードからアクセス可。

UD FONT 見やすく読みまちがえにくいユニバーサルデザインフォントを採用しています。

国学院大学久我山 中学校

男女別学でそれぞれの魅力を追求
独自のカリキュラムで
有名大学に多数進学

生徒数　987名
〒168-0082
東京都杉並区久我山1-9-1
☎03-3334-1151
京王井の頭線久我山駅　徒歩12分
京王線千歳烏山駅　バス10分

URL	https://www.kugayama-h.ed.jp/

プロフィール　「きちんと青春」で生き抜く力を

1944年創立。1952年國學院大學と合併。1985年中学校(男子)を再開と共に、高校に女子部を開設。1991年中学校に女子を迎え入れ、男女の特性を伸ばす別学的環境のもと、中高一貫体制が整う。勉学を軸足として、行事に部活動にのびのびと学園生活を謳歌する姿には、「きちんと青春」の気概がみなぎっている。

トピックス　中学女子部「Cultural Communication Class」

2018年度より中学女子部「一般クラス」に変わり、「CCクラス」を新設。國學院大學が掲げる「もっと日本を。もっと世界へ。」のコンセプトのもと、文化交流に光を当て、「日本の文化・伝統を学び世界に発信できる人、他国の文化・伝統を相互に尊重し合える人、英語を意欲的に学びフレンドシップを深められる人になる」ことを目標にしたクラス。Math in English や留学生との交流など「Global Studies」の時間を設け、4技能を中心に「英語力」を伸ばしていく。また、ここ数年来、希望者対象で実施してきたプログラムを中心に、日本文化探究研修やニュージーランドへの修学旅行など、充実した行事が体験できる。

多様化する価値観の中で、生き抜く力を身につけます。

環境　天体観測ドームもある充実した設備

天体ドームを屋上に持つ理科会館や、芸術関連の授業に利用される文科会館。図書館・CALL教室・自習室やカフェテリア・ラウンジなどを備えている学習センター。また部室・合宿所・シャワールームを備えた錬成館や、4つのフロアを持つ体育館に4つのグラウンドなど、そのすべてが武蔵野の薫り深き久我山台上に集まっている。

カリキュラム　真のグローバルの探究&自己実現

男子部では礼節を知るために武道を、女子部では日本の伝統文化である華道、茶道、能楽、日本舞踊などを体験する。その日本文化の根底にある感謝と思いやりの精神を学び、英語で世界に発信できる、すぐれた国際感覚を育んでいく。

また、生徒一人ひとりの可能性を見つけ出すため、生徒に合わせた指導を行う。中学段階では、基本的な学習習慣を身につける。中学1年から高校3年まで、自ら能動的に学ぶ姿勢を培っていく。加えて、勉強合宿や教科を越えた総合学習・修学論文など、夢を叶えるために多彩で緻密なプログラムを実施している。

学校生活　全国規模で活躍の活発な部活動

久我山には高校47部、中学29部の部活動がある。過去春3回、夏3回甲子園出場経験のある野球部が2022年度夏も出場。在校生、OB、OG大勢が応援にかけつけた。また全国大会準優勝経験のあるバスケットボール部やサッカー部、全国優勝5回・花園出場43回のラグビー部、全国高校駅伝大会25回出場の陸上競技部など実力あるクラブが目白押しだ。また、コンクールで常に上位を占める合唱・ダンス・吹奏楽など、その活躍は目覚ましいものがある。

2022 高校ラグビー全国大会出場

進路　難関大へ多数進学　系列大へ優先入学も

東大4名、一橋大3名をはじめとする国公立大59名や、早稲田大63名、慶應義塾大50名、上智大64名、医学部医学科24名など、難関大へ多くの合格者を出している。系列の國學院大學へは「優先入学推薦制度」がある。

2024年度入試要項

試験日　2/1午前・午後(一般・CC第1回・ST第1回)
2/2午前(一般・CC第2回)
2/3午後(ST第2回)
2/5午前(ST第3回)

試験科目　国・算・理・社(第1・2回一般・CC、第3回ST)
国・算(第1・2回ST)

2024年度	募集定員	受験者数	合格者数	競争率
第1回	45/30	162/93	52/33	3.1/2.8
第2回	75/40	277/186	77/75	3.6/2.5
ST1回	40/20	469/189	116/53	4.0/3.6
ST2回	25/20	301/143	37/22	8.1/6.5
ST3回	約15/約10	153/79	26/12	5.9/6.6

※人数はすべて男子/女子
※第1・2回の女子はCCクラスのみ

過去問の効果的な使い方

① **はじめに**　ここでは，受験生のみなさんが，ご家庭で過去問を利用される場合の，一般的な活用法を説明していきます。もし，塾に通われていたり，家庭教師の指導のもとで学習されていたりする場合は，その先生方の指示にしたがって，過去問を活用してください。その理由は，通常，塾のカリキュラムや家庭教師の指導計画の中に過去問学習が含まれており，どの時期から，どのように過去問を活用するのか，という具体的な方法がそれぞれの場合で異なるからです。

② **目的**　言うまでもなく，志望校の入学試験に合格することが，過去問学習の第一の目的です。そのためには，それぞれの志望校の入試問題について，どのようなレベルのどのような分野の問題が何問，出題されているのかを確認し，近年の出題傾向を探り，合格点を得るための試行錯誤をして，各校の入学試験について自分なりの感触を得ることが必要になります。過去問学習は，このための重要な過程であり，合格に向けて，新たに実力を養成していく機会なのです。

③ **開始時期**　過去問との取り組みは，通常，全分野の学習が一通り終了した時期，すなわち6年生の7月から8月にかけて始まります。しかし，各分野の基本が身についていない場合や，反対に短期間で過去問学習をこなせるだけの実力がある場合は，9月以降が過去問学習の開始時期になります。

④ **活用法**　各年度の入試問題を全問マスターしよう，と思う必要はありません。完璧を目標にすると挫折しやすいものです。できるかぎり多くの問題を解けるにこしたことはありませんが，それよりも重要なのは，現実に各志望校に合格するために，どの問題が解けなければいけないか，どの問題は解けなくてもよいか，という眼力を養うことです。

算数

どの問題を解き，どの問題は解けなくてもよいのかを見極めるには相当の実力が必要になりますし，この段階にいきなり到達するのは容易ではないので，この前段階の一般的な過去問学習法，活用法を2つの場合に分けて説明します。

☆偏差値がほぼ55以上ある場合

掲載順の通り，新しい年度から順に年度ごとに3年度分以上，解いていきます。

ポイント1…問題集に直接書き込んで解くのではなく，各問題の計算法や解き方を，明快にわかるように意識してノートに書き記す。

ポイント2…答えの正誤を点検し，解けなかった問題に印をつける。特に，解説の **基本** **重要** がついている問題で解けなかった問題をよく復習する。

ポイント3…1回目にできなかった問題を解き直す。同様に，2回目，3回目，…と解けなければいけない問題を解き直す。

ポイント4…難問を解く必要はなく，基本をおろそかにしないこと。

☆偏差値が50前後かそれ以下の場合

ポイント1～4以外に，志望校の出題内容で「計算問題・一行問題」の比重が大きい場合，これらの問題をまず優先してマスターするとか，例えば，大問2までをマスターしてしまうとよいでしょう。

理科

理科は①から順番に解くことにほとんど意味はありません。理科は，性格の違う4つの分野が合わさった科目です。また，同じ分野でも単なる知識問題なのか，あるいは実験や観察の考察問題なのかによってもかかる時間がずいぶんちがいます。記述，計算，描図など，出題形式もさまざまです。ですから，解く順番の上手，下手で，10点以上の差がつくこともあります。

過去問を解き始める時も，はじめに1回分の試験問題の全体を見通して，解く順番を決めましょう。得意分野から解くのもよいでしょう。短時間で解けそうな問題を見つけて手をつけるのも効果的です。くれぐれも，難問に時間を取られすぎないように，わからない問題はスキップして，早めに全体を解き終えることを意識しましょう。

社会

社会は①から順番に解いていってかまいません。ただし，時間のかかりそうな，「地形図の読み取り」，「統計の読み取り」，「計算が必要な問題」，「字数の多い論述問題」などは後回しにするのが賢明です。また，3分野(地理・歴史・政治)の中で極端に得意，不得意がある受験生は，得意分野から手をつけるべきです。

過去問を解くときは，試験時間を有効に活用できるよう，時間は常に意識しなければなりません。ただし，時間に追われて雑にならないようにする注意が必要です。“誤っているもの”を選ぶ設問なのに“正しいもの”を選んでしまった，“すべて選びなさい”という設問なのに一つしか選ばなかったなどが致命的なミスになってしまいます。問題文の“正しいもの”，“誤っているもの”，“一つ選び”，“すべて選び”などに下線を引いて，一つ一つ確認しながら問題を解くとよいでしょう。

過去問を解き終わったら，自己採点し，受験生自身でふり返りをしましょう。できなかった問題については，なぜできなかったのかについての分析が必要です。例えば，「知識が必要な問題」ができなかったのか，「問題文や資料から判断する問題」ができなかったのかで，これから取り組むべきことも大きく異なってくるはずです。また，正解できた問題も，「勘で解いた」，「確信が持てない」といったときはふり返りが必要です。問題集の解説を読んでも納得がいかないときは，塾の先生などに質問をして，理解するようにしましょう。

国語

過去問に取り組む一番の目的は，志望校の傾向をつかみ，本番でどのように入試問題と向かい合うべきか考えることです。素材文の傾向，設問の傾向，問題数の傾向など，十分に研究していきましょう。

取り組む際は，まず解答用紙を確認しましょう。漢字や語句問題の量，記述問題の種類や量などが，解答用紙を見て，わかります。次に，ページをめくり，問題用紙全体を確認しましょう。どのような問題配列になっているのか，問題の難度はどの程度か，などを確認して，どの問題から取り組むべきかを判断するとよいでしょう。

一般的に「漢字」→「語句問題」→「読解問題」という形で取り組むと，効率よく時間を使うことができます。

また，解答用紙は，必ず，実際の大きさのものを使用しましょう。字数指定のない記述問題などは，解答欄の大きさから，書く量を考えていきましょう。

算数　出題傾向の分析と合格への対策

●出題傾向と内容

今年度の出題数は第1回，第2回ともに大問4題，小問にして27～29題でほぼ例年通りであった。【1】は過不足算，年令算，消去算，縮尺などの小問群，【2】はつるかめ算，差集め算，流水算，相当算，図形などの小問群，【3】はN進法，論理の応用問題，【4】は速さの応用問題であった。

【3】・【4】は導入問題(1)から段階を踏んで(2)以下へと発展していく応用問題である。小問群は基本的なものがほとんどだが，応用問題は思考力を試すものである。やや難解なものも落ち着いて筋道をたてて考えれば十分対応できる。近年多く出題されている「速さ」「割合」「規則性」「和と差」に限らず偏りなく練習を重ねよう。

学習のポイント

どの分野についても基本を身につけると共に，「速さ」・「割合」・「和と差」などの問題を中心にじっくりとり組んでおこう。

●2025年度の予想と対策

来年度も同じような出題傾向・量であると予想される。小問群で確実に解答するため，各分野の基本をまんべんなく確認しておくことが大切である。応用的な問題も取り組み，解けるようにしておけば，十分に対応ができるだろう。平面図形・立体図形の問題も多くはないが毎年出題されている。

日頃から定型以外のパターンの問題に触れるようにしておくと，柔軟な思考力を養う良いトレーニングにもなる。

また，大問の初めの答えが違うと，後続の答えにもひびき，合否を大きく左右することになるので，日頃から見直しの習慣もつけておこう。

▼年度別出題内容分類表

※　よく出ている順に☆，◎，○の３段階で示してあります。

出題内容			2022年		2023年		2024年	
			1回	2回	1回	2回	1回	2回
数と計算		四則計算						
		概数・単位の換算				◎		○
		数の性質	◎	☆	◎	○	☆	○
		演算記号		☆				
図形		平面図形	☆	○	☆	○	○	○
		立体図形	◎	☆	☆	○	○	○
		面積	☆	○	◎	○	○	○
		体積と容積		☆	☆	○	○	
		縮図と拡大図	○		○	◎		○
		図形や点の移動	☆		○	○		○
速さ		三公式と比	☆		○	☆	◎	☆
	文章題	旅人算				☆	☆	☆
		流水算					◎	
		通過算・時計算		◎		○		○
割合		割合と比	○	◎		○	☆	☆
	文章題	相当算・還元算	○		○			
		倍数算	○					○
		分配算						
		仕事算・ニュートン算		○	○	○		
文字と式								
2量の関係(比例・反比例)								
統計・表とグラフ								
場合の数・確からしさ			☆	○	☆	◎		☆
数列・規則性			○	○	○	○	○	◎
論理・推理・集合				○		☆	☆	☆
その他の文章題		和差・平均算			○	○	○	
		つるかめ・過不足・差集め算	☆		☆	○	☆	◎
		消去・年令算	○		○	○	○	○
		植木・方陣算			○			

国学院大学久我山中学校(ST)

算数 ——グラフで見る最近３ヶ年の傾向——

最近３ヶ年に出題されたすべての問題を内容別に分類・集計し，全体に対して何パーセントくらいの割合になっているかを示しました。

……50校の平均　　　　……国学院大学久我山中学校(ST)

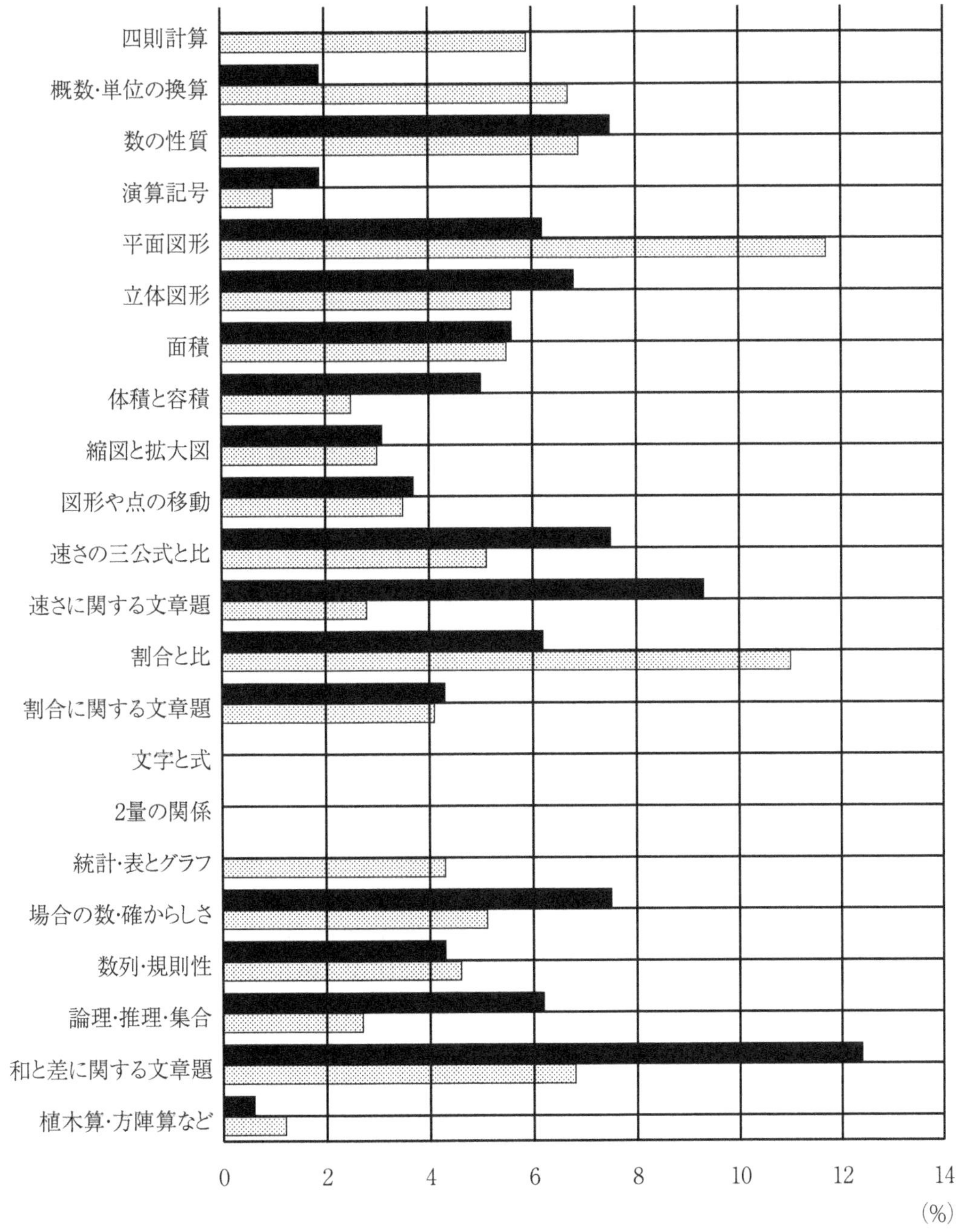

国語　出題傾向の分析と合格への対策

●出題傾向と内容

STでも，読解問題2題と，知識問題1題の計3題の構成となった。昨年に引き続き従来読解問題の三で出題されてきた内容説明の記述問題が一・二に組み込まれる形となった。とくに2回は記述問題の比重が高い。一・二とも設問自体は多くはないが，長文のしっかりした読みと同時に，高い表現力を求めているようだ。独立した知識問題では，漢字，ことわざ，四字熟語，敬語などが幅広く出題されているものの基本的なものである一方，短歌の出題では季節が問われており，自然感がうすれた現代では難易度が高く，苦戦しそうなものが出題されている。

学習のポイント

課題文は全体を通した内容の流れをつかむように読み進めよう。知識問題は幅広く学習しておこう。

●2025年度の予想と対策

もともと本校の出題傾向は読解力重視というものといえるが，STではさらにその力を求めていく傾向になっていくだろう。課題文は決して難解で読み切れないというものではないが，含み，深みのある表現を的確に把握する感性や，それを表現する表現力を養う必要がありそうだ。通り一遍に読むのではなく，そこで伝えたいことなどをまとめるには，短く要約文を書いてみることが有効である。

知識問題は，基本的な知識問題をおさえることはもちろん，独立した設問になっても不思議ではない難易度がある短歌，俳句などの出題に備えた学習が求められる。

▼年度別出題内容分類表

※　よく出ている順に☆，◎，○の３段階で示してあります。

出題内容			2022年 1回	2022年 2回	2023年 1回	2023年 2回	2024年 1回	2024年 2回
内容の分類	読解	主題・表題の読み取り						
		要旨・大意の読み取り	○	○		○	○	
		心情・情景の読み取り	☆	☆	☆	☆	☆	☆
		論理展開・段落構成の読み取り	○		○			
		文章の細部の読み取り	☆	☆	☆	☆	☆	☆
		指示語の問題						
		接続語の問題			○			
		空欄補充の問題	○	◎	◎	◎	◎	◎
	知識	ことばの意味	○	○	○	○	○	○
		同類語・反対語						
		ことわざ・慣用句・四字熟語	○	○	○	○	◎	◎
		漢字の読み書き	☆	☆	☆	☆	☆	☆
		筆順・画数・部首						
		文と文節						
		ことばの用法・品詞			○	○		
		かなづかい						
		表現技法						
		文学作品と作者						
		敬語					○	○
	表現	短文作成						
		記述力・表現力	○	◎	○	○	○	◎
文の種類		論説文・説明文						
		記録文・報告文						
		物語・小説・伝記						
		随筆・紀行文・日記						
		詩（その解説も含む）						
		短歌・俳句（その解説も含む）	○	○	○	○	○	○
		その他						

国学院大学久我山中学校（ST）

国語 ――グラフで見る最近3ヶ年の傾向――

最近3ヶ年に出題されたすべての問題を内容別に分類・集計し，全体に対して何パーセントくらいの割合になっているかを示しました。

……50校の平均　　　……国学院大学久我山中学校(ST)

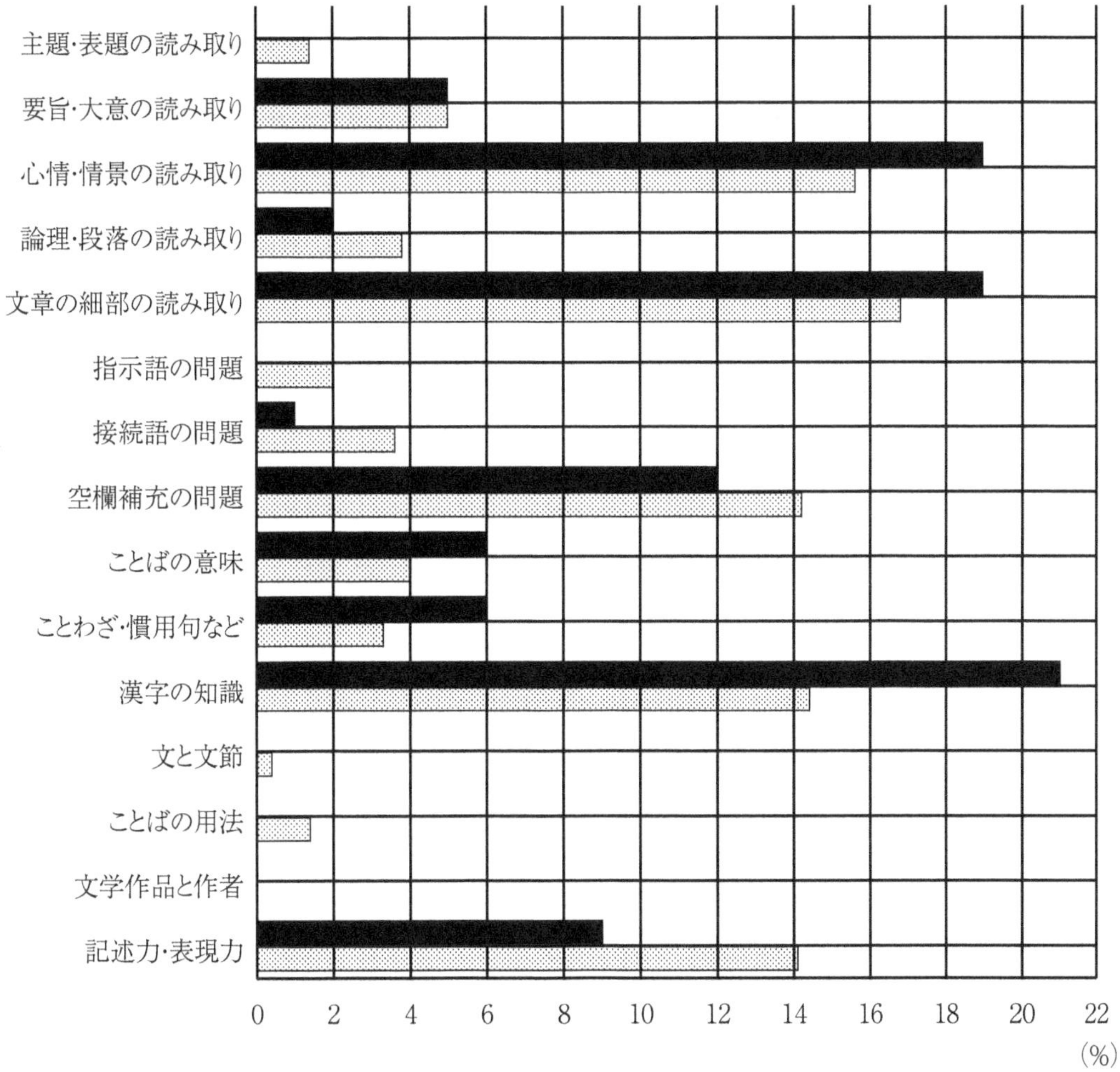

	論説文 説明文	物語·小説 伝記	随筆·紀行 文・日記	詩 （その解説）	短歌·俳句 （その解説）
国学院久我山 中学校	47%	47%	0%	0%	6.0%
50校の平均	47.0%	45.0%	8.0%	0%	0%

2024年度 合否の鍵はこの問題だ!!

（第1回）

算 数 【4】

このような大設問は小問を順に取り組むことで，前の小問をヒントに次が取り組みやすくなる。前の小問でなぜそのようなことを求めさせたのかと考えたり，情報整理することで次の問題の手がかりが見つかる。この問題の場合，ロボットA，ロボットBが反対方向に進んでおり，地点P，Q，Rにシャッターがある。(1)ではロボットAの動き，(2)ではロボットBの動きを考える。シャッターの動きとの関係も考えることになる。(3)では(1)と(2)で考えたことを利用し，出会うのはいつか考える。(4)(5)では，ロボットAの速さが変わるが，(1)で考えたことを利用し，シャッターとの関係も意識して，ロボットAとロボットBがいつどの地点にくるか図に書き込みながら，出会う場所を考える。1回目，2回目，3回目，4回目がどこになるのか，記号を選ぶ形になっているので考えやすい。(5)を考える時(4)のその先がどうなるのかを考える。5回目で最初の状態になることから規則性，周期を利用することができる。問題文が長く複雑な場合は，大切な情報，何か手がかりがないか見つける為，与えられた条件を注意深く見きわめ，解きすすめていくことが大切である。

国 語 三 問四

物語・小説文などの文学的文章は作品の中の時間の流れに注意が必要である。時間は直線的に未来に向かって流れるだけでなく，回想という形で過去の出来事が描かれることがある。それは，回想場面で過去の時間としてはっきり示される場合もあれば，人物の思い出として，また，会話の中で語られるものとして現在の時間の中にはさみ込まれる形で示される場合もある。物語・小説文の中の時間の流れをしっかりとつかむことが合否の鍵になる。

問四は，冴の考えを本文中の言葉を使って説明する問いであるが，答えになる部分は別の回想部分にある。解説で説明したように回想のきっかけとなる出来事をつかみ，同じ出来事について描いている部分をとらえ，その中から答えになる部分を探す作業が求められている。

文学的文章の作品の中に流れる時間は現在と過去，さらには未来についても描かれる。時間の流れを正しくとらえることが文学的文章の読解では重要である。

2024年度

★★★★★★★★★★★★★★★★★★★★★★★

入　試　問　題

2024年度

国学院大学久我山中学校入試問題（ＳＴ第１回）

【算　数】（60分）　＜満点：150点＞

【注意】１．**解答はすべて，問題の番号と解答用紙の番号が一致《いっち》するように，解答用紙の解答らんに記入してください。**

２．分度器・コンパスは使用しないでください。

３．円周率は3.14とします。

【１】 次の □ にあてはまる数を答えなさい。

⑴　ある会場の長いすに４人ずつ座ると６人が座れません。５人ずつ座ると８人分の席が余ります。会場に集まった人は □ 人です。

⑵　１日に □ 秒ずつ遅《おく》れる時計があり，１月１日の午前８時に時計の針を正確に合わせました。その年の２月１日の午前８時には，この時計の針は午前８時10分20秒を指しました。

※問題不成立により，受験者全員に対して一律に加点いたしました。

⑶　$\frac{1}{11}$より大きく$\frac{1}{10}$より小さい分数のうち，分母がいちばん小さい分数は □ です。

⑷　ある年の４人家族の年令は，父が42才，母が44才，兄が12才，弟が３才でした。両親の年令の和が兄弟の年令の和の２倍になるときの父の年令は □ 才です。

⑸　男子30人，女子20人，あわせて50人の身長の平均は158㎝で，男子30人の身長の平均は女子20人の身長の平均より５㎝高いです。男子30人の身長の平均は □ ㎝です。

⑹　長さの差が133㎝である２本の棒Ａ，Ｂがプールの底につくようにまっすぐ入っています。Ａの$\frac{4}{7}$とＢの30％が水につかっているとき，水の深さは □ ㎝です。

【２】 次の問いに答えなさい。

⑴　ポンプＡは毎分５Ｌ，ポンプＢは毎分８Ｌの割合で水そうに水を入れることができます。空《から》の水そうを満水にするまでに，ポンプＡだけで入れるとポンプＢだけで入れるときより９分長くかかります。この水そうの容積は何Ｌですか。

⑵　荷物が50個あり，それらをドローンで運びます。荷物を落とさずに運べると報酬《ほうしゅう》として１個につき200円もらえます。しかし，落としてしまうと１個につき報酬の200円はもらえず700円支払います。荷物を運び終えたところ，所持金は運ぶ前より5500円増えました。落としてしまった荷物は何個ですか。

⑶　静水時の速さが一定である船が，川の上流に向かって進むときは分速150ｍ，下流に向かって進むときは分速300ｍの速さで進みます。

①　川の流れの速さは分速何ｍですか。

②　川の上流にあるＡ町と下流にあるＢ町の間を船が１往復するのに70分かかりました。Ａ町とＢ町の間の距離《きょり》は何ｍですか。

⑷　原価300円の品物を150個仕入れました。原価の25％の利益を見込《みこ》んで定価をつけて売りましたが，60個しか売れなかったので，残りの90個を値下げして売ったところ，すべて売れて利益が

8550円でした。値下げした商品は定価の何％引きで売りましたか。

⑸　９％の食塩水300ｇを加熱し水を蒸発させて15％の食塩水をつくろうとしましたが，加熱しすぎて18％の食塩水になりました。そこで濃度《のうど》のわからない食塩水を50ｇ加えたところ15％の食塩水になりました。加えた食塩水の濃度は何％ですか。

⑹　右の図は，正方形と円がぴったりとくっついている図形です。斜線《しゃせん》部分の面積は何㎠ですか。

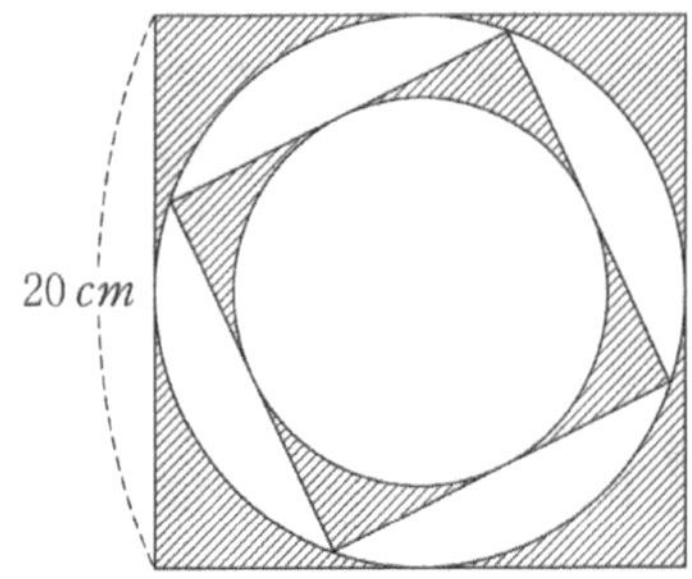

⑺　図１のような満水にした直方体の形をした水そうがあります。この水そうを図２のように底面の辺BFを水平な地面につけたまま45°傾《かたむ》けたとき，こぼれた水の量は何㎤ですか。

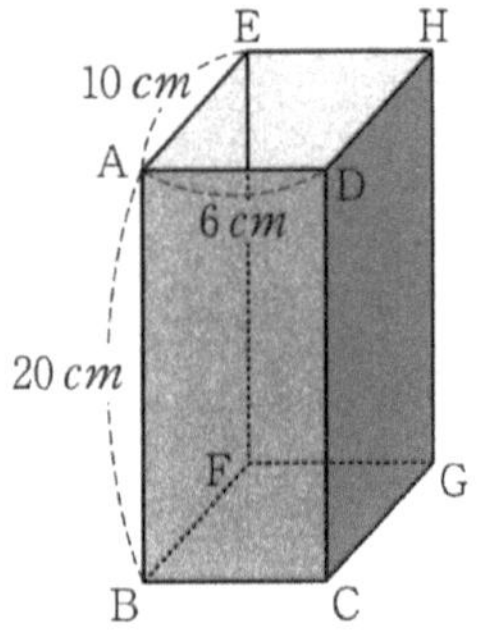

図１

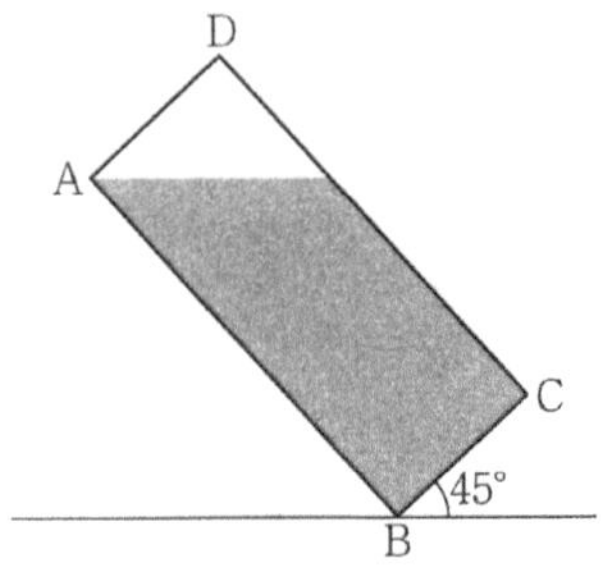

図２

【３】　下の図のような，目盛りのある計器Ａ，Ｂ，Ｃがついた装置があります。はじめの状態は，すべての針が０を指しています。

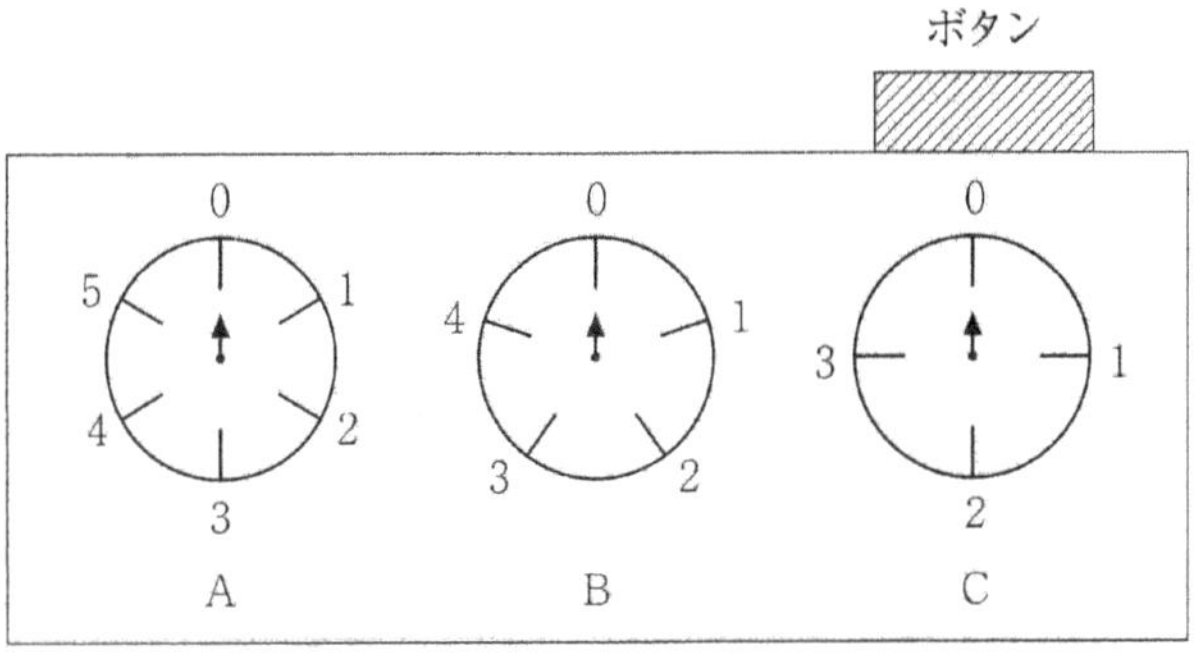

Ｃの針は，装置についているボタンを１回押《お》すごとに１目盛りずつ時計回りに動きます。

Ｂの針は，Ｃの針が１周して０を指すごとに１目盛りずつ時計回りに動きます。

Ａの針は，Ｂの針が１周して０を指すごとに１日盛りずつ時計回りに動きます。

例えば，ボタンを６回押すと，Ａの針は０を指し，Ｂの針は１を指し，Ｃの針は２を指します。この状態を（0，1，2）と表します。

また，（5，4，3）の状態からボタンを１回押すと（0，0，0）になります。次の問いに答えなさい。

⑴　①　はじめの状態からボタンを16回押すと，針はどのような状態になりますか。

②　はじめの状態からボタンを25回押すと，針はどのような状態になりますか。

⑵　はじめの状態からボタンを何回か押すと（4，3，2）になりました。ボタンを何回押しましたか。考えられる回数のうち，一番少ない回数を答えなさい。

⑶　はじめの状態からボタンを何回か押すと再び（0，0，0）になりました。ボタンを何回押しましたか。考えられる回数のうち，一番少ない回数を答えなさい。

⑷　（3，2，1）の状態からボタンを何回か押すと（1，2，3）になりました。（3，2，1）の状態から（1，2，3）になるまでボタンを何回押しましたか。考えられる回数のうち，一番少ない回数を答えなさい。

⑸　ある状態からボタンを2024回押すと（5，4，3）になりました。ある状態を答えなさい。

【4】　右の図のように，１周72cmの円形のコース上に３つの地点Ｐ，Ｑ，Ｒが等間隔にあり，地点Ｐ，Ｑ，Ｒには上下に動くシャッターがあります。

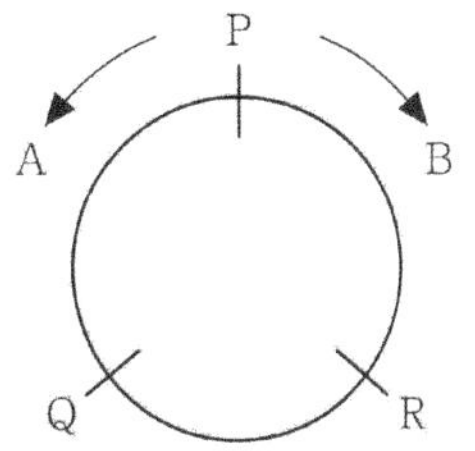

このコース上を自動で走行するロボットＡ，Ｂがあり，ロボットＡ，Ｂは，はじめ地点Ｐに止まっています。

ロボットＡは反時計回り，ロボットＢは秒速４cmで時計回りにそれぞれ一定の速さでＰから同時に出発します。

３つのシャッターは，ロボットが出発してから６秒後までの６秒間は上がり，6秒後から８秒後までの２秒間は下《お》り，8秒後から14秒後までの６秒間は上がり，14秒後から16秒後までの２秒間は下り，……と規則的に上下に動きます。シャッターが下りている間，ロボットはこの地点を通過することができません。

ただし，ロボットが地点Ｐ，Ｑ，Ｒに着いたと同時にシャッターが下りたときはシャッターが上がるまでその地点から動けず，その地点に着いたと同時にシャッターが上がったときは止まらずに動けます。

シャッターの厚みと，シャッターが動く時間は考えないものとして，次の問いに答えなさい。ただし，⑶，⑸は途中《とちゅう》の考え方も書きなさい。

ロボットＡを秒速３cmで動かします。

⑴　①　ロボットＡが出発してからはじめて地点Ｑに着くとき，Ｑで何秒間止まりますか。ただし，止まらない場合は０秒間と答えなさい。

②　ロボットＡが出発してから１周して地点Ｐに着くのは，出発してから何秒後ですか。

⑵　①　ロボットＢが出発してからはじめて地点Ｒに着くとき，Ｒで何秒間止まりますか。ただし，止まらない場合は０秒間と答えなさい。

②　ロボットＢが出発してから１周して地点Ｐに着くのは，出発してから何秒後ですか。

⑶　ロボットＡとＢが同時に出発してから，はじめて出会うのは，出発してから何秒後ですか。
ロボットＡを秒速4.5㎝で動かします。

⑷　ロボットＡとＢが同時に出発してから１回目，２回目，３回目，４回目にどこで出会いますか。以下のア～カの中からそれぞれ選び，記号で答えなさい。

ア　地点Ｐ
イ　地点Ｑ
ウ　地点Ｒ
エ　ＰからＱまでの区間
オ　ＱからＲまでの区間
カ　ＲからＰまでの区間

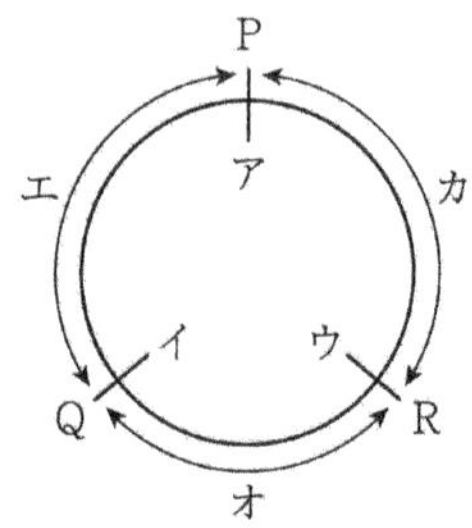

⑸　ロボットＡとＢが同時に出発してから12回目に出会うのは，出発してから何秒後ですか。

問五　次の文の――線部のことばを、＝＝線部に対する敬語表現に直しなさい。

私は、先生から送られた絵を見る。

問六　次の歌と同じ季節をよんだものを、次のア～エの中から一つ選び、記号で答えなさい。

吹《ふ》くからに秋の草木のしほるればむべ山風を嵐《あらし》といふらむ

ア　春過ぎて夏来にけらし白妙《しろたえ》の衣干すてふ天の香具山《かぐやま》

イ　山川に風のかけたる柵《しがらみ》は流れもあへぬ紅葉なりけり

ウ　鵲《かささぎ》の渡《わた》せる橋に置く霜《しも》の白きを見れば夜ぞ更《ふ》けにける

エ　いにしへの奈良《なら》の都の八重桜《やえざくら》けふ九重に匂ひぬるかな

不安が消えるって、心配がなくなるって、すごく大きいことなんだとわかった。明日が怖いものではなく楽しみになったのは、あの日からだよ。

問六 次のア～オについて、本文の内容に合うものには○、合わないものには×をそれぞれ記しなさい。

ア 蒼葉は冴と自分の違いについて繰り返し説明し、冴としては不本意に思うところはあるものの、最終的には渋々《しぶしぶ》ながら納得《なっとく》した。

イ 冴の家庭に親近感を抱《いだ》いていた当時の蒼葉は冴と自分が似た存在だと感じており、食べ物を施《ほどこ》されても劣等感《れっとうかん》を感じなかった。

ウ 冴は、蒼葉が名字で呼ぶようになった理由を知って、彼の情熱的な言葉の中に自身に向けられたほのかな恋心《こいごころ》を感じた。

エ 蒼葉は自分が大学受験をするわけでもないのに、仕事の合間のわずかな空き時間を利用して冴の受験を手助けすることを申し出た。

オ 冴が小学校教師を志した理由には小学生だった蒼葉の存在があり、大人として彼のような子どものために何かしたいと考えた。

三

次の問いに答えなさい。〈問題は**問一**から**問六**まであります。〉

問一 次の①～⑥について、――線部のカタカナを漢字に直しなさい。

① コーヒーにサトウを入れる。

② 仏壇《ぶつだん》に花をソナえる。

③ 準備して試合にノゾむ。

④ ヨウサン業《ぎょう》を営んでいる。

⑤ 彼《かれ》とはヒサしく会っていない。

⑥ ベッサツに解答が記されている。

問二 次の熟語と成り立ちが同じものを、ア～カの中からそれぞれ選び、記号で答えなさい。

① 医療《いりょう》

② 鉱山

ア 除去　イ 握手《あくしゅ》　ウ 越冬《えっとう》

エ 笑顔《えがお》　オ 呼応　カ 往来

問三 次の四字熟語の意味の説明として最も適当なものを、次のア～カの中からそれぞれ選び、記号で答えなさい。

① 傍若無人《ぼうじゃくぶじん》

② 因果応報

ア 考え方や心構えが正しく立派なこと。

イ 人前をはばからず勝手に振《ふ》る舞《ま》うこと。

ウ 言説などがでたらめでよりどころがないこと。

エ 過去の行いの善悪に応じて必ずその報《むく》いがあるということ。

オ 自分にしっかりとした考えがなく、他人の言動にすぐ同調すること。

カ きわめてわずかな期間のこと。

問四 次にあげることわざのうち、一字誤りを含《ふく》むものがあります。その誤った一字を正しい漢字に直しなさい。

・隣《となり》の花は赤い

・一寸先は闇《やみ》

・二人寄れば文殊《もんじゅ》の知恵《ちえ》

・泣《な》きっ面《つら》に蜂《はち》

取りこぼさないで。毎日が不安な子どもがいることに気づいて。あの時小学生だったわたしは、大人たちに願っていた。

　そのわたしが、もうすぐ大人になるのだ。自分以外の大人がやってくれるのを待っていてはどうしようもない。

「やりたいからやるだけだよ。俺が賢いところ見せつけられるしさ。その代わり、石崎《いしざき》のおばちゃんの夕飯、たまに俺にも食わせてよ」

　蒼葉がそう言うのに、わたしはうなずいた。

「甘《あま》えて教えてもらおう。わたし、必死で勉強する」

「おお、がんばろうぜ」

　それから、蒼葉は時々家に来て勉強を見てくれた。蒼葉は賢いだけでなく、教えるのもうまかった。過去問をわたしに解かせ、わたしの弱点を整理し、問題の傾向《けいこう》と照らし合わせ、無駄なく合理的に教えてくれた。わたしは学校に行っていない時間はすべてと言っていいほど、受験勉強に費《つい》やした。これだけ勉強するのは最初で最後だろうと思えるくらい机に向かった。

　その甲斐《かい》あって、わたしは現役《げんえき》で県立の教育大学に合格することができた。子どもたちに何かができる日に、ようやく一つ進めたのだ。

（瀬尾まいこ『私たちの世代は』による）

※注　おばあちゃんたち…近所に住む石崎のおばちゃんや吉川《よしかわ》のおばあちゃんたちのこと。生前の母と交流があり、母の死後は生活の面でも精神面でも冴を支えてくれている。

中学三年…中学時代の冴は母親の仕事のことで周囲から陰口《かげぐち》をたたかれ、孤立《こりつ》していた。同じクラスになった蒼葉は冴を救おうと彼女を悪く言う生徒に食ってかかった。

問一　――線①とありますが、なぜ呼び方を変えたのですか。50字以上60字以内で答えなさい。

問二　――線②とありますが、蒼葉は違う世界に住む冴をどのような人物だと思っていますか。次の説明文の空らんに入る言葉を、本文中から抜き出し、始めの3字を記しなさい。

［A（11字）］ので、［B（7字）］を持っている人物。

問三　――線③とありますが、なぜ「話を変えた」のですか。その理由として最も適当なものを次の中から選び、記号で答えなさい。

ア　冴の質問から思いもかけない方向に話題が変わっていってしまったことに気づき、本来の話題に修正する必要を感じたから。

イ　母を亡くしたばかりの冴に軽々しく死に関する発言をすべきでなかったことに気づき、話題を変えてごまかそうとしたから。

ウ　冴に蒼葉が死ぬ未来を想像させて悲しませてしまったことを悔《く》やんでおり、話題を変えることによって場を和《なご》ませようとしたから。

エ　軽い気持ちで語った自分自身の死が思った以上に真実味《しんじつみ》のあるもので、話題を変えることで将来のことを考えまいとしたから。

問四　――線④とありますが、「把握」した上で必要なことは何ですか。次の説明文の空らんに入る言葉を、これより後の本文中から9字で抜き出し、始めの3字を記しなさい。

［　　　　］を見逃《みのが》さないこと。

問五　次のページの文を補うべき場所を本文中の四角の中から探し、直前の10字を抜き出しなさい。

「何を？」

「勉強」

「勉強？」

蒼葉はわたしの何倍も賢《かしこ》い。中学時代はテストはほぼ満点で、高校受験に向けても手伝ってくれた。だけど、今は蒼葉は高校に行っていないし、働いている。

「県立教育大学でいいよね。明日から過去問とか参考書とか先に解いてポイント押《お》さえて、教えられるようにしておく」

「何それ。蒼葉も受験するってこと？」

「まさか。俺、もう働いてるし、中卒だよ。空き時間に勉強しておいて教えるってこと」

「それ、すごい無駄《むだ》じゃない？　時間とか労力とか」

自分の行かない大学の受験勉強をする。この先入試をするわけでもないのにだ。しかも、蒼葉は、日中はファストフード店やファミレスで夜は居酒屋や親の店で働いている。時間もないし、受験勉強がなにかのプラスになりそうもない。

「無駄じゃないよ。勉強、嫌《きら》いじゃないしさ。それに、どうせ調理師免許取る勉強もしようと思ってたから、ついでに」

「どこがついでよ。勉強内容違うでしょう」

「やりたいんだ」

蒼葉、そんなに恩に感じてもらうことないのに」

中学の時わたしを守ってくれたのも、葬儀《そうぎ》の後、ずっとそばにいてくれたのも蒼葉だ。何が必要？　何度もわたしにそう問いかけて

くれた。

「恩？」

「ほら、パンのこととかさ」

わたしがおずおず言うと、

「あの時、岸間さんが来てくれなかったら、飢《う》え死《じ》にしてたかもな。小学生にして孤独死《こどくし》。怖《こわ》いよな」

と蒼葉は身震《みぶる》いする真似《まね》をして笑った。

「飢え死になんて。そんなことなるわけないけど」

「まあな。でもさ、岸間さんからもらったのはパンだけじゃないよ」

「そういえば、お菓子《かし》も牛乳もあったね」

わたしがそう言うと、蒼葉は本当におもしろそうに笑った。

「ジュースもカップ麺《めん》もあったっけ。ってそうじゃなくてさ。最初、パンをもらった時、驚いたけど、単純にうれしかった。お腹《なか》空いてたから二人が帰った後、三袋《ふくろ》くらい一気に食べたよ。だけど、三日後また来てくれた時、本当に三日ごとに来てくれるんだってわかった時、もっともっとうれしかった」

蒼葉はそう言うと、

「俺があんな親の元に生まれたのに、それでも、ちゃんと生きてるのは、あの日のおかげだと思ってる」

とわたしの顔を見た。

恩義に感じてくれるのはありがたい。けれど、それ以上に苦しい。たかがパンだ。そんなことにここまで感謝せずにはいられない子どもがいるなんて。きっと今も、あの日の蒼葉がどこかにいる。

しね。俺なんて、一人寂《さび》しく酒飲みすぎて肝臓壊《かんぞうこわ》して死んでいくだけよ」

蒼葉はそう言ってから、死ぬという言葉を口にしたことに気がとがめたのか、

「ちょっと、そんなことより、岸間さん、受験のこと聞いたんだけど。俺」

と③慌《あわ》てて話を変えた。

「あ、ああ。受験ね」

わたしは、好きになるなと、蒼葉に予防線を張られているのだ。そこに突《つ》き進《すす》む勇気などない。それに、これ以上この話をするのは、蒼葉につらい思いをさせそうで、わたしも掘《ほ》り下《さ》げるのはやめにした。

「どんな大学狙《ねら》ってるの？」

「そうだな……」

「大学って、まずは何になりたいかによるよな。岸間さん将来何になる予定？」

「そう、えっと、わたしは……」

職業と考えると難しいけど、やりたいことはと思《おも》い浮《う》かべると、小学三年生の時の蒼葉を思い出す。あのころから、子どものために何かできたらいいなとずっと思ってきた。蒼葉みたいに「教育や愛情を受けていない」と言ってしまう子どもをなくしたい。生きるためのすべを教える場は家庭だけじゃないはずだし、愛情だって必ずしも親から与《あた》えてもらわなくたっていいはずだ。悲しい思いを抱《かか》える子どもが少しでもいなくなれば。そういう思いは、蒼葉の家を初めて訪れた時から変わっていない。

その希望をかなえられる仕事。そうなると、小学校の教師が近いのだろうか。

感染症が流行中だった小学校時代に、学校こそがセーフティーガードだと思った。④その地域の子どもたちを把握《はあく》し、その子どもたちに何かあれば救い出せるのは学校だって。子どもが埋《う》もれてしまわないように手を差《さ》し伸《の》べられる。余計なおせっかいだと気を遣《つか》うことなく、堂々とそれができるのは教師だ。もっとわたしたちを見てほしい。あの時そう言えなかったわたしは、自分が助けられる立場になりたい。

「小学校の教師かな」

「ああ、すごく岸間さんだ」

わたしの答えに、蒼葉はすぐにそう返してくれた。

「本当に？」

「似合ってるよ。うん、岸間さんが先生になったら、俺もうれしい気がする」

「そうかな」

蒼葉に言われると、自信が出てきて、小学校の先生になるしかないような気分にすらなる。

「じゃあ、教育大？　教育大だとここからも割と近いじゃん」

「でも、ちょっと、それは難しいかな。教員免許《めんきょ》さえ取れれば」

進学校に通っているとはいえ県立の教育大学は難関だ。お母さんが残してくれたお金で私立の大学に行くという手もある。けれど、そうなると、先々の生活は厳しいか。わたしが迷っていると、

「俺、教えてあげるけど」

と蒼葉が言った。

蒼葉はそう笑ってから、

「俺さ、最初は岸間さんと自分が、すごく似てるって思ってたんだ。パンを持ってきてくれた時にいろいろ話しただろう？　俺は親に見放されてて、岸間さんは母子家庭でお母さんは忙《いそが》しく働いてて、しかもおじいちゃんやおばあちゃんもいないってさ。似たような環境《かんきょう》なんだなって、だからパンをもらうのも、それほど恥《は》ずかしくなかった」

と言った。

「うん。今も似てるじゃん」

「どこがだよ。俺、※中学三年で岸間さんと同じクラスになった時、気づいたよ。みんなから何を言われようと凛《りん》としててさ、ああ、岸間さんってしっかり愛されて育った人なんだって。揺《ゆ》るがないものが根底にある人だって」

愛されて育った。そこは蒼葉とは違うのかもしれない。否定できなくて、わたしは黙《だま》ってクッキーを口に入れた。

「そして、お母さんが亡くなった今も、岸間さんは変わらず、ちゃんとしてる。周りからも大事にされて、自分をなくさず、前を向いてる。すごいよな。愛情を受けてきた人ってこんなにまぶしいんだって、自分と似てると思ってたことが恥ずかしいよ」

蒼葉はそう言うと紅茶を飲んだ。

「だからって、そんなに違わないよ」

わたしが母から愛されていたのは明確な事実で、蒼葉が親の愛を受けていなかったのはなんとなくわかる。言葉が思いつかないまま、わたしは何とかそう言った。

「全然違うよ。勉強なんて問題集で何とでもなるけど、俺、教育も愛情も受けてないから、当たり前のことを知らないし、人として当然の心も持ってない。歯を毎食後磨《みが》くこととか、頭の洗い方とか、お箸《はし》の持ち方とか。知ってる人にあいさつすることとか、大事なものは人と分け合うとか。そういうのって参考書に書いてないだろう？　だから、知ったのってほんと最近、社会に出てから。情けなくて笑えるだろう。えっと、靴下《くつした》だけは一年替《か》えなくていいんだっけ」

蒼葉は冗談《じょうだん》めかして少し笑った。

「そんなのいつ知ったっていいことじゃない。あ、靴下は三日に一回は替えたほうがいいだろうけど」

蒼葉に合わせて、わたしも軽口をたたいた。

「三日に一回か。気をつける。俺さ、こないだ、幼稚園《ようちえん》入園までの育児とかいう本、立ち読みしたんだけどさ、今までよく生きてたなって自分で驚《おどろ》いたもん。子どものころなんか汚《きたな》い床《ゆか》に転がされてただけなのに、病気もせず言葉も話してる。奇跡《きせき》の子どもだな」

「だからって、岸間さん？」

「そう。ほら、俺たち仲いいだろう？」

「まあ、そうだね」

岸間さんと呼びつつ、仲がいいとは認めてくれているんだと、わたしは少しほっとした。

「だけど、好きになったらだめだなって、自分を戒《いまし》めてる。冴ちゃんなんて呼んでるうちに恋《こい》に落ちて結婚《けっこん》したら、冴ちゃん不幸になるから」

「不幸になるの？」

「なるなる。俺は愛情受けてないから人を愛することを知らないし、俺の将来なんて、家の飲み屋継《つ》いでずっと貧乏で借金に追われてるだろう

二 次の文章を読んで、あとの問いに答えなさい。〈問題は問一から問六までであります。〉

岸間《きしま》冴《さえ》が小学三年生に進級したころ、新型の感染症《かんせんしょう》が流行し始めた。冴と母はマスクを届けに長期欠席中の清塚《きよづか》蒼葉《あおば》の家を訪《おとず》れた。蒼葉の家は親が不在がちで食べるものも十分にない様子であったため、その日以来三日ごとに食べ物を届けに行くようになった。学校が再開されて蒼葉が登校しはじめ、その習慣は途切れた。中学に入ってからの蒼葉は両親の店の手伝いで欠席がちだったが、冴との友人関係は続いていた。中学卒業後、蒼葉は働くようになった。冴は高校に進学したが、高校二年生の終わりに冴の唯一《ゆいいつ》の肉親である母は病気で亡《な》くなってしまった。

※おばあちゃんたちばかりでなく、蒼葉も度々《たびたび》家に来てくれた。蒼葉が来てくれるのは、いつだって母がいなくなった現実に耐《た》えられなくなる時だった。勝手に涙《なみだ》があふれ止まらなくなってしまう時、母のことをまとまらないまま口にする時、わたしのそばにはいつも蒼葉がいた。

蒼葉は、通夜《つや》に駆《か》けつけてくれた時から、①なぜかわたしのことを岸間さんと呼んだ。半年ほど会っていなかったからだろうか。それとも改まった席だからだろうか。どこか違和感《いわかん》を覚えながらも、その時はどうしてか聞くことができなかった。それに、中学を出て、働きはじめた蒼葉は、先に大人になってしまい、わずかな距離《きょり》ができたように思えた。

「岸間さん、受験勉強大丈夫《だいじょうぶ》？」

高校三年の春の終わり、日曜の朝にやってきた蒼葉がわたしに尋《たず》ねた。

「そのさ、岸間さんって、ずっと気になってたんだけど」

わたしは蒼葉の質問に答える前に、思い切ってそう聞いた。

「岸間さんで合ってるよね」

「合ってるよ。でもさ、前まで冴ちゃんって呼んでたでしょう？」

蒼葉が持ってきてくれた、バイト先の残り物だというクッキーを皿に入れ、紅茶を淹《い》れてテーブルに置き、わかしは蒼葉の前に座《すわ》った。

「ああ、そっか。そうだったかな」

蒼葉はわざとらしいことを言い、へへと照《て》れ臭《くさ》そうに笑った。

「で、どうして岸間さんって呼ぶのよ。なんか他人みたいじゃない」

「だってさ。ほら、②俺《おれ》ら住む世界が違《ちが》うじゃん」

「蒼葉は働いてるってこと？」

「それもあるけど、根本的にさ」

「何よそれ」

「何よそれって、岸間さんも気づいてるだろう？」

それは蒼葉が貧しいことを指しているのだろうか。高校に行っていないことを指しているのだろうか。でも、それは世界が違うと言うほどのことではない。いまいち意味がわからなかったから、

「わからない」

とわたしはきっぱりと首を横に振《ふ》った。

「本気で？」

「本気。だって、貧乏《びんぼう》だからって言うなら、うちだって母子家庭で今なんてわたしだけでしょ。蒼葉が中卒って言うなら、学歴はそうかもしれないけど蒼葉のほうが頭いいしさ」

「なるほど。俺ってすごいんだな」

県には偶然《ぐうぜん》今でも赤米が生きていて、栽培し、それで神様を祀《まつ》っている村があるということです。

（樋口清之《ひぐちきよゆき》『復元　万葉びとのたべもの』）

※注　帰納…具体的な事柄《ことがら》から、一般的《いっぱんてき》な法則を導き出すこと。
馬絹…神奈川県《かながわけん》川崎市にある地名。
しっくい…消石灰《しょうせっかい》を原材料にした塗《ぬ》り壁《かべ》材。
木簡…文字を書き記録するための木札。
末寺…本山の支配下にある小さな寺のこと。
神饌…神様に供える食べ物。御供《ごく》ともいう。

問一　――線①とありますが、その内容として最も適当なものを次の中から選び、記号で答えなさい。

ア　表には出ない資料を発掘することで、ほとんどの人が興味を持たない古代の食文化のあり方を実証しているということ。

イ　歴史を調べることは地味なことではあるが、貴重な歴史的建造物の生まれた背景がより鮮明に理解されることにつながったということ。

ウ　地道な作業ではあるが、古代の食べ物の発掘によって、現代の食と生活の歴史がはっきり見えるようになったということ。

エ　歴史を調べるということは、私たちの生活がいかに西洋化してきたのか、という文化の移り変わりを知ることができるということ。

問二　――線②とありますが、筆者はこの根底に現代人のどのような気持ちが存在していると主張していますか。本文中から漢字３文字で答えなさい。

問三　二ヵ所の空欄 X に共通して入る言葉として最も適当なものを次の中から選び、記号で答えなさい。

ア　不信　イ　迷信　ウ　威信　エ　確信

問四　――線③とありますが、それはどのようなことですか。30字以上40字以内で空欄を補充し、答えを完成させなさい。

食文化の進化と思われていた食材の多くは、［　　　　］という変化に過ぎないということ。

問五　空欄 A ～ D に入る言葉の組み合わせとして最も適当なものを次の中から選び、記号で答えなさい。

ア　A　白米　B　赤米　C　赤米　D　白米
イ　A　白米　B　白米　C　赤米　D　白米
ウ　A　赤米　B　赤米　C　白米　D　赤米
エ　A　白米　B　白米　C　赤米　D　赤米

問六　次の選択肢は本文の内容に関して生徒が述べ合った感想です。本文の内容と合っているものを選び、記号で答えなさい。

ア　考古学は地味だと言っているけど、ロマンはあるね。文献の中から古代の生活を再現するヒントが出てくるから。

イ　でもさ、大仏殿も法隆寺も古代の文化を今に伝えていて、やはり目に見えるものこそ歴史の重要な資料であるよね。

ウ　私は発掘や発見をした証拠に基づいて人々の思い込みを修正していくことが、歴史研究の役割なんだと思う。

エ　いや、歴史研究には証拠も大切だと思うけど、それに基づいたストーリーを創る推理力や想像力が大切だと思うよ。

前の嘉吉年間に、あの多武峰を含《ふく》めた山——この神社は妙楽寺《みょうらくじ》という比《ひ》叡山《えいざん》の※末寺となっていた——が、興福寺と戦争をしたのです。そのときの戦勝の祈願祭《きがんさい》を「嘉吉祭」というのです。その嘉吉年間のお祭に奉納《ほうのう》したのが〝※神饌《しんせん》〟です。そのときと同じ料理を毎年作り直して奉納するのですが、今ではそれを一般に見せています。

　これを〝百味の御供《ごく》〟といい、百品作ります。ほとんどが山のもの、いもや木の実や木の芽とかで、いろいろな細工をして作ります。だいたい竹のひごで編んだ籠《かご》を中心にして、底に紙を張り、糊《のり》をぬって、そして串《くし》をさして、そこに、かやの実やぎんなんとかをたくさんつけ、いろいろな形をしたものを百種類作ります。今でもそれを盛って神様にお供えするのです。

　私はその中で実に大事な発見をしたのです。その百味の御供の中の一つに〝米〟があります。その米を絵の具で染め、ピンセットで山型に張っていき、一番てっぺんに黒米が乗っているのです。それは染めたのではなく、自然の米です。神主さんにうかがいましたら、その山のてっぺんにある村の人々が、談山神社の百味の御供を作るために、わざわざ水田に黒米を栽培《さいばい》してきたというのです。黒米を食べる人はいませんから商品としては売れません、神様に上げるためなのです。

　私はその黒米をもらって帰り、栽培し、精白して煮《に》ますと、いきなり赤飯ができました。なぜおめでたいときに赤いご飯を炊《た》くかといいますと、これは黒米時代の古代米に復元するのが赤飯というもので、古いものを再現することが神様にお供えする食品であるからめでたいのだという意識が、各家庭に持《も》ち込《こ》まれて、やがて何かあると赤飯を炊くようになったのです。

それを今は、小豆《あずき》で着色します。小豆というものは、日本では赤小豆が小豆と思われていますが、これはジャワの野生種なのです。ふつうの野生の小豆は白いもので、突然《とつぜん》変異で赤くなったものが日本で喜ばれ、最後に大納言《だいなごん》小豆という粒《つぶ》の小さい小豆ができたのです。それが赤米に着色するために改良されていったわけです。つまり、本来は米自身が赤いものだったのです。

　今でもインドとかマレー半島には、赤米・黒米が生き残っています。それが日本にも残っていて、昔はたぶん大和でも赤米を食べたのだと思います。藤原宮跡《ふじわらきゅうせき》や平城宮跡などから出土した〝木簡〟に書いてある、いろいろな米に関する文字が今の［A］だと思ったら大間違いです。だいたい昔は赤い米が中心だったと考えなくてはならないと思います。

　今から四五〇年ほど前に、朝鮮の使いが将軍の代が代わるごとに足利幕府にやってきました。その使いを〝朝鮮信使〟といい、日記を残しています。その日記によりますと、周防《すおう》の国（山口）から京都まで、どの宿に泊《とま》っても出てくる飯は〝赤飯〟、いかに日本の文化が低いかわかる、赤飯はまずい、と怒《おこ》っています。その頃朝鮮はもう［B］を食べていたのです。日本はまだ［C］だったのでしょう。外国の使節を接待するのに、山口から京都までずっと赤米だったということは、足利時代の中頃《なかごろ》は、日本の大部分が［D］だったのでしょう。

　それほど日本の赤米の歴史は長く続くのです。米が白いと書いた本があったでしょうか。『万葉集』はあれほどいろいろなものを書いてありますが、米を作る栽培行事のことを書いてはあっても、「米は白い」という表現はないのです。今の米が白いから昔の米も白かっただろうと勝手に思っていますが、昔の米は赤かったと考えるのが常識でしょう。奈良

はほとんどの人が関心を持ってくれないのです。

平城京の発掘《はっくつ》が、奈良にあります文化財研究所のおかげでようやくでき、千二百年前の人々が、あんなモダンなものを食べていたのだということがわかり、②皆《みな》感心しています。逆に言えば、今の人間は、あれから一歩も前進していないのだということを、反省していません。現代の私たちは大きな顔はできません。

すし屋で実にきれいなすしを売っていても、奈良時代と同じものが材料です。いくら立派な鮑《あわび》やうにが乗っていても、それらは全て奈良時代の〝※木簡〟にあるのです。千二百年前の人々が、同じ物を食べて、同じ生活をして、〝鮓《すし》〟という言葉さえ木簡に書いてあります。それからいったい、どれほどの進歩があったのでしょう。

文化は進歩するものだ、前進するものだ、というのは X なのです。これは、ただ変わるだけなのです。流れていくだけなのです。その文化の流動の姿を調べるのを歴史というのです。すべて文化は進化するということは X だと思います。③基本的なものは、進化ではなく、変化するだけなのです。それなのに現代の私たちは、今の生活に対する誇《ほこ》りを持ち、やがて誇りが古代に対する大変な軽蔑《けいべつ》感をつくり上げています。どうせ昔の奴《やつ》は駄目《だめ》なんだ、と。しかし、こんなことは決して言えないと思います。今と変わらないもの、今以上のものを、古代人が食物生活文化の中で知っている、ということができるのです。

調理技術にしても、古代人はほとんどのものを知っています。たとえば燻製《くんせい》があります。現代の私たちは、明治維新《いしん》に西洋文化からきた燻製を知ったために、これをハイカラだなどと思っていますが、古代人は日本の石器時代から燻製を作っていたのです。燻製というのは、一番初期の調理法の一つなのです。また、奈良時代の人は、バターやチーズを食べていました。このことも木簡にちゃんと記されています。以後食べなくなり、また再び食べるようになったため、いかにも近代的なものだと思われているだけなのです。

私は、歴史の研究を生涯《しょうがい》続けるつもりですが、少しも悔《く》いません。あの世界最大の木造建造物を造ったり、世界最古の木造建造物を残したり、そしてその他、今から見れば想像もつかないような色々な科学や技術を、奈良平野で残していった先輩《せんぱい》たち、そういう人々が、どういう生活をしたのか、何によって生活を支えられたのかということを考えてみたい、と思うと同時に、それが今、どういう形であの土地に残っているかということを考えてみたいと思います。

日本の神道《しんとう》というか、神様の信仰《しんこう》に結びついた食品が、奈良地方の一般《いっぱん》の食文化に大きく後をひいて残っているということについて触《ふ》れてみたいと思います。

祭というものは神社が勝手にやるものだなどと思っている人がいるようですが、それは大間違《おおまちが》いなのです。祭では神主《かんぬし》は神様の前に座《すわ》っていればいいのです、祭をやるのは一般の民衆であって、民衆の共同体の行事が祭なのです。ですから、村全体で祭をやるわけですから、年寄りが出ていって支配し、青年が出ていってみこしをかついで、そして大人も子供も集まっていっしょに楽しむというのが祭の本義なのです。今でも奈良には、こういった村全体の生活が結集される古い時代の祭が残っているのです。

奈良《なら》県《けん》桜井《さくらい》市《し》の多武峰《とうのみね》の山中に談山《たんざん》神社という神社があります。この談山神社に「嘉吉《かきつ》祭」という祭があります。これは今から六百年ほど

【国　語】〈五〇分〉〈満点：一〇〇点〉

【注意】　１　**解答はすべて、問題の番号と解答用紙の番号が一致《いっち》するように、解答用紙の解答らんに記入してください。**

２　設問の関係で、原文とは異なるところがあります。

３　句読点（、や。）その他の記号（「や〃など）は１字分として数えます。

一　次の文章を読んで、あとの問いに答えなさい。〈問題は問一から問六まであります。〉

次の文章は一九八六年に書かれた文章です。〈設問の都合上、本文を改変した箇所があります。〉

私は「考古学」を専門として研究しています。実際の歴史の証明になるところの遺跡《いせき》や遺物を親しく掘《ほ》り、そして出てきたものを大事にし、それから結論を引き出すことの研究をしているわけです。ですから、観念的に想像したり、頭の中で考えたことを発表するのではなく、証明のあることを発表することが専門なのです。

私が今日まで考古学に取り組んできて感じましたことは、私共が私共なりに事実を※帰納して証明していくものが、たとえ面白《おもしろ》かろうがなかろうが、後世に残す大事な遺産として、知的遺産として、私なりに今残しておかないと後世はいっそう間違《まちが》うのではないか、ということです。

川崎市《かわさきし》の西の、※馬絹《まぎぬ》というところで、以前に川崎市からの依頼《いらい》で古《こ》墳《ふん》を掘りました。しかし、いくら掘っても何も出てこないのです。考古学というものは困ったもので、地下にあるものを探すのですから、どこにあるのか上から見てわかれば百発百中ですが、それがなかなか見つからないのです。そこで電探機や音響反響《おんきょうはんきょう》装置を使ったりして、あらゆる方法で捜《さが》すのですが、何も出てきません。しかし、何もないということはありえませんから、必ずあると思ってずっと深く掘り続けました。あいつは井戸《いど》掘《ほ》りだ、と人には笑われましたが、しまいには水が湧《わ》いてくるのではと思うくらい掘りました。そうしたら、深さにして建物なら四階くらい下に遺構があったのです。切り石で造ってあり、しかもその石の切り目にはずっと※しっくいがぬってあります。そうした部屋が、前室と後室の二つに分かれており、朝鮮《ちょうせん》の石室の形をしているのです。言《い》い換《か》えれば、その昔、川崎を拓《ひら》いたのは、朝鮮の渡来人《とらいじん》か、渡来人の文化を受《う》け継《つ》いだ人ということになります。つまり川崎という町は、奈良《なら》時代よりずっと以前に、朝鮮という、当時日本よりずっと水準の高かった文化によって拓かれた古い町といえます。

このように考古学で研究していることといえば、地味な仕事であり、裏方の仕事であり、表面には出てこないものなのです。

①大和《やまと》の食物文化についても同じことが言えます。表面だけを見ますと、奈良には日本最古の文化の大変たくさんの証明があります。たとえば、法隆寺《ほうりゅうじ》は世界最古の木造建造物だとか、東大寺大仏殿《だいぶつでん》は世界最大の木造建造物だとか、何でも〝古〟とか〝大〟とかいう字がつけばいいと思い、古いの大きいのと言って喜んでいますが、法隆寺にしても東大寺大仏殿にしても、天から降ったわけではなく、地の上に、人が築き上げたものなのです。その築き上げた人たちがいったい何を食べて暮らしていたのか、どういう生活をしていたのかということが、実は日本の歴史の一番基本的な証明でなければならないはずなのに、こういったことに

MEMO

大切なことはメモしておこうネ！

2024年度

国学院大学久我山中学校入試問題（ＳＴ第２回）

【算　数】（60分）　＜満点：150点＞

【注意】１．**解答はすべて，問題の番号と解答用紙の番号が一致《いっち》するように，解答用紙の解答らんに記入してください。**

２．分度器・コンパスは使用しないでください。

３．円周率は3.14とします。

【１】 次の□にあてはまる数を答えなさい。

⑴　兄の所持金は弟の所持金より600円多く，兄と弟の所持金の比は７：４です。兄の所持金は□円です。

⑵　下の足し算の式のア，イ，ウには，1から９のいずれかの整数があてはまります。この式が成り立つとき，ア＝［①］，イ＝［②］，ウ＝［③］です。

	ア	イ	ウ
		ア	イ
＋			ア
	4	1	2

⑶　$\frac{1}{25000}$の縮尺の地図で10cm^2の土地は，$\frac{1}{10000}$の縮尺の地図では□cm^2です。

⑷　全校生徒が900人の中学校でスマホを持っている人は全体の$\frac{2}{3}$，パソコンを持っている人は全体の$\frac{2}{5}$，両方とも持っている人は全体の$\frac{1}{9}$でした。

スマホとパソコンの両方を持っていない人は□人です。

⑸　子どもにあめを配るのに，１人に６個ずつ配ると38個余り，１人に８個ずつ配ると６個足りなくなります。あめは全部で□個あります。

⑹　ある遊園地の大人４人と子ども５人の入場料は10950円であり，大人３人と子ども４人の入場料は8400円です。子ども１人の入場料は□円です。

【２】 次の問いに答えなさい。

⑴　７％の食塩水120ｇに５％の食塩水と水を混ぜて，4%の食塩水を250ｇつくりました。５％の食塩水は何ｇ混ぜましたか。

⑵　原価3000円の品物に原価の６割の利益を見込《みこ》んで定価をつけて販売《はんばい》したところ，売れなかったため1200円値下げしました。まだ売れなかったので，値下げした金額からさらに１割引きで販売して売れました。このとき，利益は何円ですか。

⑶　長さが120m，秒速22mで走る電車Ｓと，長さが150m，秒速13mで走る電車Ｔが同じ方向に走っています。電車Ｓが，前を走っている電車Ｔに追いついてから追い越《こ》すまでにかかる時間は

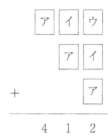

何秒ですか。

⑷　品物Ａ，Ｂを100個ずつ仕入れ，Ａを１個300円，Ｂを１個500円で売り，Ａ１個とＢ１個を箱に入れたセットをいくつか作り，1セット750円で売りました。Ａが11個，Ｂが19個売れ残り，箱に入れたセットの売れ残りはなく，売り上げは64100円でした。箱に入れたセットは何セットですか。

⑸　●　○　○　●　●　●　○　○　○　○　……

のように，黒１個，白２個，黒３個，白４個，　……　という規則で左から120個の碁石《ごいし》を１列に並べていきます。

①　黒の碁石は全部で何個並んでいますか。

②　一番左から数えて100番目までに，白の碁石は全部で何個並んでいますか。

⑹　右の図のように，半径２cmの円が半径10cmのおうぎ形の周りをすべることなく転がりながら１周します。円の中心が動いたあとの線の長さは何cmですか。

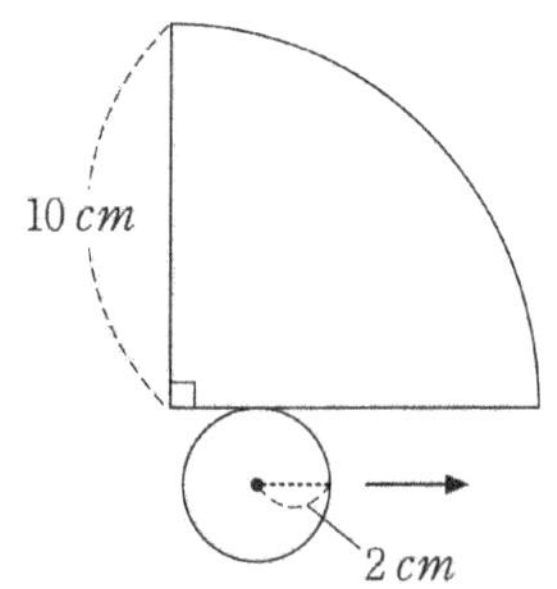

⑺　右の図のように，電球までの高さが10mの街灯から６m離《はな》れたところに，縦４m，横７mの長方形の板が地面に垂直に立てられています。点Ｃが辺ABの真ん中の点で，ABとCDは垂直のとき，地面にできた板の影《かげ》の部分の面積は何m^2ですか。ただし，電球の大きさ，板の厚さは考えないものとします。

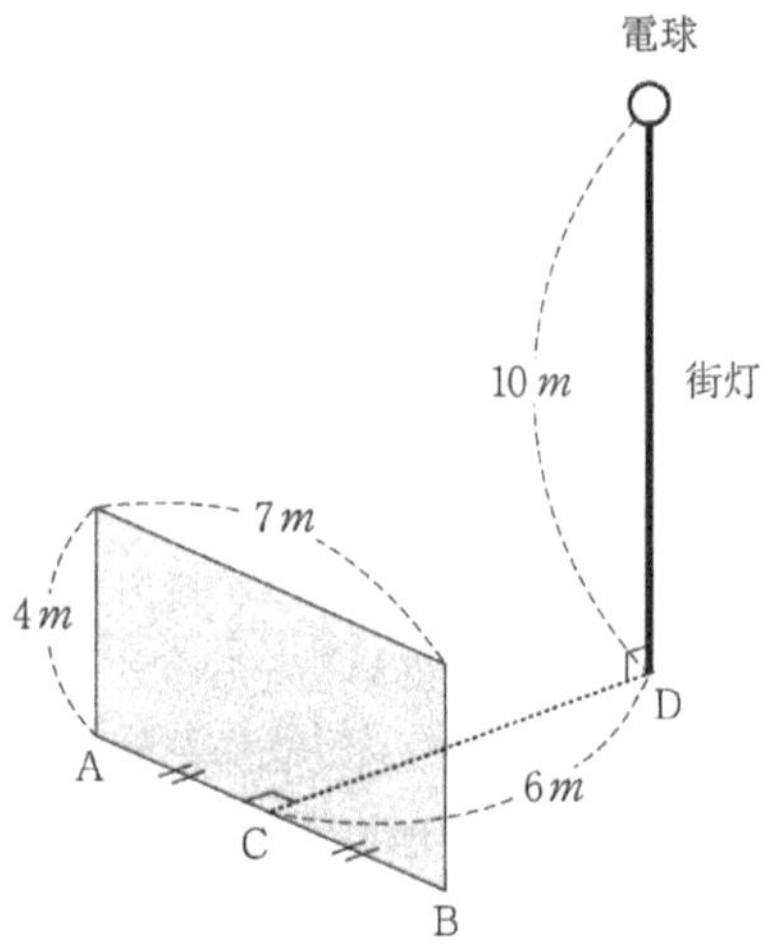

【３】　図のように，各面の面積が２cm^2，３cm^2，４cm^2の直方体があり，この直方体の側面がちょうど東西南北になるように向いて，はじめは２cm^2の面を下にして水平な台の上に置いてあります。

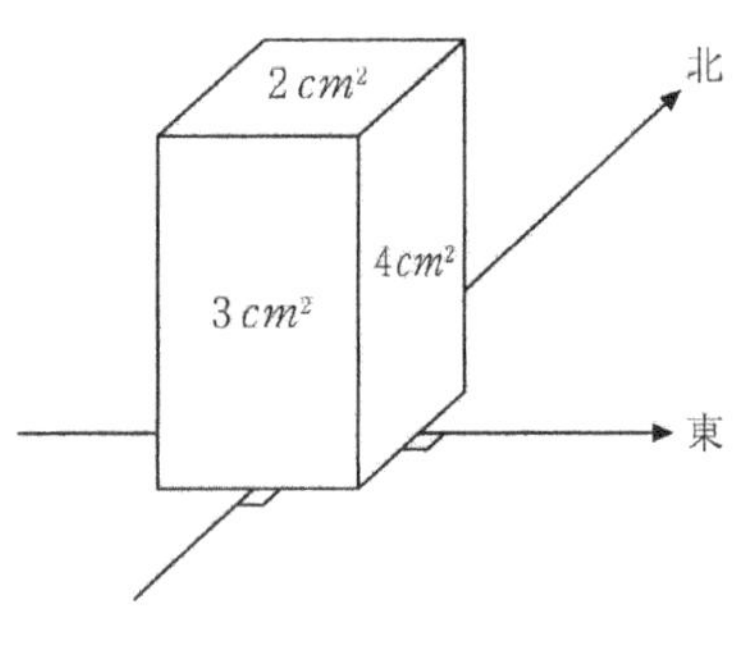

コインを投げて，
表が出ると北にある側面が下の面になるように直方体を１回倒《たお》し，
裏が出ると東にある側面が下の面になるように直方体を１回倒します。

コインを何回か投げて，直方体を倒していき，下になった面の面積をすべて足します。例えばコインを２回投げて，表→裏の順に出たとき，北→東の順に直方体を倒すので，下になる面の面積は，３cm^2，４cm^2となり，下になった面の面積をすべて足すと和は７cm^2です。

また，コインを２回投げて下になった面の面積をすべて足すと和が７cm^2のとき，コインの出方は全部で表→裏，裏→表の２通りです。次の問いに答えなさい。

(1) コインを２回投げました。表→表の順に出たとき，下になった面の面積をすべて足すと和は何cm^2ですか。

(2) コインを３回投げました。下になった面の面積をすべて足すと和が11cm^2のとき，コインの出方は１通りです。その出方を答えなさい。

(3) コインを３回投げました。下になった面の面積をすべて足すと和が９cm^2のとき，コインの出方は全部で何通りですか。

(4) コインを４回投げました。下になった面の面積をすべて足すと和が11cm^2のとき，コインの出方は全部で２通りです。それらすべての出方を答えなさい。

(5) コインを６回投げました。下になった面の面積をすべて足すと和が16cm^2のとき，コインの出方は全部で何通りですか。

(6) コインを何回か投げたとき，下になった面の面積をすべて足すと和が203cm^2でした。コインを投げる回数が一番少なくなるのは何回ですか。

【４】 図１のような底面の中心をＯとする円柱の形をした建物があります。この建物の側面に沿って，地上の点Ｐから３周半まわって屋上の点Ｑまで，長さが最も短くなるようにらせん状の道をつくりました。この道の長さは840mで，建物の高さは50mです。太郎さんは分速40mで点Ｐを出発し，点Ｑまで進みます。道幅《はば》は考えないものとして，次の問いに答えなさい。ただし，(6)，(7)は途中《とちゅう》の考え方も書きなさい。

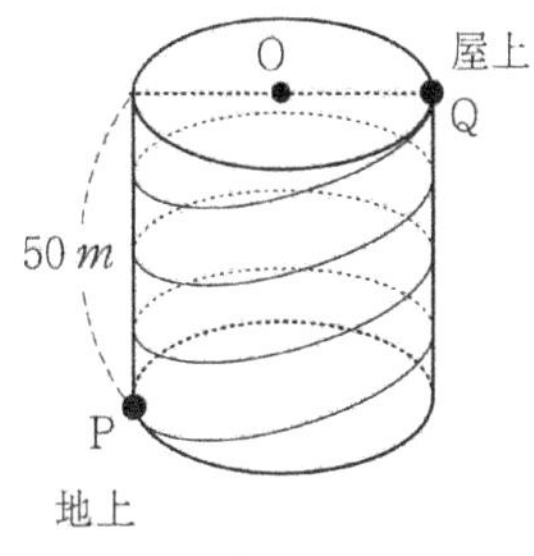

図１

(1) 太郎さんが点Ｐを出発してから道を１周して，はじめて点Ｐの真上に来るのは，出発してから何分後ですか。

(2) 図２は，太郎さんが点Ｐを出発してから１分後の様子を建物の真上から見たものです。
角㋐の大きさは何度ですか。

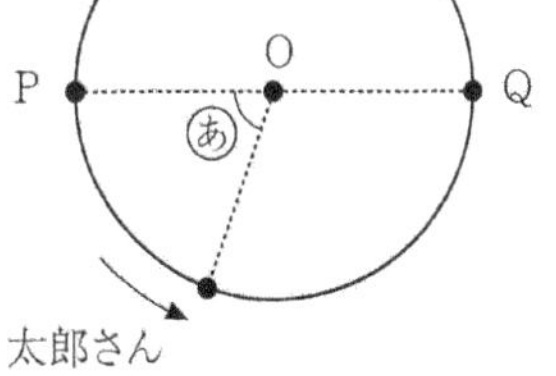

図２

太郎さんが点Ｐを出発するのと同時に，花子さんは分速60mで点Ｑを出発し，点Ｐまで進みます。

⑶　太郎さんと花子さんが出会うのは出発してから何分後ですか。

⑷　太郎さんと花子さんが出会うのは地上から何mの高さですか。

⑸　図３は，太郎さんと花子さんが出会うときの様子を建物の真上から見たものです。

角㋑の大きさは何度ですか。

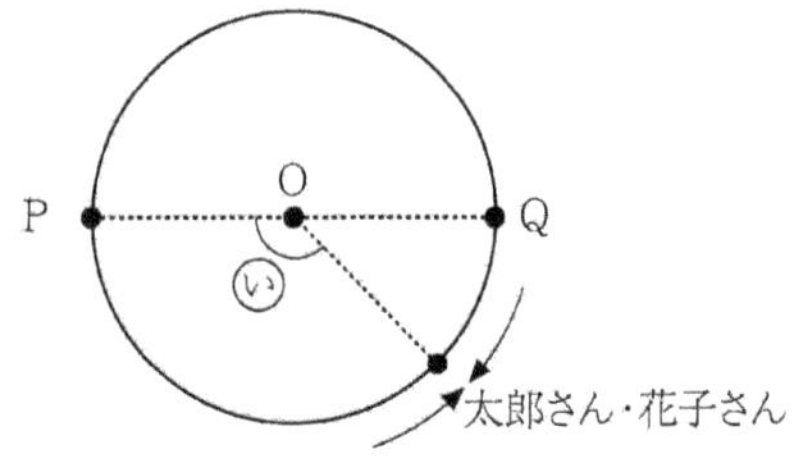

図３

建物を真上から見たとき，太郎さんと花子さんが重なるときが何回かあります。ただし，太郎さんと花子さんが出会うときも重なると考えます。

⑹　建物を真上から見たとき，はじめて太郎さんと花子さんが重なるのは，出発してから何分後ですか。

⑺　建物を真上から見たとき，太郎さんと花子さんが重なるのは，出発してから花子さんが地上に着くまでに何回ありますか。

問三　次の四字熟語の意味の説明として最も適当なものを、次のア～カの中からそれぞれ選び、記号で答えなさい。

①　呉越同舟《ごえつどうしゅう》

②　行雲流水

ア　物事に捕《と》らわれず自然に任せて行動すること。

イ　故郷を懐《なつ》かしく思いしたう感情のこと。

ウ　一つのことをして二つの利益を得ること。

エ　世の中の移り変わりが激しいこと。

オ　仲の悪い者同士が同じ場所や境遇《きょうぐう》にいること。

カ　自然のながめが清らかで美しいこと。

問四　次にあげることわざのうち、一字誤りを含《ふく》むものがあります。その誤った一字を正しい漢字に直しなさい。

・九死に一生を得る　　・二の足を踏《ふ》む

・知らぬが花　　・身から出たさび

問五　次の文の――線部のことばを、＝＝線部に対する敬語表現に改めなさい。

私は、先輩《せんぱい》が振《ふ》る舞《ま》う料理を食べる。

問六　次の歌と同じ季節をよんだものを、次のア～エの中から一つ選び、記号で答えなさい。

月夜にはそれとも見えず梅の花香《か》を尋《たず》ねてぞ知るべかりける

ア　白雪の降りてつもれる山里は住む人さへや思ひ消ゆらむ

イ　秋来ぬと目にはさやかに見えねども風の音にぞおどろかれぬる

ウ　桜花咲《さ》きにけらしなあしひきの山の峡《かい》より見ゆる白雲

エ　五月雨《さみだれ》に物思ひをれば時鳥《ほととぎす》夜深く鳴きていづち行くらむ

④おめでとうの一言は、やっぱりいえないままだった。

（蒼沼洋人『波のあとが白く輝いている』による）

※ 千波さん、万帆さん…どちらも母の姉妹、七海（わたし）のおばさん。
たまちゃん…七海（わたし）の学校のともだち。

問一 ——線①とありますが、わたしが「さびしくてしかたがない」のはなぜですか。次の文の□にあてはまる言葉を本文中から7字で抜き出しなさい。

汐里さんが持つ□を失うことになるから。

問二 ——線②とありますが、わたしの目には「汐里さん」の生き方がどのように映っていますか。それが分かる一文をこれより前の本文中から抜き出し、はじめの5字を記しなさい。

問三 ——線③とありますが、わたしが「急に心配」になったのはどのようなことですか。次のア～エの中から、最も適当なものを選び、記号で答えなさい。

ア 結婚した汐里さんとはもう二度と会えないのではないかという心配。
イ 陽介さんと汐里さんの結婚がうまくいかないのではないかという心配。
ウ お父さんが見かけによらずいい加減な人だったのではないかという心配。
エ 陽介さんがたまちゃんの白い服を汚してしまうのではないかという心配。

問四 □に入るわたしのことばを、文脈をふまえて考え、10字以上15字以内で記しなさい。

問五 ——線④から読み取れるわたしの気持ちはどのようなものですか。35字以上45字以内で説明しなさい。

問六 次のア～オについて、本文の内容に合うものには○、合わないものには×をそれぞれ記しなさい。

ア わたしは今はなき大家族の家で過ごしてみたいと思った。
イ 汐里さんは宮城県を離れることができてせいせいしていた。
ウ 汐里さんは自分のパーティーなのに丁寧に皿を洗っていた。
エ わたしはパーティーで汐里さんのとなりにずっと座っていた。
オ わたしは汐里さんと陽介さんの結婚に何の心配もしていなかった。

三

次の問いに答えなさい。〈問題は**問一**から**問六**まであります〉

問一 次の①～⑥について、——線部のカタカナを漢字に直しなさい。

① 彼《かれ》のゼンリョウな心を尊敬する。
② オンシに年賀状を送る。
③ 旅行会社にキンムする。
④ アッカンの演技に心を動かされた。
⑤ 親にたくさんコウコウしたい。
⑥ 古い寺院をタズねる。

問二 次の熟語と成り立ちが同じものを、ア～カの中からそれぞれ選び、記号で答えなさい。

① 徹夜　② 公私

ア 書籍《しょせき》　イ 植樹　ウ 価値
エ 上空　オ 近所　カ 功罪

おばあちゃんのおじいちゃんが作ったという木造二階建ての古い家だ。今はもう波のなかに消えてしまったけど、とても大きな家だった。わたしも一年は住んでいた、らしい。記憶《きおく》はないけど、青いトタン屋根のその家の写真だけは見たことがある。

汐里さんが今のわたしと同じくらいのころ、あの家には七人も住んでいた。おじいちゃんとおばあちゃん、お母さんと千波さんと万帆さんと汐里さん、ひいおばあちゃんもまだ生きていたから、女六人（とおじいちゃん）の生活は、さぞにぎやかだっただろう。

目に浮かぶ。

ごはんのあと、みんなでお菓子を食べたり、姉妹でケンカしたり、だれかの帰りが遅いと心配したり、誕生日をお祝いしたり、夜更《よふ》かしして叱《しか》られたり、朝はみんながばたばた家を出て、夕方になるとひとり、またひとり帰ってくる。あったかい布団《ふとん》でゆっくり眠って、また一日がはじまって……。

ああ、もし、できるなら。

わたしも、そのひとりになれたらいいのに。にぎやかなおうちで、朝から夜まで過ごしてみたい。小学六年生の汐里さんが見ていた光景を、となりでいっしょに見てみたかった。

たしかにあったはずの場所が、今はもうないということ。それはとても不思議で、油断すると胸がつまってしまいそうで、

「汐里さん、にぎやかがいいならさ」

わたしはわざとふざけた感じでいった。

「はやく赤ちゃん産んだらいいよ。ものすごーく元気な子を、五人くらい」

汐里さんは一瞬手を止めて、それからふきだした。

「やだ。五人って、バスケじゃないんだから」

「いいじゃん、チーム・しおり。わたし、監督《かんとく》やろっか？」

ふたりで顔を見あわせて、くすくす笑った。そんなにおもしろくもないのにやたらおかしくて、たくさん笑って、笑って笑って、笑いながら息を吸った瞬間《しゅんかん》、ふっつりと悲しくなった。

わたしは汐里さんを見た。

スポンジをにぎりしめて、口元に笑《え》みを浮かべたまま、汐里さんはひとつひとつ丁寧に皿を洗っていた。蛇口《じゃぐち》から流れる温かい水の音に、ふたりで過ごす時間が吸いこまれていく。蛍光灯に照らされた汐里さんは、いつもよりさらに白く見えて、夜のキッチンの片隅《かたすみ》で、内側からかすかに光っているようだった。

「汐里さん」

「なに？」

［　　　　］――といいかけて、あわててのみこんだ。いったい、なにをバカなことをいおうとしてるんだ。

「どうしたの？」

「ううん、なんでもない」

首を振り、わたしは食器を洗った。ごしごし、皿ごと消せるくらい、思いっきり洗った。

指があったかい。グレープフルーツのいい香りがする。シンクに映った白い光が静かに目にしみる。今、手をのばせば届くところに、汐里さんがいる。わたしのすぐ横に、汐里さんが立っている。

このまま、時間が止まればいいのに。

たまちゃんと顔を見あわせて、少し笑った。笑いながら、陽介さんが汐里さんの結婚相手でよかったって、心から思った。

たまちゃんは七時前に帰った。

帰《かえ》り際《ぎわ》、わたしとたまちゃんで汐里さんにプレゼントを渡《わた》した。ハローキティのぬいぐるみだ。汐里さんはサンリオのキャラクターが好きだし、この巨大《きょだい》なキティちゃんさえいれば、たとえ陽介さんの帰りが遅《おそ》くなっても、さびしくはないはずだ。

「うわ、かわいい」汐里さんはわたしたちを見て、笑った。「ありがとう、ふたりとも。たまちゃん、また遊ぼうね」

汐里さんたちをまんなかにして四人で写真を撮《と》るとき、たまちゃんはずっとぐすぐすしていた。陽介さんはでれでれ、汐里さんはにこにこ、わたしはたまちゃんにつられてぐすっとしかけて、ぎりぎり我慢《がまん》した。だから記念写真に写った顔は、すごく怒《おこ》っているみたいな、変な顔になった。

たまちゃんを家まで送りに、おじいちゃんと三人で外に出ると、すっかり暗くなっていた。信号機の青い光も、街灯の白い灯りも、コンビニの緑のネオンも、不思議なほど明るくにじんで、なんだか夢のなかみたいだ。

でも、夢じゃないんだ。

正面から吹《ふ》く春の風はまだ冷たくて、夜の向こうから、たしかに、汐里さんがいない未来が近づいてくる気配がした。わたしは先のことを考えないようにしていた。心の奥《おく》に閉じこめて、なるたけ見ないようにふたをしてきた。でも、いくら目をそらし続けても、「そのとき」は必ずやってくる。たぶん、冗談《じょうだん》みたいにあっという間に。

家にもどると、汐里さんが台所で食器を洗っていた。

テーブルの下には一升瓶《いっしょうびん》を抱《かか》えた陽介さんがひっくりかえっていた。

テレビがつけっぱなしで、千波さんと万帆さんはけたけた笑いながらワインを飲んでいた。

一瞬、いらっとした。

みんな、なにやってんの？　汐里さん、今日の主役なのに。

「汐里さん、わたし洗うよ」

テーブルに残った食器をあわてて運ぶと、

「いいよいいよ。お皿、そこ置いといて」

汐里さんはまったく気にしていないようだった。洗剤《せんざい》のグレープフルーツの香《かお》りがふわりと鼻先をかすめる。いいにおい、と思った。

「だめだって。汐里さん、今日くらいそんなのやめなよ」

「ふふ。大丈夫《だいじょうぶ》。今夜はにぎやかでいいね」

「え？」

「にぎやかなおうちは、いいおうち」

歌うようないい方だった。

振りかえると、おじいちゃんが陽介さんに毛布をかけ、万帆さんの横でまた日本酒を飲むところだった。万帆さんと千波さんの笑い声に、陽介さんの大きないびきが重なる。今、酔っぱらいしかいないこの家のどこがいいのか、さっぱりわからなかった。

そのとき、ふと、海のそばに建っていた、前の前の家のことを思いだした。

　学校でいやなことがあって、真っ暗な海の底にいるような気分のときも、そばにいるだけで光が射《さ》してくる気がする。なんだか陽だまりにいるみたいな、いつのまにかほわっと明るい気持ちになって、だんだん、元気になる。ただ、汐里さんのそばにいるだけなのに。

　大人になったら、わたしは汐里さんみたいな人になりたい。

　でも、きっと無理。

　だって、知っている大人のなかでも、そんな人は汐里さんだけだもの。千波さんも万帆さんも陽介さんも、心の底から尊敬しているおじいちゃんでさえ、ただいるだけで光ってはいなかった。

　汐里さんは特別なんだ。

　だから、汐里さんさえいてくれれば、きっとなんとかなる。意地悪な子に悪口をいわれても、わたしは耐《た》えられる。ちょっとくらい熱があっても、問題ない。時間どおりにちゃんとおきて、元気に食べて、元気に笑って、元気に夜まで過ごすことができるんだ。

　汐里さんさえ、いてくれれば。

　ふっ、と息をついたとき、にゅっ、と横からコーラの瓶《びん》がのびてきた。笑顔全開の陽介さんが、さあさあさあ、とさけぶようにいった。

「なっちゃん、たまちゃん、のんでのんで」

　今にも顔から、でれでれ、という音が聞こえてきそうだった。

　よそいきのきれいな白い服を着たたまちゃんは少し身体を引いて、「陽介さんおめでとうございます」と笑顔を浮かべた。あやしい手つきで陽介さんがコーラを注ぐ。蛍光灯《けいこうとう》の光のなかで、しゅわしゅわ、琥《こ》珀色《はくいろ》の泡《あわ》がふくらんでいく。

　③酔っぱらった陽介さんを見ているうちに、急に心配になった。

　わたしはお父さんのことを思った。

　お父さんがどんな人だったか、わたしはほとんどわからない。一度、おじいちゃんにきいたら、あいつのことか、とすぐに機嫌《きげん》が悪くなってしまった。それを見ていた汐里さんがあとでわたしを呼んで、こっそりお母さんの結婚式《けっこんしき》の写真を見せてくれた。メガネをかけたその人は、とても優しそうに見えた。

「見かけによらずやばい人だったの？」ときくと、汐里さんはゆっくり首を振《ふ》った。そして、少しつらそうに、ふつうの人だよ、といった。「おたがい納得《なっとく》して結婚しても、どうしても、うまくいかないことがあるから」

　その言葉を思いだして、わたしは不安になった。

「陽介さん」

　ずっと気になっていたことを、わたしはきいた。

「ん？」

「汐里さんのどこが好きなの？」

　陽介さんは一瞬《いっしゅん》、びっくりした顔をした。照れくさそうに、えへへ、と笑い、それから急に真顔になって、

「ぜんぶ」

　一言、いった。

「こんなすばらしい人は、どこにもいないよ」

　わたしははっとした。

　陽介さん、わかってるんだ。そりゃあ結婚するくらいだし、あたりまえかもしれない。だけど、わたしだけが知ってると思ってた汐里さんのすごさに、陽介さんはちゃんと気づいてるんだな。

いなんて、そんなの、わたしのわがままだ。わたしのせいで汐里さんが幸せになれないのは、絶対にいやだ。

わかってる。

わかってるよ、本当に。

①でも、それでもやっぱり、さびしくてしかたないんだ。

汐里さんが家を出る一週間前、うちで結婚のお祝いパーティーを開いた。

ほんとは東京から陽介さんのご両親も来る予定だったけど、コロナのせいでとりやめたみたいだ。ふたり以外の出席者は、おじいちゃん、わたし、汐里さん、※千波さん、万帆《まほ》さん、あと、特別ゲストで※たまちゃんも来た。

たまちゃんは陽介さんともなかよしだ。前に四人で水族館に行ったこともある。だから、誘《さそ》うとすぐに「行くよー」といってくれた。

夕方、五時くらいから、みんなが家に集まってきた。リビングのテーブルを囲み、一番いい席に汐里さんと陽介さんが座《すわ》って、お祝いはなんとなくスタートした。

「それでは前途洋々《ぜんとようよう》たる若いふたりに、乾杯《かんぱい》っ」

おじいちゃんの一声で「かんぱーい」「おめでとーう」の声があふれ、グラスが重なる澄《す》んだ音が響《ひび》いた。わたしはとなりにいたたまちゃんと乾杯した。

「いやー、すいませんね、みなさん、こんなに集まってくださって」

会がはじまる前からすでにお酒を飲んでいた陽介さんは、さっそく酔《よ》っぱらいはじめた。どーもどーも、なんていいながら、まわりの人たちにお酌《しゃく》していた。

料理はほとんどおじいちゃんが作った。

おじいちゃんは料理が得意だ。手際《てぎわ》がいいのでなんでもぱっぱっと作ってしまう。とくに魚のさばき方はお手のもので、今日もテーブルには新鮮《しんせん》な海《うみ》の幸《さち》が並んでいた。

大人はお酒を、わたしとたまちゃんはコーラを飲んだ。汐里さんは乾杯の一口ですぐ真っ赤になり、それきり、冷蔵庫のなかのいつもの麦茶を飲んでいた。

たまちゃんと話しながら、わたしはずっと汐里さんを見ていた。ほんとはもっとそばに行きたかったけど、ひさしぶりに再会した千波さんや万帆さんとのおしゃべりを邪魔《じゃま》しちゃ悪い気がして、遠くから見ていた。

わたしとふたりだと結構しゃべるのに、汐里さんはみんながいるときはあんまりしゃべらない。今日もにこにこうなずいたり、笑ったりしながら、まわりの話を静かに聞いていた。

すっかり炭酸が抜《ぬ》けたコーラを飲みながら、ふと思う。

②汐里さんのこと、地味だ地味だってみんないうけど、どうしてだろう？　たしかに東京でタイ料理のお店をやっている千波さんや、仙台《せんだい》のテレビ局で働いている万帆さんとくらべたら、あまり目立たないかもしれない。

でも、白い肌《はだ》も、凛《りん》としたきれいな眉《まゆ》も、いろんなものを手作りできる器用な指も、笑ったときに浮かぶ優《やさ》しい瞳《ひとみ》の色も、みんなわたしにはないもので、つい見とれてしまう。

それに、汐里さんのまわりには、いつもあったかい空気が満ちている。

【国　語】〈五〇分〉〈満点：一〇〇点〉

【注意】

１　**解答はすべて、問題の番号と解答用紙の番号が一致《いっち》するように、解答用紙の解答らんに記入してください。**

２　設問の関係で、原文とは異なるところがあります。

３　句読点（、や。）その他の記号（「や〃など）は１字分として数えます。

一

※問題に使用された作品の著作権者が二次使用の許可を出していないため、問題を掲載しておりません。

（出典：今井むつみ・秋田喜美『言語の本質―ことばはどう生まれ、進化したか―』による）

二

次の文章を読んで、あとの問いに答えなさい。〈問題は問一から問六まであります〉

主人公の三船七海（わたし）は小学六年生。東京で生まれてすぐに両親が離婚《りこん》した。七海は母と一緒《いっしょ》に母の実家の宮城県に移り住んだものの、一歳《さい》の時、東日本大震災《だいしんさい》で母と祖母を亡《な》くし、祖父と母の妹の汐里《しおり》さんとずっと３人で暮らしてきた。そんなとき、汐里さんが、東京に住む陽介《ようすけ》さんとの結婚《けっこん》を決め、まもなく家を出て行くことになってしまった。

出発の日が近づいてくるにつれ、わたしはどんどん元気がなくなっていった。汐里さんとの何気ないおしゃべりの途中《とちゅう》でも、ふとさびしさがこみあげてきて、胸が苦しくなった。

もちろん、汐里さんの結婚はうれしい。絶対に絶対に、幸せになってほしい。本当に、心からそう願ってる。だからこそちゃんと目を見て、笑顔《えがお》でおめでとうっていいたいんだ。

でも、意識すればするほど、言葉が出なくなる。胸がいっぱいになって、なにもいえなくなる。たった五文字、ほんの二秒もかからない、短い言葉なのに。

汐里さんはどうなんだろう。家を出ること、今、どんなふうに感じているんだろう。

わたしみたいに夜、さびしくて眠《ねむ》れないことはあるんだろうか。夕焼けを見て悲しくなったり、ときどき不安で泣きそうになったり、心細くて、いても立ってもいられなくて、大声でさけびたくなったりするんだろうか。

結婚の話が出たあとも、汐里さんの様子は今までとほとんど変わらなかった。

いつものように四時におきて朝食を作り、いつものようにテレビドラマを見て、いつものようにお菓子《かし》を食べ、いつものように寝《ね》る前に柔軟《じゅうなん》体操をする。さびしそうな感じはまるでなく、かといって浮《う》かれた様子もなかった。いつ見ても汐里さんは汐里さんで、毎日をゆっくり、丁寧《ていねい》に生きているように見えた。

案外、せいせいしてるのかもしれない。

わたしのお世話をしなくてよくなるし、東京の生活は楽しいに決まってる。この町のことなんて、とっくに心にないのかもしれない。

しかたないよね。

だって、汐里さんには汐里さんの人生がある。ずっとそばにいてほし

MEMO

大切なことはメモしておこうネ！

第1回

2024年度

解　答　と　解　説

《2024年度の配点は解答欄に掲載してあります。》

＜算数解答＞

【1】 (1)　62(人)　(2)　問題不成立　(3)　$\frac{2}{21}$　(4)　70(才)　(5)　160(cm)
(6)　84(cm)

【2】 (1)　120L　(2)　5個　(3)　①　分速75m　②　7000m　(4)　8%引き
(5)　6%　(6)　129cm^2　(7)　180cm^3

【3】 (1)　①　(0，4，0)　②　(1，1，1)　(2)　94回　(3)　120回　(4)　82回
(5)　(0，3，3)

【4】 (1)　①　0秒間　②　24秒後　(2)　①　2秒間　②　22秒後　(3)　$11\frac{3}{7}$秒後
(4)　1回目　オ　2回目　エ　3回目　カ　4回目　オ　(5)　$114\frac{14}{17}$秒後

○推定配点○

【1】 各5点×6　【2】 各6点×8　【3】 各6点×6
【4】 (3)・(5)　各6点×2　他　各3点×8　計150点

＜算数解説＞

【1】 (過不足算，数の性質，年令算，平均算，割合)

基本 (1)　1脚の長いすに座る人数が4人から5人になり1人増えることにより，6＋8＝14(人分)の席が増えたので，14÷(5－4)＝14(脚)　集まった人は4×14＋6＝62(人)

(3)　$\frac{1}{11}<\frac{1}{10.5}<\frac{1}{10}$より，$\frac{1}{10.5}=\frac{2}{21}$

重要 (4)　□年後両親の年令の和が兄弟の年令の和の2倍になるとすると，□×2＋42＋44＝②，□×2＋12＋3＝①，②－①＝①，86－15＝71，{71×2－(44－42)}÷2＝70(才)(右図参照)

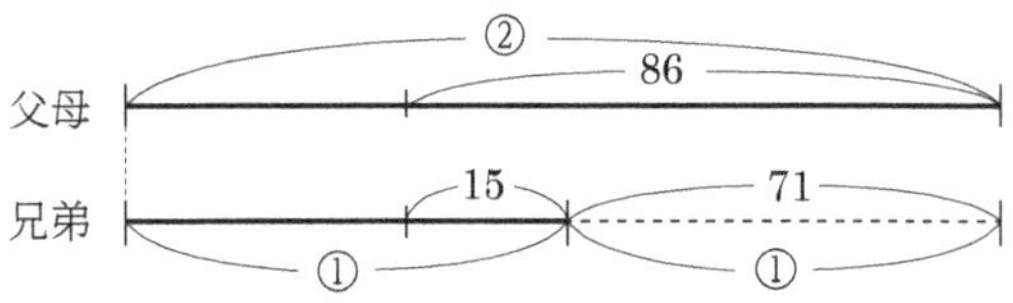

(5)　面積図を書いて考えると，男子と女子の人数の比は30：20＝3：2，平均との差の比は2：3になる。5cmを比例配分する。158＋5×$\frac{2}{2+3}$＝160(cm)(右図1参照)

【別解】　男子の平均は女子の平均より5cm高いので，女子も全員5cm高くなれば，男子と平均は同じになる。{158×(30＋20)＋5×20}÷(30＋20)＝160(cm)

図1

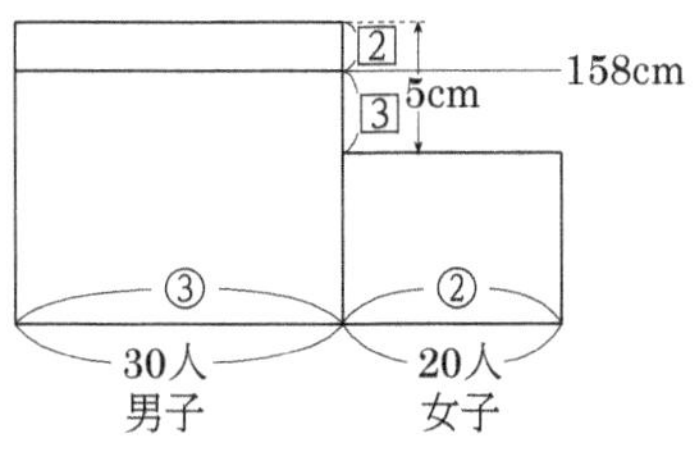

(6)　Aの水の上と水中の長さの比は$\frac{3}{7}$：$\frac{4}{7}$＝$\boxed{3}$：$\boxed{4}$，Bの水の上と水中の長さの比は0.7：0.3＝△7：△3，水中部分は等しいので，$\boxed{4}$＝△3＝⑫とすると，$\boxed{3}$＝⑨，△7＝㉘，㉘－⑨＝⑲，133÷⑲＝7，7×⑫＝84(cm)(図2参照)

図2

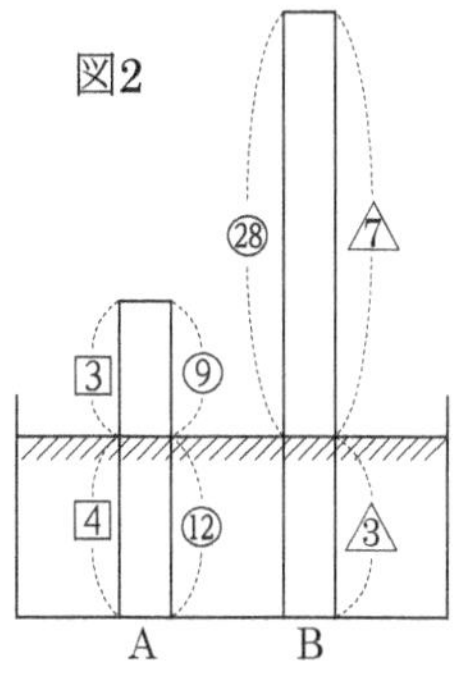

【2】 (差集め算，つるかめ算，流水算，相当算，売買算，濃度，面積，体積)

重要 (1) Aのポンプで Bと同じ時間入れると，5(L/分)×9(分)＝45(L)少なく入る。2つのポンプから入る水の量の差は8－5＝3(L)なので，Bで満水にするのにかかる時間は45÷3＝15(分)，8(L/分)×15(分)＝120(L)

(2) 荷物を全部落とさずに運ぶと，200×50＝10000(円)の報酬がもらえるところ，実際に増えたのは5500円で，10000円より4500円少ない。1個落とすと，200円もらえないばかりか，700円支払うので報酬は900円少なくなる。4500÷900＝5(個)

基本 (3) ① 川の流れの速さ＝(下りの速さ－上りの速さ)÷2で求める。(300－150)÷2＝75　よって，分速75m

② 例えば，300mの距離を往復する場合，300÷300＝1，300÷150＝2，1＋2＝3　3分かかる。70÷3＝$\frac{70}{3}$，300×$\frac{70}{3}$＝7000(m)

やや難 (4) 1個の利益は300×0.25＝75　150個すべて定価で売った場合の利益は75×150＝11250　値下げの為少なくなった金額は11250－8550＝2700　1個の値引き額2700÷90＝30　定価に対する値引き額の割合は30÷(300＋75)×100＝8(％)

(5) 9％の食塩水300gに含まれる食塩の重さは300×0.09＝27　18％の食塩水の重さは27÷0.18＝150　濃度のわからない食塩水50gを加えたので15％の食塩水の重さは150＋50＝200　食塩の重さは200×0.15＝30　(30－27)÷50×100＝6(％)

(6) 大きな正方形の1辺は20cm，大きな円の直径は20cm，それら2つの図形に囲まれる斜線部分の面積は20÷2＝10，20×20－10×10×3.14＝86，小さな正方形の対角線の長さは20cm，小さな円の半径×半径の大きさは小さな正方形の面積の$\frac{1}{4}$である。小さな正方形と小さな円によって囲まれる斜線部分の面積は20×20÷2－20×20÷2×$\frac{1}{4}$×3.14＝200－157＝43，86＋43＝129(cm^2)

(7) 直方体を45度傾けたので，白い部分は直角二等辺三角形になる。こぼれた水の量は6×6÷2×10＝180(cm^3)

【3】 (N進法の応用)

重要 (1) ① ボタンを4回押すとCが1周し，Bが1目盛り動く。16÷4＝4　よって求める答えは(0，4，0)である。 ② Bが5目盛り動くとAが1目盛り動く。4×5＝20　25÷20＝1余り5，5÷4＝1余り1　よって求める答えは(1，1，1)である。

(2) 20×4＋4×3＋1×2＝94(回)

(3) 20×6＝120(回)

(4) 20×3＋4×2＋1×1＝69(回)　(0，0，0)の後(1，2，3)になるのは，120＋20×1＋4×2＋1×3＝151(回)　151－69＝82(回)

やや難 (5) (5，4，3)は20×5＋4×4＋1×3＝119(回)押した時　2024－119＝1905，1905÷120＝15余り105　120－105＝15，15÷4＝3余り3　よって求める答えは(0，3，3)である。

【4】 (速さの応用)

基本 (1) ① PQ間72(cm)÷3＝24(cm)　ロボットAは24(cm)÷3(cm/秒)＝8(秒)かかる。このときシャッターは上がっているので，求める答えは0秒間。

② QもRも止まらず進めるので，8×3＝24(秒後)

重要 (2) ① 24(cm)÷4(cm/秒)＝6(秒)かかる。このときシャッターは下りているので，求める答えは2秒間である。 ② 8×2＋6＝22(秒後)

(3) 8＋24÷(3＋4)＝8＋3$\frac{3}{7}$＝11$\frac{3}{7}$(秒後)

(4)　1回目：ロボットAがQへ進むのにかかる時間$24\div4.5=24\times\frac{2}{9}=\frac{16}{3}=5\frac{1}{3}$(秒)　$5\frac{1}{3}\times2=10\frac{2}{3}$　よって求める答えはオである。2回目：ロボットAは1周してPに戻るのに16秒かかる。ロボットBは16秒後Qにいる。よって求める答えはエである。3回目：ロボットBが1周してPから出発するのが24秒後，ロボットAは2周目のRに来るのが$26\frac{2}{3}$秒後，よって求める答えはカである。4回目：ロボットAは3周目Qに来るのが$37\frac{1}{3}$秒後，ロボットBは2周目Qに来るのが38秒後，よって求める答えはオである。

や難 (5)　(4)の続きを調べてみる。5回目は地点Pにどちらも48秒後にいる。オ，エ，カ，オ，アの周期5であることがわかる。$12\div5=2$余り2，$48\times2+16+24\div(4.5+4)=112+24\times\frac{2}{17}=114\frac{14}{17}$(秒後)

★ワンポイントアドバイス★

基礎的な問題に丁寧に取り組むよう日頃から練習すると同時に，応用的な問題にも取り組むことが大切である。応用的な問題では，情報を整理してわかりやすくする，途中式をわかりやすく書くことを意識して取り組むとよいだろう。

＜国語解答＞

一　問一　ア　問二　軽蔑感　問三　イ　問四　(例)　(食文化の進化と思われていた食材の多くは，)元々食べていたものだが，それを一時食べなくなり，再び人々が食べるようになった(という変化に過ぎないということ。)　問五　エ　問六　ウ

二　問一　(例)　これ以上親密な関係になってしまったら，今後お互いに不幸になるだけなので，名字で呼ぶことで距離を置こうと思ったから。　問二　A　しっか　B　揺るが
問三　イ　問四　毎日が　問五　ともっとうれしかった
問六　ア　×　イ　○　ウ　×　エ　○　オ　○

三　問一　①　砂糖　②　供(える)　③　臨(む)　④　養蚕　⑤　久(しく)
⑥　別冊　問二　①　ア　②　エ　問三　①　イ　②　エ　問四　三
問五　拝見する　問六　イ

○推定配点○
一　問四　10点　他　各5点×5
二　問一　10点　問四　8点　問六　各1点×5　他　各3点×4
三　問五・問六　各4点×2　他　各2点×11　計100点

＜国語解説＞

一　**(論説文-要旨・大意の読み取り，文章の細部の読み取り，空欄補充の問題，記述力・表現力)**

問一　「同じこと」とは，前の部分で述べている，表面には出てこないことを研究する地味な裏方の仕事であるということ。「大和の食物文化について」の研究も同じように「ほとんどの人が関心を持ってくれない」が，それを筆者は研究し実証しているというのである。

問二　どんなことに感心するのかというと，「千二百年前の人々が，あんなモダンなものを食べて

いた」ということにである。なぜ感心するのかといえば,「今の人間(＝現代人)」は古代の人々より前進していると考えるからである。言い換えれば,遅れた人々と思って軽蔑していた古代人がモダンなものを食べていたから感心したのである。「感心する」ということを,筆者は「逆に言えば,今の人間は,あれから一歩も前進していないのだということを,反省して」いないからだと考えている。現代人が反省していないということを,筆者は「現代の私たちは,今の生活に対する誇りを持ち,やがて誇りが古代に対する大変な軽蔑感をつくり上げています」と言い換えている。

やや難　問三　筆者は,「文化は進歩するものだ,前進するものだ」というのではなく,変わるだけ・流れていくだけ・変化するだけと述べている。つまり,「文化は進歩するものだ,前進するものだ」というのは誤った考え方だというのである。「迷信」は,合理的な根拠がないにもかかわらず正しいと信じること。　ア「不信」は,信用しないこと。　ウ「威信」は,他に示す威厳と他から受ける信望。　エ「確信」は,確かであると信じて疑わないこと。

重要　問四　続く段落に筆者の言う「変化」が具体的に説明されている。「燻製」「バター」「チーズ」というハイカラ(＝西洋から入ってきた新しいもの)だと思われていた食材は,古代や奈良時代に元々食べていたものであり,「以後食べなくなり,また再び食べるようになったため,いかにも近代的なものだと思われているだけ」だというのである。つまり,食文化の進化ではなく,変化に過ぎないというのである。解答の要素としては「元々食べていたもの」「以後食べなくなり,また再び食べるようになった」の2点である。

基本　問五　白米は今の新しいもの,赤米は昔からあるものということを押さえる。すると,Aは「今の」とあるので白米。Bは,朝鮮の使いが「赤飯はまずい,と怒っています」とあるので,朝鮮では白米を食べていたとなる。Cは,朝鮮との対比で日本はまだ赤米だったとなる。Dは,外国の使節という大切な人物にどこでも赤米を出すのだから「日本の大部分が赤米だった」となる。

問六　ウの内容は第一・第二段落に述べられている。「人々の思い込みを修正していく」とあるのは,「後世はいっそう間違うのではないか」と考えているからである。　ア 「文献の中から古代の生活を再現する」が誤り。再現するという内容はない。　イ 「目に見えるものこそ歴史の重要な資料」が誤り。赤米の例は,資料などから考察している。　エ 「ストーリーを創る推理力や想像力が大切」が誤り。「事実を帰納して証明していく」と述べている。

二　(小説 - 心情・情景の読み取り,文章の細部の読み取り,脱文挿入,記述力・表現力)

重要　問一　「どうして岸間さんって呼ぶのよ」という冴の質問に対して,蒼葉の言う「俺ら住む世界が違う」「根本的に」が表す意味を考える。冴と蒼葉とで根本的に違うものとは,蒼葉の言う「岸間さんってしっかり愛されて育った人」ということである。この内容は「俺は愛情受けてないから人を愛することを知らない」と言い換えられている。そのような育った過程が根本的に違う二人が,「冴ちゃんなんて呼んでるうちに」結婚に結びつくような親密な関係になったら,お互いに不幸になるというのである。だから,名字で呼ぶことで「距離」を置こうと思っているというのである。

問二　問一と関連させて考える。蒼葉が思う冴の人物像をとらえる。読み進めていくと,蒼葉は「岸間さんってしっかり愛されて育った人なんだって。揺るがないものが根底にある人だって」とある。これを空らんにあてはめると,「しっかり愛されて育った(11字)ので,揺るがないもの(7字)を持っている人物」となる。

問三　「死ぬという言葉を口にしたことに気がとがめたのか」とあるのに注目する。「死」に関わる内容は,あらすじに「高校二年生の終わりに冴の唯一の肉親である母は病気で亡くなってしまった」とある。そして,描かれている場面は「高校三年の春の終わり,日曜の朝にやってきた蒼葉」とあるので，冴の母親の死から間もない時であることがわかる。すると，イの内容が「話を変えた」理由として最も適当であると判断できる。

重要 問四　この場面は，冴が将来の職業に小学校の教師を考えていることを描いている。そして，それは「小学三年生の時の蒼葉を思い出す」ことがきっかけになっている。「蒼葉の家を初めて訪れた時」の様子は，[　　　]の部分に蒼葉が「ちゃんと生きてるのは，あの日のおかげだと思ってる」と言っているように，「セーフティーガード」が必要な状態であったのである。「セーフティーガード」は，危険や損害を避けるための制度や仕組みのことで，続いて「子どもたちに何かあれば救い出せるのは学校だって。子どもが埋もれてしまわないように手を差し伸べられる」とあって，セーフティーガードとしての学校の役割，教師の役割が描かれている。「地域の子どもたちを把握」した上で必要なことは，何を見逃さないことなのかを，蒼葉についての思い出と重ねて探すと，[　　　]の部分に「毎日が不安な子どもがいることに気づいて」とある。蒼葉がそのような子どもであったのであり，そのことに気づいて見逃さないことが必要だと現在の冴は考えているのである。

基本 問五　脱文は会話口調であることに注目する。問四と関連させて，「小学三年生の時の蒼葉」がどのような「不安」をかかえていたのか，「あの日」とはいつのことを指すのかを，蒼葉の会話文から探す。すると，冴が蒼葉にパンや食事を届けることを続けたことで食事の不安が消えたことを話している「ジュースもカップ麺もあったっけ……もっともっとうれしかった」とある会話文の最後に補うべきであると判断できる。

やや難 問六　ア　問三でとらえたように蒼葉は冴と自分の違いについて途中で話をやめて，受験の話題に変えているので，冴が「最終的には渋々ながら納得した」は合わない。　イ　蒼葉の会話に「(自分と冴は)似たような環境なんだなって，だからパンをもらうのも，それほど恥ずかしくなかった」とある。合う。　ウ「彼の情熱的な言葉の中に」が誤り。蒼葉の口調はむしろおどけているふうである。　エ　蒼葉の会話に「空き時間に勉強しておいて教えるってこと」「調理師免許取る勉強もしようと思ってたから，ついでに」とある。合っている。　オ　問四でとらえたように，冴は小学校教師となって，「(蒼葉のような子どもを)自分が助けられる立場になりたい」と考えている。合う。

三　(ことわざ・慣用句・四字熟語，熟語の成り立ち，漢字の書き取り，敬語，短歌)

問一　①「砂」の音は「サ・シャ」。訓は「すな」。「砂丘」「砂利(じゃり)」などの熟語がある。「糖」には，「糖分」「製糖」などの熟語がある。　②　同訓異字の「備える」と区別する。「とも」の訓もある。音は「キョウ」。「供給」「提供」などの熟語がある。　③　同訓異字の「望む」と区別する。音は「リン」。へんを「巨」と誤らない。「臨時」「臨場」などの熟語がある。　④　まゆを取る目的で蚕を飼育すること。「養」の訓は「やしな‐う」。「養護」「保養」などの熟語がある。「蚕」の訓は「かいこ」。　⑤「久しい」は，ある時からの経過時間が長いの意味。音は「キュウ」。「永久」「持久」などの熟語がある。　⑥　本体とは別に一冊とした本。「冊」の横棒はつき出るので注意する。「冊」には「分冊」「冊子」などの熟語がある。

基本 問二　①「医療」の「療」は病気を治すの意味があるので，似た意味の字を重ねる構成。　ア「除去」は，「除」も「去」も取り除くの意味。　②「鉱山」は，鉱物の山ということで，上が下を修飾する構成。　エ「笑顔」は笑う顔で，上が下を修飾する構成。　イ「握手」は手を握る，ウ「越冬」は冬を越すで，上が動作，下が目的・対象の構成。　オ「呼応」は呼ぶと応(こた)える，　カ「往来」は往(ゆ)くと来るで，反対の意味の字を重ねる構成。

問三　①「傍らに人無きがごとし(＝そばに人がいないかのようだ)」ということで，他人にかまわず，自分の勝手放題に振る舞うこと。　②　原因と結果・行為に応じて現れる報いを組み合わせた言葉。人の行いの善悪に応じて，それにふさわしい報いが必ず現れること。 ア 正々堂々。 ウ 荒唐無稽。 オ 付和雷同。 カ 一朝一夕。

問四 「三人寄れば文殊の知恵」は，平凡な人間でも，三人集まって考えれば，知恵をつかさどる文殊菩薩(もんじゅぼさつ)のようなよい知恵が出るものだ，ということ。「隣の花は赤い」は，他人の物はなんでもよく見える，ということ。「一寸先は闇」は，将来のことは全く予知できない，ということ。「泣きっ面に蜂」は，不幸・不運の上にまた不幸・不運が重なること。

やや難 問五 主語が「私は」なので謙譲語にする。「見る」の謙譲語は「拝見する」。

重要 問六 五首の和歌はすべて百人一首に収められたもの。「吹くからに秋の草木のしほるればむべ山風を嵐といふらむ」は，吹くとたちまちに秋の草木がしおれるので，それで山から吹く風を「荒らし」といい，「嵐」と書くのだろう，という意味。秋の歌。 イ 山深い谷川に，風が掛けたしがらみ(水の流れをせきとめるためのもの)は，流れようとしても流れきれずにたまっている紅葉であったのだ，という意味。「紅葉」とあるので秋の歌。 ア 春が過ぎて夏が来たらしい。天の香具山には，夏の装いである白い衣が干してある，という意味。夏の歌。 ウ 天の川にかささぎが掛けた橋を思わせる宮中の階段に霜が白く置いているのを見ると，夜も更けたのだと感ずる，という意味。冬の歌。 エ かつて栄えた奈良の都で咲いていた八重桜が，今日はこの平安の宮中で美しく輝いて咲いていることだ，という意味。春の歌。

★ワンポイントアドバイス★

論説文は，話題として示されている筆者の基本にある考えを正しくとらえよう。そのうえで，具体例と筆者の考えのつながりをつかむ。小説は，人物の行動や会話，様子に表現されていることがらから人物の性格や考え方，思いをつかもう。また，過去と現在の時間の変化を正しくつかむ。

第2回

2024年度

解 答 と 解 説

《2024年度の配点は解答欄に掲載してあります。》

＜算数解答＞

【1】 (1) 1400(円) (2) ① 3 ② 7 ③ 2 (3) 62.5(cm^2) (4) 40(人)
(5) 170(個) (6) 750(円)

【2】 (1) 32g (2) 240円 (3) 30秒 (4) 62セット (5) ① 64個
② 51個 (6) 48.26cm (7) $37\frac{1}{3}m^2$

【3】 (1) $5cm^2$ (2) 裏→表→表 (3) 4通り (4) 表→表→裏→裏，裏→裏→表→表
(5) 3通り (6) 58回

【4】 (1) 6分後 (2) 60度 (3) 8.4分後 (4) 20m (5) 144度
(6) 1.2分後 (7) 6回

○推定配点○

【1】 各5点×6((2)完答) 【2】 各6点×8 【3】 各5点×7
【4】 (6)・(7) 各6点×2 他 各5点×5 計150点

＜算数解説＞

【1】 (比，虫食い算，縮尺，集合算，過不足算，消去算)

基本 (1) 600÷(7−4)＝200 200×7＝1400(円)

(2) 百の位のアは十の位から1上がって来ていると考えられるので，3として他を考える。十の位は一の位から1上がって来て1になると考えられるのでイは7とする。3＋7＋ウ＝12より，12−10＝2 372＋37＋3＝412 よって求める答えは①3，②7，③2である。

重要 (3) 例えば，地図上でたて2cm横5cmの場合，実際のたての長さは2(cm)×25000＝50000(cm)，横の長さは5(cm)×25000＝125000(cm)になる。$\frac{1}{10000}$の地図上ではたての長さは50000(cm)×$\frac{1}{10000}$＝5(cm)，125000(cm)×$\frac{1}{10000}$＝12.5(cm)になる。5(cm)×12.5(cm)＝62.5(cm^2)

重要 (4) スマホをもっている人は900×$\frac{2}{3}$＝600 パソコンを持っている人900×$\frac{2}{5}$＝360 両方持っている人900×$\frac{1}{9}$＝100 スマホかパソコンのどちらかを持っている人は600＋360−100＝860 両方を持っていない人は900−860＝40(人)

基本 (5) あめを1人に2個多く配ることにより，38＋6＝44(個)必要になる。子どもの人数は44÷2＝22 あめの個数は6×22＋38＝170(個)

重要 (6) 大人1人の入場料を○，子ども1人の入場料を△とする。○×4＋△×5＝10950 ○×3＋△×4＝8400 ○×12＋△×15＝10950×3＝32850 ○×12＋△×16＝8400×4＝33600 33600−32850＝750(円)

【2】 (濃度，売買算，通過算，つるかめ算，規則性，平面図形・移動，立体図形・影)

重要 (1) 7%の食塩水120gに含まれる食塩の重さと5%の食塩水に含まれる食塩の重さの和が4%の

食塩水250gに含まれる食塩の重さに等しい。250×0.04－120×0.07＝10－8.4＝1.6　1.6÷0.05＝32(g)

基本　(2)　定価は3000×(1＋0.6)＝4800　4800－1200＝3600　3600×(1－0.1)＝3240　3240－3000＝240(円)

基本　(3)　電車が追いついてから追い越すまでにかかる時間は電車の長さの和を速さの差で割って求める。(120＋150)÷(22－13)＝30(秒)

(4)　もし全部ばらで売っていたら売上は300×(100－11)＋500×(100－19)＝26700＋40500＝67200(円)　実際はセットで売ったので67200－64100＝3100(円)少なくなった。3100÷(800－750)＝62(セット)

重要　(5)　①　1＋2＋3＋…＋□＝120　(1＋□)×□÷2＝120　120×2＝240＝15×16　□＝15　黒の石は奇数個並んでいるので，1＋3＋5＋7＋9＋11＋13＋15＝8×8＝64(個)

②　(1＋13)×13÷2＝91　(1＋14)×14÷2＝105　100－(1＋3＋5＋7＋9＋11＋13)＝100－7×7＝51(個)

やや難　(6)　円は直線上はまっすぐ転がる。円の中心が動いたあとの線の長さは，与えられたおうぎ形の半径と同じ長さの直線2本と半径2cm中心角90度のおうぎ形の弧3個分と半径12cm中心角90度のおうぎ形の弧の長さの和。$10\times2+2\times2\times3.14\times\frac{1}{4}\times3+12\times2\times3.14\times\frac{1}{4}=20+(3+6)\times3.14=20+28.26=48.26$(cm)

やや難　(7)　横から見た図をかくと，影の台形の高さが4mということがわかる。また，台形の底辺は相似形を利用して求める。$7\times\frac{5}{3}=\frac{35}{3}$　$\left(7+\frac{35}{3}\right)\times4\div2=\frac{112}{3}=37\frac{1}{3}$($cm^2$)

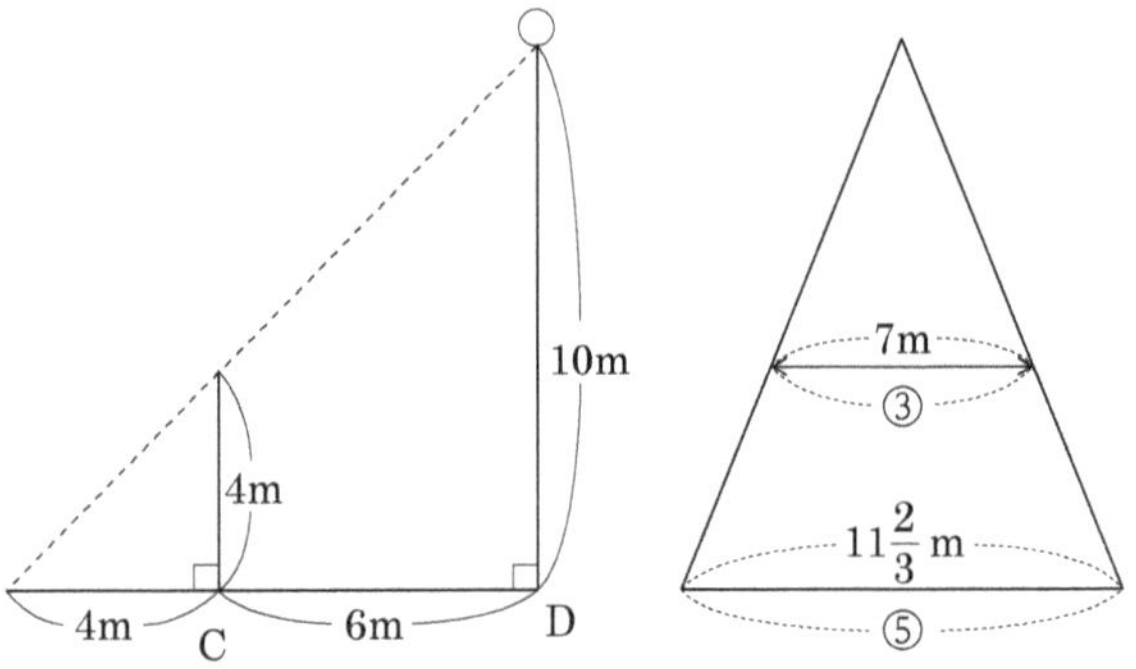

【3】(論理)

基本　(1)　表→表が出た場合，北→北の順に直方体を倒す。3＋2＝5(cm^2)

(2)　和が11cm^2になるのは，4＋3＋4の場合。よって求める答えは裏→表→表である。

(3)　和が9cm^2になるのは，4＋2＋3　4＋3＋2　3＋2＋4　3＋4＋2の場合。よって求める答えは4通りである。

(4)　和が11cm^2になるのは，3＋2＋4＋2　4＋2＋3＋2の場合。よって求める答えは表→表→裏→裏，裏→裏→表→表である。

やや難　(5)　和が16cm^2になるのは，4＋2＋3＋2＋3＋2　3＋2＋3＋2＋4＋2　3＋2＋4＋2＋3＋2の場合。よって求める答えは3通りである。

やや難　(6)　3cm^2と4cm^2がたくさん出る場合に回数が少なくなる。3＋4＝7　203÷7＝29　29×2＝58(回)

【4】(速さ・旅人算の応用)

基本　(1)　1周がどれだけの道のりかを求め，かかる時間を計算する。840(m)÷3.5＝240(m)　240(m)÷40(m/分)＝6(分)

重要　(2)　太郎さんが1分で1周のどれだけ進むか計算する。$40\div240=\frac{1}{6}$　$360\times\frac{1}{6}=60$(度)

(3)　道のりを速さの和で割って出会うまでの時間を求める。840÷(40＋60)＝8.4(分後)

(4)　出会うまでに全体のどれだけ進むか考える。$50\times\frac{40}{40+60}=20$(m)

(5)　$40\times8.4=336$　　$336-240=96$　　$360\times(96\div240)=360\times\frac{2}{5}=144$(度)

(6)　花子さんが1分で1周のどれだけ進むか計算し，重なるまでの時間を考える。$60\div240=\frac{1}{4}$　$360\times\frac{1}{4}=90$　　$180\div(60+90)=1.2$(分後)

(7)　花子さんが地上に着くまでにかかる時間は，840(m)÷60(m/分)＝14(分)　　真上から見て重なるのは，最初は1.2分後，それ以降は$360\div(60+90)=2.4$(分)毎。$14-1.2=12.8$　　$12.8\div2.4=5$余り0.8　　$1+5=6$(回)

★ワンポイントアドバイス★

基礎的な問題に丁寧に取り組む練習をするのと同時に，応用的な問題に対応できる力をつけておくことが大切である。応用的な問題では考え方をわかりやすく，必要なことを簡潔に書くことを意識して取り組むとよいだろう。

＜国語解答＞

一　問一　ア　　問二　ウ　　問三　A　ウ・エ・カ　　B　ア・イ・オ　　問四　連想
問五　(例)　オノマトペは言語であって円滑なコミュニケーションのために簡潔性が求められ，写し取れる対象が限定されるから。

二　問一　あったかい空気　　問二　いつ見ても　　問三　イ　　問四　(例)　結婚なんて，やめちゃいなよ　　問五　(例)　汐里さんの結婚を心からお祝いしたいけれど，離ればなれになるのがさびしいという気持ち。　　問六　ア　○　　イ　×　　ウ　○　　エ　×　　オ　×

三　問一　①　善良　　②　恩師　　③　勤務　　④　圧巻　　⑤　孝行　　⑥　訪(ねる)
問二　①　イ　　②　カ　　問三　①　オ　　②　ア　　問四　仏　　問五　いただく
問六　ウ

○推定配点○

一　問五　10点　　他　各5点×5(問三各完答)　　二　問五　10点　　問六　各1点×5　他　各5点×4　　三　問五・問六　各4点×2　　他　各2点×11　　計100点

＜国語解説＞

一　**(論説文－文章の細部の読み取り，空欄補充の問題，記述力・表現力)**

問一　オノマトペを絵画と比較して，「絵画は……言語や文化に関係なく受け止められる」が，「オノマトペは特定の言語の枠組みの中で理解される」と説明している。オノマトペは，特定の言語や文化の枠組みの中で理解されるということは，特定の言語や文化を共有していない人には理解することが難しいのである。

や難　問二　「対象を写し取る」ことについて，1～4のそれぞれの性質をどのように説明しているかを読み取る。「3　動画・写真」については，「もっとも直接的で写実的なのは動画や写真だろう」とある。「4　具象絵画」については，「非常に細密に対象を切り取った具象的な絵画は，その対象が誰にでもよくわかる」とある。「2　アイコン」については，「アイコンが興味深いのは，かなり抽象化しているのに，対象がわかりやすい点である」とある。「1　オノマトペ」については，「オノマトペが物事の一部分しか写せない」とある。以上の説明から，写実性の高いものから順番に並べると，3→4→2→1となる。

基本　問三　「アイコンは～」という表現に注目すると，「アイコンは視覚的な記号である」，「視覚的アイコンは，一度に複数の要素を写し取ることができる。輪郭も写し取れる」とある。「オノマトペ」については，「音声という聴覚的要素である」「オノマトペは，イヌやネコの鳴き声を写し取ることはできる」「『オノマトペは言語である』という性質である」とある。

問四　同じ段落の初めに，「連想は，『換喩(メトニミー)』と呼ばれる」とある。「換喩的思考」とは，連想をもとに物事の一部分しか表せないオノマトペが表す様子を補ってとらえることである。手話も「換喩的な連想」で，関連要素を補わなければならないのである。

重要　問五　オノマトペの特徴(欠点)を説明する設問。問三と関連させて考える。「そのため」とあるので，解答の要素は直前の部分にある。まず，問三でとらえたように「オノマトペは言語である」ことを押さえる。さらに，言語であれば「コミュニケーションに支障をきたす恐れ」があっては困るのであり，「円滑なコミュニケーション」のために「簡潔である必要がある(＝簡潔性が求められる)」のである。すると，「写し取ることができる対象は限られる」のである。これらを「～から。」とまとめる。

二　(小説－心情・情景の読み取り，文章の細部の読み取り，空欄補充の問題，記述力・表現力)

やや難　問一　汐里さんについて描写した部分は，「でも，白い肌も……汐里さんは特別なんだ」の部分である。ここから，汐里さんがいなくなることで失われ，さびしさを感じるものを七字で探す。すると，「あったかい空気」が見つかる。「そばにいるだけで光が射してくる気がする」「ただいるだけで光って(いる)」ともあり，汐里さんのあたたかさを強調している。

基本　問二　設問文に「『汐里さん』の生き方」とあるのに注目する。本文中で生き方にふれているのは，「いつ見ても汐里さんは汐里さんで，毎日をゆっくり，丁寧に生きているように見えた。」の一文である。

問三　「急に心配になった」の直後に「わたしはお父さんのことを思った」とあり，お父さんとお母さんの結婚生活についての描写が続いている。汐里さんの言葉として，「おたがい納得して結婚しても，どうしても，うまくいかないことがあるから」とあり，「その言葉を思いだして，わたしは不安(＝心配)になった」とある。心配になったのは，「陽介さんと汐里さんの結婚がうまくいかないのではないか」と思ったからである。

問四　問一・問三と関連させて考える。「わたし」は汐里さんの結婚に際して，さびしさを感じ，心配になっている。つまり，汐里さんの結婚について否定的な気持ちになっているのである。さらに，「なにをバカなこといおうとしてるんだ」という自分への批判を重ねあわせると，「結婚なんて，やめちゃいなよ」「結婚なんかしないでちょうだい」など，結婚をやめるように言う内容の言葉にする。

重要　問五　問一・問三・問四と関連させて考える。「わたし」は，汐里さんの結婚について，祝福しなければいけないことはわかっているが，否定的な気持ちも消せないでいる。その根底にあるのは，離ればなれになるさびしさである。お祝いしたい，しかし，さびしいという二つの気持ちを説明する。

やや難　問六　ア　「にぎやかなおうちで，朝から夜まで過ごしてみたい」とある。合う。　イ　「案外，せいせいしているのかもしれない」は，「わたし」が思っていることで，汐里さんの気持ちではない。合わない。　ウ　「汐里さんはひとつひとつ丁寧に皿を洗っていた」とある。合う。　エ　「わたしはとなりにいたたまちゃんと乾杯した」「ほんとはもっとそばに行きたかったけど……遠くから見ていた」とある。合わない。　オ　問三で捕らえたように,「急に心配になった」「わたしは不安になった」とある。合わない。

三　**(ことわざ・慣用句・四字熟語，熟語の成り立ち，漢字の書き取り，敬語，短歌)**

問一　①　人の性質が正しく素直なこと。「善」の訓は「よ‐い」。「善意」「最善」などの熟語がある。「良」の訓は「よ‐い」。「良心」「優良」などの熟語がある。　②　教えをうけ，世話になった先生。「恩」は形の似た「思」と区別する。「恩恵」「謝恩」などの熟語がある。「師」は，形の似た「帥(スイ)」と区別する。「法師」「師範」などの熟語がある。　③　職務をもってつとめること。「勤」のへんの横棒は3本。訓は「つと‐める・つと‐まる」。「勤勉」「皆勤」などの熟語がある。「務」のへんを「予」と誤らない。訓は「つと‐める・つと‐まる」。「任務」「責務」などの熟語がある。　④　最もすぐれている部分。「圧」は「重圧」「弾圧」などの熟語がある。「巻」の左払いは突きだすことに注意する。訓は「ま‐く・まき」。「巻頭」「全巻」などの熟語がある。　⑤　子が親に愛情をもち，尽くすこと。「孝」は同音で形の似た「考」と区別する。「孝子」「忠孝」などの熟語がある。　⑥　同訓の「尋ねる」と区別する。「おとず‐れる」の訓もある。音は「ホウ」。「訪問」「探訪」などの熟語がある。

基本　問二　①　「徹夜」は，夜を徹するということ。「徹する」は，ある時間の全部を通して物事をするの意味。上が動作，下が目的・対象の構成。　イ　「植樹」は，樹を植えるの意味。　②　「公私」は公と私で，反対の意味の字を重ねる構成。「功罪」は，功(＝てがら)と罪。　ア　「書籍」は，書も籍も書いたものの意味。　ウ　「価値」は，価も値も値打ちの意味。似た意味の字を重ねる構成。　エ　「上空」は，上の空。　オ　「近所」は，近い所。上が下を修飾する構成。

問三　①　昔の中国で，仲の悪い呉の国の人と越の国の人が同じ舟に乗っているということ。仲の悪い者同士が同じ場所や境遇にいること。　②　空を動いて行く雲と，地を流れる水の意味から，物事にとらわれず自然に任せて行動すること。　ウ　一石二鳥。　エ　有為転変。　カ　山紫水明。

基本　問四　「知らぬが仏」は，知っていればこそ腹も立つが，知らないから仏のように心を動かさずにいられるの意味。「九死に一生を得る」は，ほとんど死にそうな状態になりながらやっとのことで助かるの意味。「二の足を踏む」は，ためらう，しり込みをするの意味。「身から出たさび」は，自分がした悪い行いのために，自分が苦しむこと。

や難　問五　主語が「私は」なので謙譲語にする。「食べる」の謙譲語は「いただく」。

重要　問六　いずれも『古今和歌集』に収められた歌。「月夜にはそれとも見えず梅の花香を尋ねてぞしるべかりける」は，月夜では月の光ですべて白く照らされて，どれが梅の花か見分けられなかったので香りをたどって梅の花がどれかを知るべきであったよ，という意味。春の歌。　ウ　桜の花が咲いたらしい。山あいから見える白雲はまさしく桜の花であろう，という意味。春の歌。　ア　雪が降り積もった山里はそこに住む人さえ雪と同じように消え入る思いがしているのだろうか，という意味。冬の歌　イ　秋が来たと目にははっきりと見えないけれど，耳に聞く風の音には，さわやかに秋が来たことが感じられる，という意味。秋の歌。　エ　五月雨が降り，物思いをしていると，ほととぎすは夜中近くに鳴いてどこへ行くのであろうか，という意味。夏の歌。

★ワンポイントアドバイス★

論説文は，具体例と筆者の考えとの関連をとらえ，対比されていることがらについての説明を正しく読み取っていこう。小説は，人物関係や出来事のいきさつなどの設定を正確に押さえ，行動や会話，様子などに表現されていることがらから人物の心情や思いをつかもう。

MEMO

大切なことはメモしておこうネ！

2023年度

★★★★★★★★★★★★★★★★★★★★★★★★

入　試　問　題

2023年度

国学院大学久我山中学校入試問題（ST 第1回）

【算　数】（60分）　＜満点：150点＞

【注意】　１．分度器・コンパスは使用しないでください。

　　　　　２．円周率は3.14とします。

【１】 次の □ にあてはまる数を答えなさい。

(1)　３つの数 $\frac{7}{9}$，$2\frac{1}{10}$，$8\frac{1}{6}$ のどれにかけても整数になる分数のうち，一番小さい数は □ です。ただし，０は除きます。

(2)　１本80円の鉛筆《えんぴつ》と１本100円のボールペンをどちらも３本以上買います。代金がちょうど1000円になるとき，買った鉛筆は □ 本です。

(3)　□ mの直線の道路に，端《はし》から端まで17本の木を等間隔《とうかんかく》に植えました。１本目の木から７本目の木までの距離《きょり》を測ると18mでした。

(4)　現在，母は55才で子どもは28才です。母の年令が子どもの年令の４倍になっていたのは，現在から □ 年前です。

(5)　ある直方体の３つの面の面積はそれぞれ$24cm^2$，$40cm^2$，$60cm^2$です。この直方体の最も長い辺の長さは □ cmです。

(6)　A，B，Cの３人で行うとちょうど６時間かかる仕事があります。この仕事を１人でするとき，AはBの1.2倍，CはAの1.5倍の時間がかかります。この仕事をA１人ですると □ 時間かかります。

【２】 次の問いに答えなさい。

(1)　A地点からB地点へ行くのに，時速20kmで行くと集合時刻より１時間遅《おく》れ，時速30kmで行くと集合時刻より20分遅れます。集合時刻にちょうど着くには時速何kmで行けばよいですか。

(2)　１枚のコインを投げて，表が出ると東へ５歩，裏が出ると西へ２歩進むゲームをします。

①　コインを30回投げて表が18回出たとき，スタート地点から東西どちらに何歩の所にいますか。

②　コインを150回投げて進むと，スタート地点から東へ393歩の所にいました。このとき，裏が出た回数は何回ですか。

(3)　ある検定試験の合格者は90人，不合格者は150人です。受験者全体の平均点は50点で，合格者の平均点は不合格者の平均点より16点高いです。合格者の平均点は何点ですか。

(4)　いくつかの品物を仕入れて売ったところ，仕入れた個数の$\frac{6}{7}$が売れました。売れ残った個数の$\frac{1}{3}$は壊《こわ》れて売り物にならないので捨てて，壊れていない品物を値引きして売ったところ，値引きして売った個数の$\frac{3}{4}$が売れて，３個売れ残りました。仕入れた品物は何個ですか。

(5)　姉はあめ１個を３日ごと，ケーキ１個を７日ごとにもらいます。あめかケーキの片方だけをもらう日はそれを食べ，あめとケーキの両方をもらう日はあめを妹にあげてケーキだけを食べます。11月１日はあめとケーキの両方をもらう日だとすると，この日から翌月の12月24日までの間に姉はあめとケーキをそれぞれ何個ずつ食べますか。

(6)　右の図は，円と直角三角形ＡＯＢと正方形ＣＯＤＥを組み合わせた図形で，点Ｏは円の中心，点Ｅは円周上の点です。円の面積は何cm^2ですか。

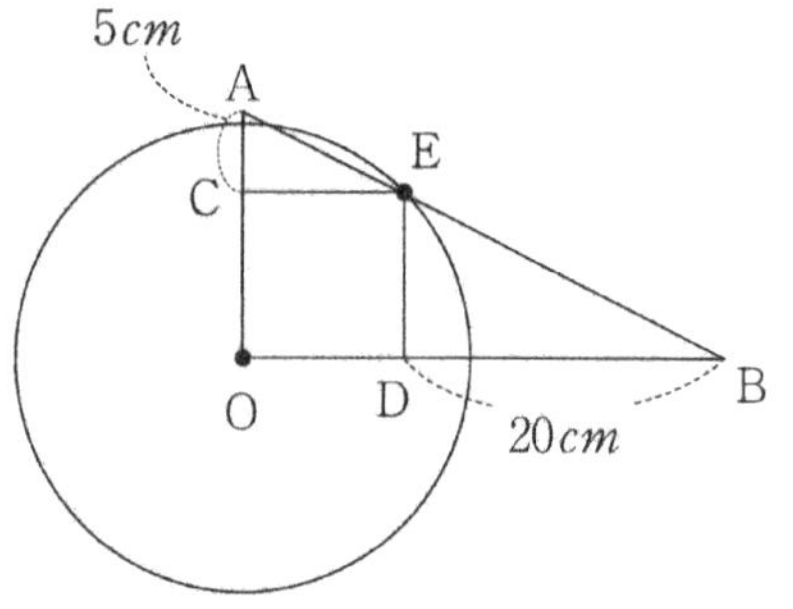

(7)　右の図のような直方体が水平な台の上に置いてあります。右の図の状態からすべることなく，面(あ)が底面になるように倒《たお》した後，面(い)が底面になるように倒しました。このとき，頂点Ａが動いたあとの長さは何cmですか。

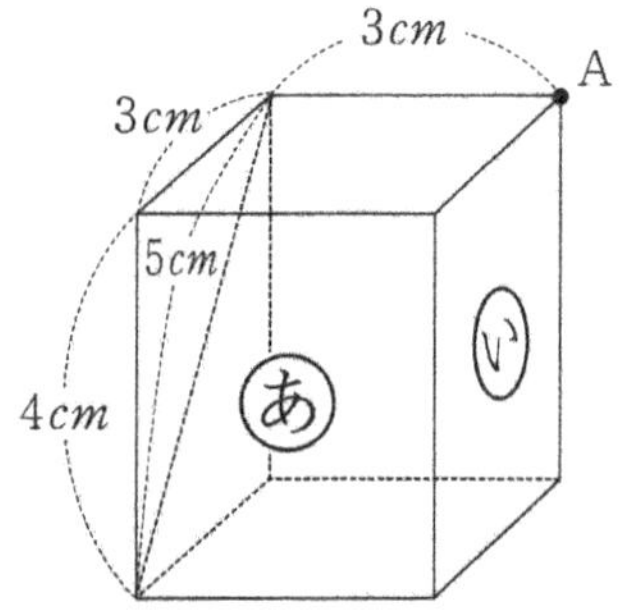

【３】　図１のような１辺の長さが８cmの正方形ＡＢＣＤがあり，辺ＡＢ，ＣＤの真ん中の点をそれぞれＥ，Ｆとします。また，ＥＦ，ＢＣにはそれぞれ２cmの間隔《かんかく》で目盛りがあります。

点ＰはＥＦ上をＥからＦに向かって，点ＱはＢＣ上をＣからＢに向かって動きます。また，袋《ふくろ》Ｐと袋Ｑがあり，それぞれの中に，[0]，[1]，[2]，[3]，[4]のカードが入っています。袋Ｐと袋Ｑからカードを１枚ずつ引き，点Ｐは袋Ｐから引いたカードに書かれている数の目盛りだけ，点Ｑは袋Ｑから引いたカードに書かれている数の目盛りだけ，それぞれ動きます。ただし，[0]を引いたときは動きません。

例えば，袋Ｐから[2]，袋Ｑから[3]を引くと，点ＰはＥから４cm，点ＱはＣから６cmの所に動きます。また，このときのカードの出方を（２，３）と表します。

三角形ＡＰＱについて考えます。次の問いに答えなさい。

(1)　カードの出方が（３，２）のとき，三角形ＡＰＱの面積は何cm^2ですか。

(2)　３点Ａ，Ｐ，Ｑを結んで三角形をつくることができないとき，カードの出方は３通りあります。すべて答えなさい。

(3)　三角形ＡＰＱの面積が最も大きくなるときのカードの出方を答えなさい。

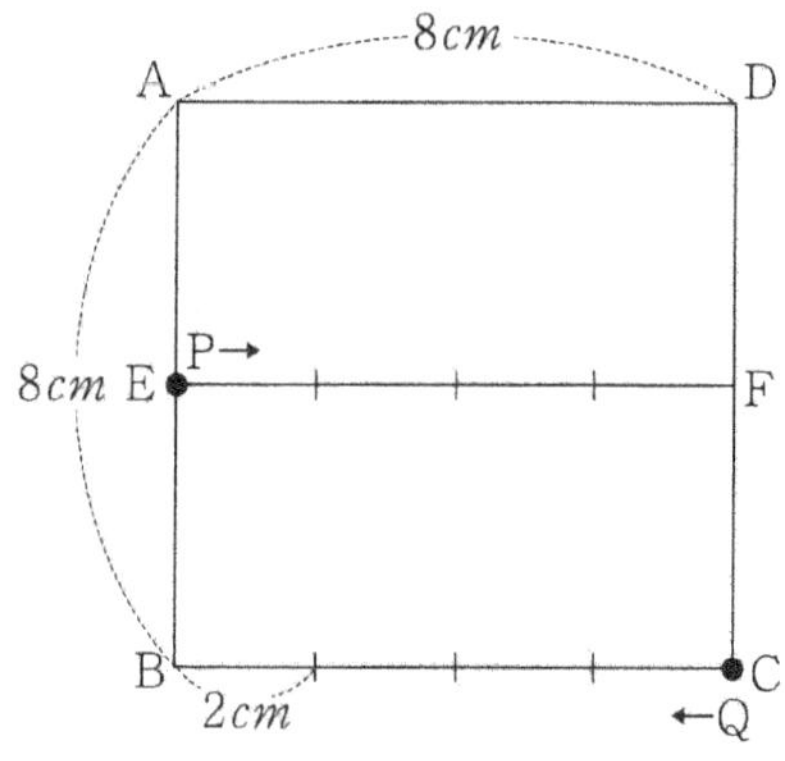

図１

(4)　三角形ＡＰＱの面積が８cm^2になりました。

　①　袋Ｐから[1]を引いたとき，袋Ｑから何の数字のカードを引きましたか。考えられるものをすべて答えなさい。

　②　カードの出方は全部で何通りありますか。

　次に，図２のように，ＡＤの長さを20cmに変えて長方形ＡＢＣＤにします。目盛りの間隔は２cmです。

　点ＰはEF上をＥからＦに向かって，点QはBC上をＣからＢに向かって動きます。また，袋Ｐと袋Ｑに入っているカードをそれぞれ [0]，[1]，[2]，[3]，……，[10]に増やします。袋Ｐと袋Ｑからカードを１枚ずつ引き，点Ｐは袋Ｐから引いたカードに書かれている数の目盛りだけ，点Ｑは袋Ｑから引いたカードに書かれている数の目盛りだけ，それぞれ動きます。ただし，[0]を引いたときは動きません。

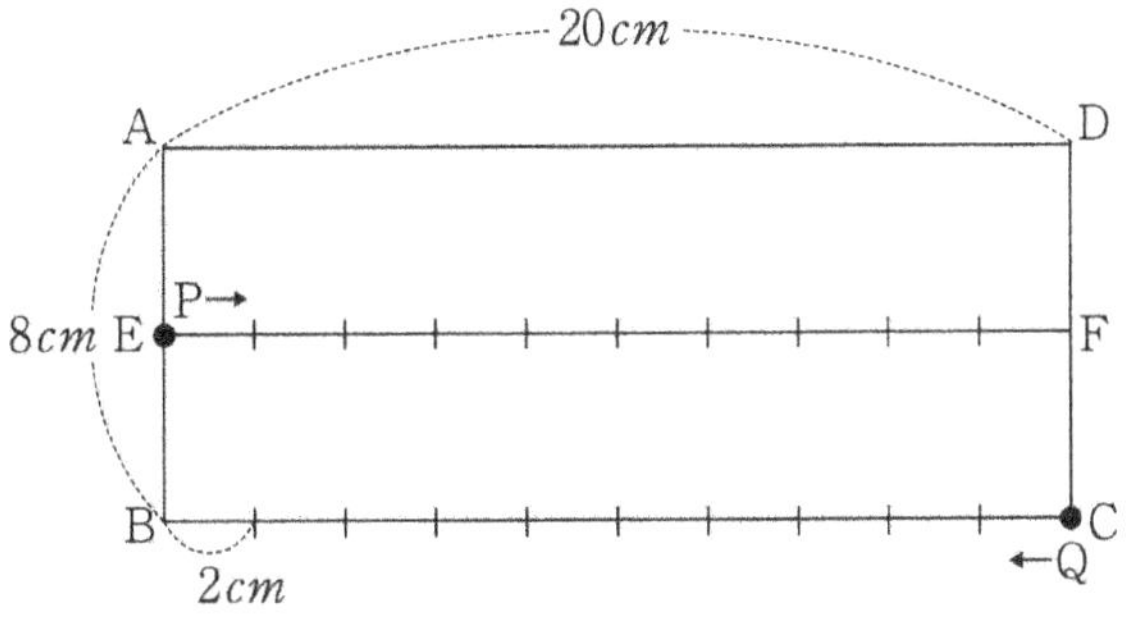

図２

(5)　三角形ＡＰＱの面積が８cm^2になるとき，カードの出方は全部で何通りありますか。

【４】　次のページの図１のような底面が１辺10cmの正方形で高さが23cmの直方体の空《から》の水そうがあります。水そうには給水管が３つあり，それぞれ毎秒50cm^3の割合で，液体Ａ，液体Ｂ，液体Ｃを同時に入れていきます。

　液体Ａ，Ｂ，Ｃは互《たが》いに混ざらず，液体を入れるとすぐに次のページの図２のように必ず上からＡ，Ｂ，Ｃの順に分離《ぶんり》して層になります。液体Ａの幅《はば》は(あ)cm，液体Ｂの幅は(い)cm，液体Ｃの幅は(う)cmです。

　また，水そうの９cmの高さのところに排水管《はいすいかん》があり，水面がこの高さになると毎秒50cm^3の割合で排水されます。

　排水管の太さは考えないものとして，次の問いに答えなさい。ただし，(5)～(7)は途中《とちゅう》の考え方も書きなさい。

(1)　排水が始まるのは，液体を入れ始めてから何秒後ですか。

(2)　液体Ｂが排水され始めるのは，液体を入れ始めてから何秒後ですか。

(3)　液体Ｂが排水され始めるとき，液体Ａの幅は何cmですか。

(4)　液体Ｃが排水され始めるのは，液体を入れ始めてから何秒後ですか。

(5)　液体Ｃが排水され始めるとき，水そうに入っている液体Ａ，液体Ｂの幅はそれぞれ何cmですか。

(6)　水そうが満水になるとき，液体ＡとＢとＣの幅の比を，最も簡単な整数の比で表しなさい。

(7) 水そうが満水になるまでに排水された液体ＡとＢとＣの量の比を，最も簡単な整数の比で表しなさい。

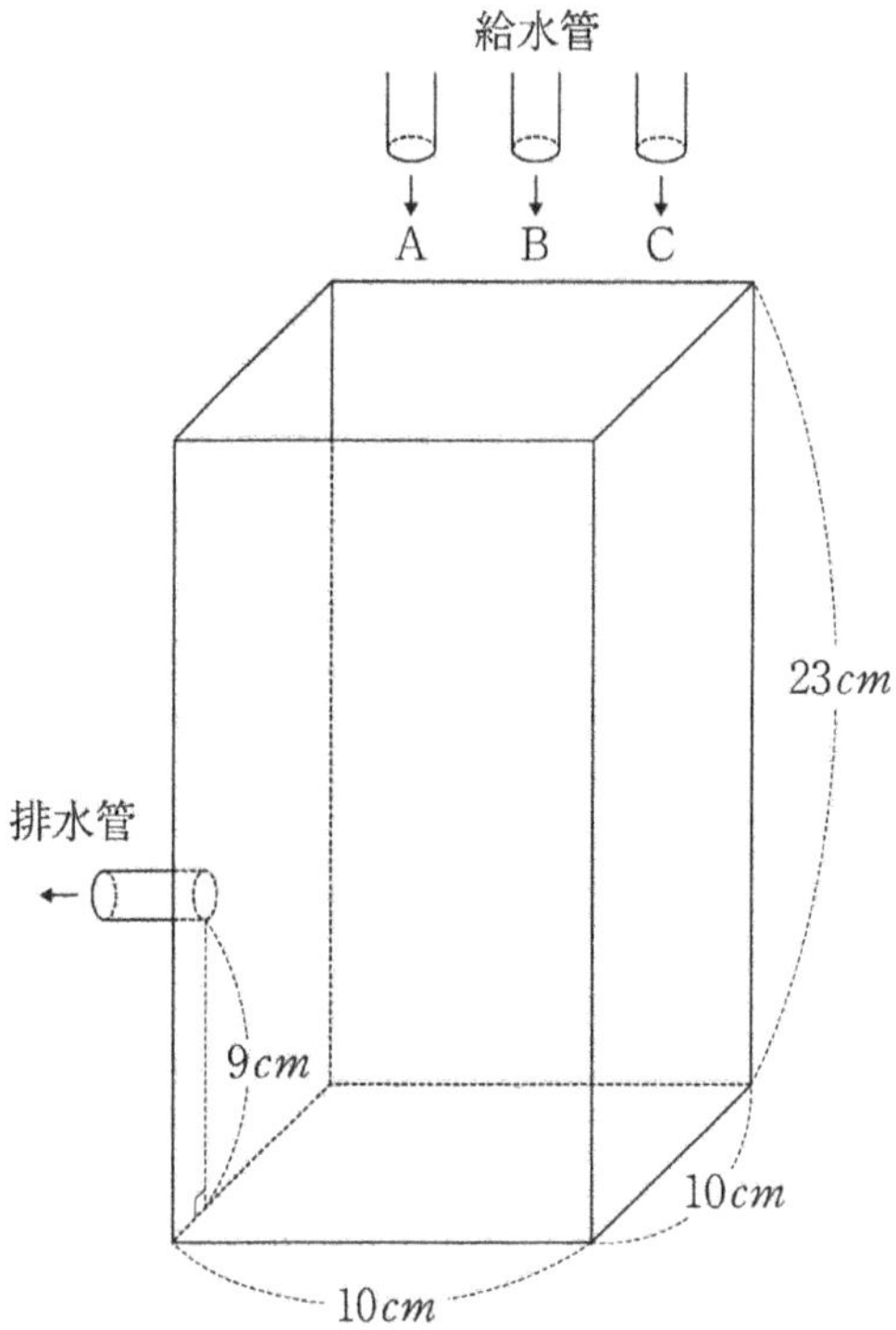

図１

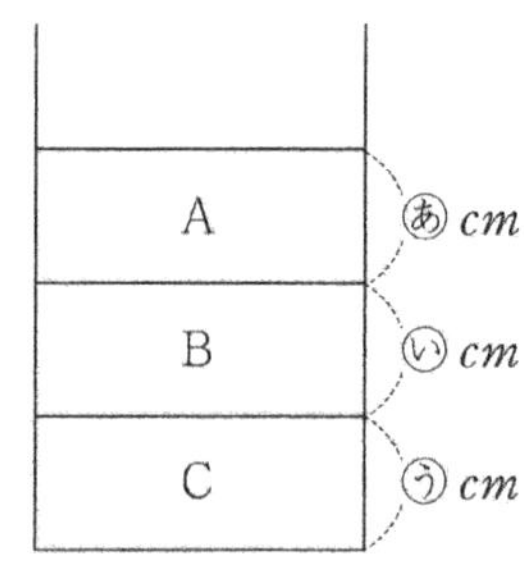

図２

問三　次の文のうち、ことばの使い方がまちがっているものを一つ選び、記号で答えなさい。

ア　覚えたてのたどたどしい英語で話しかける。

イ　有名人が来るため、ものものしい警備になる。

ウ　友人の家族がうやうやしい笑顔で客をもてなす。

エ　彼一人が「知らない」と、しらじらしい嘘《うそ》をつく。

問四　次のA・Bの四字熟語について、□に共通して入る漢字をそれぞれ答えなさい。

(1)　A　山紫水□　　B　公□正大

(2)　A　史上空□　　B　□代未聞

問五　次の各文の空らんに入ることばのうち、三つは同じグループになることができます。残る一つの漢字を答えなさい。

ア　蝶《ちょう》よ【　】よと育てられる。

イ　人の【　】に戸は立てられぬ。

ウ　【　】の下にドジョウがいつもいるとは限らない。

エ　【　】を割ったような性格。

問六　次の句と同じ季節をよんだものを、ア～エから一つ選び、記号で答えなさい。

・鶯《うぐいす》や柳のうしろ薮《やぶ》の前（芭蕉）

ア　目には青葉山ほととぎす初鰹《はつがつお》（素堂）

イ　学問のさびしさに堪《た》え炭をつぐ（誓子）

ウ　名月をとってくれろと泣く子かな（一茶）

エ　白梅に明《あ》くる夜ばかりとなりにけり（蕪村）

なんの不純物も感じられないその表情は、やけに瞼《まぶた》に焼きついて、家に帰ってからも、何度も私の脳裏《のうり》に蘇《よみがえ》った。

（櫻いいよ『世界は「」で沈んでいく』による）

※注　怪訝…わけが分からず納得がいかない様子。
疲労困憊…心身ともにひどく疲れること。
吐露…心に思っていることを隠さず打ち明けること。
自虐的…自分で自分を苦しめるさま。

問一　X に入ることばを本文中から６字で抜《ぬ》き出《だ》しなさい。

問二　和久井君の人物像として適当でないものを、次の中から一つ選び記号で答えなさい。

ア　いつも人に囲まれて幸せそうに過ごしている人物。
イ　あっけらかんとした態度で軽やかに人と接する人物。
ウ　相手の考えを常に読み、会話を誘導していく人物。
エ　率直にものを言うが、決して相手を否定しない人物。

問三　――線①とありますが、緒沢は「ここ」をどのような場所と考えていますか。本文中から６字で抜き出しなさい。

問四　Y にあてはまることばを文脈を踏まえて考え、10字以上15字以内で記しなさい。

問五　――線②とありますが、「体が軽くなった」気がしたのはなぜですか。解答らんに合うように、30字以上40字以内で答えなさい。

問六　次のア～オについて、本文の内容に合っているものには○、合っていないものには×を記しなさい。

ア　私が和久井くんと海の見える堤防で話をしたのは、今度が三度目だ。
イ　私はひとりになりたくなると、ときどき海の見える堤防に足を運んだ。
ウ　私は潮風を吸い込み体中に染み込ませると、絶好調になることができる。
エ　私は当初和久井くんから、人づき合いをうまくやっているように思われていた。
オ　私はひとりでいるとなんにもできずつまらないから、大勢でいることを好む。

三　次の問いに答えなさい。（問題は**問一**から**問六**まであります。）

問一　次の①～⑥の――線部のカタカナを漢字に直しなさい。

①　デントウ的な風習。
②　ゲキドウの時代を生きぬく。
③　戸じまりをテンケンする。
④　ショウジョウを額縁《がくぶち》に入れる。
⑤　大きなニモツを抱える。
⑥　仮装行列が商店街をネり歩く。

問二　次の文の――線部と同じ用法のものを後から一つ選び、記号で答えなさい。

・**先人の苦労がしのばれる。**

ア　リレーで先頭を走っていたが、追いつかれる。
イ　アルバムを見るたび、昔の出来事が思い出される。
ウ　修学旅行の出発式で、校長先生が話される。
エ　相手チームの打者にホームランを打たれる。

と思っていた。

なのに、そう思っていたからこそ、気負わず、好きに話ができている。彼にならどう思われてもいいから。学校で無理していることはバレてるし。

そよそよと、生ぬるい風が私たちの肌《はだ》を撫《な》でて通り過ぎていく。肌がベトベトしてきた気もする。

「じゃあ、緒沢はすごいってことだな」

「――は？」

思ってもみなかった返事に、目を見開いて彼を見る。

「苦手なことを克服《こくふく》しようとしてんだろ。実際できてるし、すごいだろ」

な、と目を細くして、にかっと白い歯を見せて言う。

人懐《ひとなつ》っこいその笑顔が、西日のようにまばゆく映った。

ぱちぱちと、視界が弾《はじ》けるような、不思議な感覚に襲《おそ》われる。

体に蓄積《ちくせき》されていたなにかがすうっと飛散して、軽くなった感じだ。

だからなのか、そわそわと落ち着かなくなり、彼から目をそらして視線を砂に落とした。足先で砂をこすると、ザリザリと音が鳴る。波の音がやけに大きく聞こえる。

「和久井くん、前は、無理してるんじゃないかって問《と》い詰《つ》めてきたじゃん」

落ち着かない気持ちを誤魔化《ごまか》すように口にすると、

「聞いたけど、無理するのがだめとは言ってねえだろ」

と、あっけらかんとした和久井くんの声が返ってくる。

たしかに、それは言われていない。これまでの彼との会話を思い返しても、否定するようなことを言われた記憶《きおく》はない。

「この町でぼっちになったら面倒《めんどう》くさいこと言うやつ多いし、うまく人づき合いをしようと努力するのはいいことなんじゃね？　それで苦手なことがなくなったら万々歳《ばんばんざい》じゃん」

「克服できればいいけどね」

「なんだよ、暗いな返事が」

卑屈《ひくつ》な自分を笑われて、恥《は》ずかしくなる。

だめだな、こんなんじゃ。ちょっと弱音を吐《は》いたら後ろ向きで※自虐《じぎゃく》的《てき》な言葉しか浮《う》かんでこなくなった。

でも、ここでだけは、そんな本音を吐き出したっていいかもしれない。

「ねえ」

疑問が浮かんで和久井くんに呼びかける。

彼は「ん？」と猫《ねこ》のような目を私に向けた。

「私に話しかけてくるのは、私がひとりでさびしそうだから？」

友だちがいたほうがいい、という和久井くんだから、もしかして同情されているのかもしれないと思った。

ひとりは、かわいそうだから。

ひとりでいるのは、おかしいから。

私の質問に、和久井くんは目を瞬《しばた》かせてから、

「いや？　べつに。オレが話したいから話してるだけ」

と言って笑った。

②その瞬間、この町に来て一番、体が軽くなった、気がした。

目を細く、線になるまで細くして、にっと白い歯を見せる彼のその顔を見ることができたのは、今ここにいる、私だけだ。

彼の笑顔も言葉も、私だけに向けられていた。

う。

「疲れてるなら家で寝《ね》ればいいのに」

「①家より、ここのほうがいいから、いいの」

疲れていない、と返事をする前に和久井くんが言葉をつけ足したので、つい疲れていることを認めるようなことを言ってしまった。

けれど、和久井くんは「なんで？」と不思議そうにするだけで、疲労《ひろう》の原因にはまったく突《つ》っ込んでこなかった。

なんか、私ひとりからまわっている感じがする。

和久井くん相手には、あれこれ考えなくてもいいのかもしれない。

「……ひとりになれるから」

だから、素直《すなお》な気持ちを言葉にした。

「緒沢はひとりが好きなんだな」

「前も、言ったでしょ」

「オレと友だちになりたくないだけかと思った」

まあ、それもあるけれど。

「ひとりだとさびしくねえの？」

「全然」

「オレは、ひとりが好きじゃねえからわかんねえなあ」

そう思える和久井くんのことを、素直にすごいな、と思う。

私は、たった十日文乃ちゃんたちと過ごしただけで※疲労困憊《ひろうこんぱい》状態なのに。もしかしたら、私はひとりの時間が好き、というよりも、[Y]なのかな。だからひとりでいるのが楽だと思うのかも。

……それって、やっぱり逃《に》げているってことになるのかな。

和久井くんみたいにずーっと誰かといれば、私もひとりの時間にさびしさを抱《いだ》くようになるのかな。あんまり想像できないけれど。

「和久井くんは、ひとと一緒にいるのが好きなんだね」

「そりゃあ、ひとりよりも大勢のほうがいいだろ。ひとりだと、なんか、つまんねえじゃん。なんにもできねえし」

そういうものなのか。

いや、それが当たり前なのか。

私は、ひとりでもやりたいことがたくさんある。それがおかしいのか。

「そっか。いいね、そんなふうに思えるって」

思わず、素直な気持ちを※吐露《とろ》してしまう。

しまった、と思ったけれど口にした言葉は取り消せない。

「緒沢は、違うのか？」

そう言われて、否定することができずに、ただ、目をそらした。それは、質問に対して「そうだ」と答えたのと同じに見えただろう。

さっきよりも海に近づいた太陽を見て、眩《まぶ》しさに目を細める。昼間より目に染《し》みる。

「私は、人づき合いが苦手だから」

「転入してすぐ、うまくやってんじゃん」

「そう見えてたなら、よかった」

本音を口にすることに、なんの抵抗《ていこう》も感じなかった。

今まで誰にもこんな話をしたことがないし、この町ではうまくやっていこうと思っていたのに。おまけに相手は和久井くんだ。

外ではかかわらないほうがいいと言われているうえに、そもそも私は彼にたいしてまったくいいイメージを抱いていなかった。極力避けよう

とりあえず、今日は、二時間はこの場所で過ごせるから、思い切りのんびりしよう。

潮風を吸《す》い込《こ》み、体中に染《し》み込《こ》ませる。そして空を仰《あお》ぎながらゆっくりと吐《は》き出《だ》すと、体が少し軽くなった。

「よお、緒沢」

「——っ……」

ひょこんと堤防の上から顔が出てきて、息が止まる。

「わ、くい、くん」

「わりいわりい、驚《おどろ》かせた?」

目を見張り声を震《ふる》わせると、和久井くんはケラケラと笑って顔を引《ひ》っ込《こ》ませる。次の瞬間《しゅんかん》ひょいっと堤防を乗《の》り越《こ》えて、彼が私のとなりにやって来た。

彼の軽《かろ》やかな動きに、空気が揺《ゆ》れて風が吹《ふ》く。

「なんでとなりにくるの?」

「暇《ひま》だから」

※怪訝《けげん》な顔を見せると、和久井くんは白い歯を見せて私のとなりに腰を下ろした。まるで、私が和久井くんと並んで海を眺《なが》めるために、ここにやって来たみたいだ。やめてほしい。

かといって、私かここを去るのは悔《くや》しい。

っていうか私が先にここにいたんだし。

そう思うと同時に、なんで和久井くんに対してだけはこんなにも気を遣《つか》わない言動ができるんだろう、と不思議に思う。今さらだからかな。

「いつも一緒にいる友だちはいないの?」

和久井くんのまわりには大体そばに誰かがいる。

教室では誰とでも楽しげに過ごしているし、和久井くんと似たタイプの派手な男子——たしか、阪城《さかしろ》くんと多久《たく》くんと、あと、学校が違《ちが》う男の子——とは外でも一緒に遊んでいる姿を見かけたことがある。みんな〝外では話しかけてはいけない〟子たちだ。

「緒沢こそ、今日はあいつらと遊んでねえんだな」

和久井くんの言う〝あいつら〟は、文乃ちゃんたちのことだろう。

「まあ、たまには」

「まあ、オレもたまにはな」

ふはは、となぜか楽しそうに和久井くんが笑う。

「和久井くんはいつも、幸せそうだね」

四六時中ひとに囲まれている和久井くんは、ひとりのときも和久井くんのままだな、と思った。毎日楽しくて仕方がない感じ。

「まあ、そうだな。それに今は緒沢といるしな」

「なんか、軽いね」

調子のいいことを言っているだけなんだろうな、と肩《かた》をすくめる。

「失礼だなー。本気だっつーの」

「和久井くんの笑顔《えがお》って、よくも悪くも軽い感じがするから、言葉も、よくも悪くも軽くなるなって、思っただけ」

だからこそ、彼は私だったら素っ気なく冷たい印象を与《あた》えてしまう発言も、軽やかに相手に届けられるのだろうと思う。羨《うらや》ましい。

「なんか疲れてんな、緒沢」

ぎく、と体が震える。

世間話のひとつといえばそれまでなのに、彼に言われると〝なんで疲れているのか〟までわかって聞かれているんじゃないかと思えてしま

二　次の文章を読んで、後の問いに答えなさい。（問題は問一から問六までであります。）

《ここまでのあらすじ》

友達を作るのが苦手な私（緒沢《おざわ》）は、「いじめられている」と家族や学校に誤解され、都会から海辺の町に引《ひ》っ越《こ》してきた。転入先の学校では、今度こそ友だちを作ろうと努力をして、文乃《ふみの》、美緒《みお》、かえ、和《かず》の四人の友達ができた。しかし、友だち付き合いには様々な気苦労が必要で、私は毎日ぐったり疲れてしまう。

和久井《わくい》くんはこの町で私が最初に出会った見た目が派手な男の子。まさか同じクラスになると思わなかった私は、素《す》を出して和久井くんに冷たく接してしまう。その後同じクラスになり、私が人間関係で無理をしていることが和久井くんにばれてしまう。みんなは派手な和久井くんとは外で話をするのを避《さ》けるけれど、私は和久井くんに外で会うとつい本音を語ってしまう。

「はあああああああ」

道路から見えない堤防《ていぼう》の裏でうずくまり、大きなため息をつく。

顔を上げると、目の前には海が広がっている。まだ太陽は沈《しず》んでいないので、空は明るい。

制服が汚《よご》れるのも気にしないで、地面に腰《こし》を下ろしてぼんやり過ごす。

いつもなら、まだこの時間はみんなと一緒《いっしょ》にいる。けれど今日は、文乃ちゃんと美緒ちゃんは別の友だちと約束があり、かえちゃんは家の用事ですぐ帰り、和ちゃんは委員会、とみんな用事があった。

転入してからはじめてひとりで学校を出て、この場所にやってきた。

今までも、わずかな時間でもひとりになりたくて、毎日みんなと遊んでからここに足を運んでいる。

ここは、私の避難《ひなん》場所だ。

家に帰ると、お父さんやお母さんに心配をかけないように振《ふ》る舞《ま》わなくちゃいけない。それに毎日調べなくちゃいけないこともある。読みたい本も溜《た》まっているけれど、しばらく手をつけられそうにない。

［X］を楽しんでいる姿を、誰《だれ》にも見られてはいけない気がして、どこにいても落ち着かない。

でも、ここにいるときだけはなにもしなくていい、と思える。

和久井くんとはすでにここで二度も会っているので警戒《けいかい》していたけれど、あの日以来彼《かれ》の姿は見ていない。あの二回は、本当にたまたま通りかかっただけだったのだろう。

せっかくだしここで本を読めばいいんだけれど、それすらしたいと思えない。

……今日が終わると、また明日がはじまるのか。

そんな当たり前のことを考えると、体が重く感じた。

空も海も同じ青色なのに、境目がはっきりとわかる不思議な景色を見つめた。曖昧《あいまい》になってもいいはずなのに、そこには明確な境界線がある。

似ていても、けっして交わらない、空と海。

「まるで、どんなにまわりの真似《まね》をしても、自分以外の何者にもなれないみたい……」

そんなふうに思うのは、やっぱり疲れているからだろう。

量は飛躍《ひやく》的に伸びた。これは、ハーバー・ボッシュ法による化学肥料のおかげだ。化学肥料を撒《ま》けば、同じ面積でも大量の収穫が得られる。増え続ける世界人口を養い続けることができたのも、この化学肥料のおかげだといえる。

しかしこの化学肥料。製造するのに大量のエネルギーが必要となる。アンモニアの製造だけで世界の消費エネルギーの１～２％を占めるといわれる。

もはや、化学肥料で育てた作物は化石燃料でできている、といっても過言ではない。１kcalのコメを得るのに、化石燃料のエネルギーが１・86kcal必要（１９９０年）（１９７５年は２・６kcal）なのだから。

（篠原信『そのとき、日本は何人養える？　食料安全保障から考える社会のしくみ』）

※注　妥当…実情によくあてはまり、適切であること。
堆肥…わら、落ち葉などを積み重ね、腐らせて作った肥料。
破綻…物事がうまく行かず、行きづまること。
倫理…人として守り行うべき道。道徳。
残渣…ろ過したあとに残ったかす。
無尽蔵…いくら取ってもなくならないこと。尽きることのないさま。
肥沃…土地が肥《こ》えていて、農作物がよくできること。

問一　A ～ C に入ることばの組み合わせとして最も適当なものを次の中から選び、記号で答えなさい。

ア　A　しかし　B　それに　C　すると
イ　A　それに　B　すると　C　しかし
ウ　A　しかし　B　すると　C　それに
エ　A　すると　B　しかし　C　それに

問二　X にあてはまることばを、本文中から漢字２字で抜《ぬ》き出して答えなさい。

問三　――線①とありますが、筆者はそれに関して【文章Ｂ】のように述べています。【文章Ｂ】を読んだ生徒たちの、以下の会話のうち本文の内容に合うものを一つ選び、記号で答えなさい。

Ａ「化石燃料を原料にして食料を生み出すなんて、すごいことを考えつく人たちがいるなあ。」
Ｂ「化学肥料が作られたことで、食料の増産もできたし人口増加にも対応できたんだね。」
Ｃ「化学肥料が豊富にある土地をねらって戦争まで起きたのか。」
Ｄ「化学肥料ができたおかけで、人間の思い通りに食料が製造できるんだね。」

問四　――線②とありますが、「ジャストインタイム的な発想」に「限界がある」というのはなぜですか。解答らんに合うように、本文中から40字で抜き出し、はじめと終わりの５字を答えなさい。

問五　――線③とありますが、それはなぜですか。その理由を、「基礎食糧」ということばを必ず用いて40字以上50字以内で答えなさい。

問六　Y にあてはまることばを文脈をふまえて考え、10字以上15字以内で記しなさい。

し余っただけで大暴落し、政府が農家に支払う所得補償《ほしょう》の金額も膨《ふく》れ上がってしまう。かといって食糧生産をギリギリに絞《しぼ》ると、足りなくなったら食糧が高騰《こうとう》し、消費者の生活を圧迫《あっぱく》する。

　いちばん簡単な方法は、余分を輸出に回すことだ。海外に輸出すれば、78億7500万人もいる地球なら、誰かが買うだろう。十分安ければ必ず買い手がつく。買い手が多ければ大暴落せずにすむ。フランスやアメリカなど先進国が小麦など基礎食糧を自国で消費しきれないほど生産し、海外に輸出するのは、国内での基礎食糧の価格を低く維持《いじ》するためだと考えるとわかりやすい。

　こうして基礎食糧の価格を安く抑《おさ》えれば、先進国の国民のエンゲル係数（家計の消費支出に占《し》める食費の比率）は小さくなり、非農業の商品やサービスを楽しむ余裕が生まれる。欧米先進国が安く食料を輸出するのは、自国民が豊かに暮らせるようにするための手段となっている。

　日本も先進国だが、先進国の中では異様に人口が多く、国土の面積が狭《せま》い（つまり、人口密度が高い）。このため、日本の国土だけで食糧を生産しようとすると、現在の全人口（1億2526万人）を養うだけの基礎食糧が作れない。どうしても食糧の輸入が必要になる。

　幸《さいわ》い、日本は発展途上国と違い、工業やサービス業など、非農業の産業が盛んだ。そのおかげで海外から食糧を輸入しても、途上国のような破綻を起こすことはなかった。

　しかし、今後はどうだろうか。日本は海外から食料を輸入できる豊かな国であり続けるだろうか？　それを可能にする、世界で戦えるだけの商品開発力を維持できるだろうか？　日本が食料を輸入できるのは、非農業の産業が稼《かせ》いでくれるからだ。もし非農業が元気を失ったら、途上国と同様に苦しむことになるかもしれない。人口が過密なぶん、もっとひどいかもしれない。

　食料安全保障には、［　Y　］必要がある。

【文章B】

　現在、地球には78億7500万人もの人類がいるという。なぜ人類はここまで増えることができたのだろう？　それは、「石油などの化石燃料をコメや小麦などの食料に変換《へんかん》する技術を生んだから」だといえる。

　第一次世界大戦中に、ある重要な技術が誕生《たんじょう》した。ハーバー・ボッシュ法。フリッツ・ハーバーとカール・ボッシュという二人の人物の名前がついたこの技術は、空気から肥料を製造するという画期的なものだった。

　何しろ、原料は※無尽蔵《むじんぞう》ともいえる空気（窒素《ちっそ》ガス、空気の約78％）だ。肥料（アンモニア）はいくらでも作れるようになった。第二次世界大戦後、この技術は世界中に広まり、食料の大増産が可能になった。それまで食料を新たに確保するには耕地を開拓《かいたく》するか、敵国を占領《せんりょう》し植民地化するしかなかった。しかし耕地に適した場所はほとんどが開拓ずみで、思うような増収につながらない。また、植民地主義は当然、支配地域から猛《もう》反発を受け、結局うまくいかない。

　第二次世界大戦でのナチスドイツの目的の一つは、世界でもっとも※肥沃《ひよく》な土、チェルノーゼムがあるウクライナ地方を占領し、食料を確保することでもあった。当時はそのくらい、食料の確保はまず農地、という考えが支配的だった。

　ところが第二次世界大戦後、耕地面積が広がらないのに農作物の生産

きている」といっても過言ではない。エネルギーを使って生産した食料がムダになれば、そのぶん、エネルギーを無駄にしたことになる。

その他、消費者に届けるまでの運送のエネルギー、食品ロスを堆肥化したりするなどのエネルギー、それらが余分にかかる。だから食品ロスは、安全余裕を確保したうえで、なるべく小さくした方がよいのには違いない。

自動車メーカーのトヨタは「ジャストインタイム」という製造システムでムダに在庫を抱えないようにし、必要なときに必要な数の部品を作るようにしている。食品ロスを過剰《かじょう》に問題視する発想は、このジャストインタイムのような思想がもたらしたものだろう。これがもし農業で実現できたら画期的だとは思うが、食料に適用するには無理がある。

農作物は早いものでも育つのに1か月かかる。ムダが出そうだから生産を減らしてくれ、というのなら、1か月前に伝えてもらわないと困る。今度は「足りないから増産してくれ」といわれても、できるのは1か月後だ。

また、自動車なら、納品までに数日から1か月待ってもらうこともできるだろう。これなら注文に応じて部品を発注、在庫を抱えないようにすることも可能だ。

しかし、食事は1日3食ある。数日食べるのを待ってくれ、とはいかない。数日前から食べるメニューを決めてくれ、といっても、その日によって食べたいものはコロコロ変わる。

食べたいものを食べたいときに食べる。これが可能な現代社会は大変豊かでありがたい。その利便性を損なわず、安全余裕も確保するとなると、②ジャストインタイム的な発想は、ある程度役に立つとしても、どこかで限界がある。

食品ロスを問題視するなら、食品※残渣《ざんさ》を畑にすき込める生産者での段階ではなく、食品が賞味期限前に廃棄されてしまう問題を改善した方がよいかもしれない。

一案として、「グラデーション値下げ」はどうだろう。バーコードなどに賞味期限の情報を組み込み、賞味期限が近いものほど1円ずつ安くなるようにしたら、節約したい消費者は、賞味期限の近い商品から購入するだろう。賞味期限が近いから全部廃棄する、というムダが減るかもしれない。

食品ロスを減らすことには賛成だが、食品ロスをゼロにすることは食料安全保障の「安全余裕」をゼロにしてしまうことになる。その点は忘《わす》れないようにした方がよいだろう。

③なぜヨーロッパやアメリカなどの先進国は、自国で消費する以上の穀物《こくもつ》を生産し、輸出するのだろう？　しかも経費も出ないくらいに安く。それだと政府支出が増えて損をするのに。

あとで詳しく述べるが、食料は安い方が国が豊かになる。先進国は途上国と違い、工業やサービス業など他の仕事がたくさんある。そんな国では、食料が安いほど生活費が浮《う》き、自動車やスマホを購入したり、旅行や趣味にお金を使う余裕が生まれる。その結果、農業以外の産業がますます発展する。すると、非農業で働く人たちの給料が増え、さらに消費を増やす、という好循環《こうじゅんかん》が生まれる。安い食料は、非農業の産業がしっかりしている国では、国の経済を好循環に回す重要な手段になる。

食料、とくに穀物などの基礎食糧《きそしょくりょう》を安くするには、余分に作ればよい。余ると市場原理が働いて安くなる。しかし国内だけの販売だと、少

【国　語】（五〇分）〈満点：一〇〇点〉

【注意】１　設問の関係で、原文とは異なるところがあります。
２　句読点（、や。）その他の記号（「や〃など）は1字分として数えます。

一　次の文章【A】【B】を読んで、後の問いに答えなさい。（問題は問一から問六まであります。）

【文章A】

ある企業から「こんなビジネス、エコなのでは？」と相談された。食品ロス（まだ食べられるのに捨てられているもの）を減らすため、野菜農家が捨てている形の悪い野菜を買い取り、消費者に安く販売すれば、農家は売り物にならないものが現金になるし、消費者も安く食品が買えるし、食品ロスは減るし、三方《さんぽう》よしなのでは？　という話だった。

私は「農家の生活を破壊するからやめときなはれ」と止め、次のように説明した。

野菜を安く買った消費者は、スーパーに並ぶ※妥当《だとう》な価格の野菜に手を出さなくなる。お腹一杯だから。[A]、まともな値段の野菜が売れず、形の悪い野菜のわずかばかりの代金しか農家は手にできない。

捨てられるものをムダにせず、有効利用するのは善意に見える。けれど、農家には家族がいる。年寄りを医者に診《み》せたいし、子どもに教育を受けさせたい。それには現金がいる。その現金の入手方法を、[X]が破壊してしまいかねない。

私は、食品ロスという言葉に、若干の疑問を持っている。商品にならなかった野菜でも、畑にすき込まれて※堆肥《たいひ》か肥料、家畜のエサになるなら、必ずしもムダになっていない。それも立派な利用だ。

２０１９年のヨーロッパの食品廃棄物《はいき》（野菜の芯《しん》など食べられない部分も含む）発生量を調べると、日本と差がないか、むしろ多かった（人口一人あたり日本１３３・６kg、フランス１４８・７~２００・５kg、ドイツ１３６kg、イギリス１８７kg、アメリカ１７７・５kg）。日本はバブル経済のころ、浪費《ろうひ》がひどかった印象が強烈で、その印象を引きずっているのかもしれない。[B]いまの日本にかつてのゆとりはなく、環境意識の高まりもあり、昔ほどムダにする生活を送ってはいない。

食品ロスを「安全余裕《よゆう》」と考える視点も必要かもしれない。少々のトラブルは余裕でしのげる仕組み、それが安全余裕だ。

食糧は不足すると命にかかわるから、国民全員を養うためにも余分に確保する必要がある。しかし安全余裕である「余分」は、食べきれないぶんが食品ロスになる。食品ロスは、安全余裕を確保するためにどうしても発生するものだと考えた方がよい。

だとすると、食品ロスをゼロにするのは、安全余裕をなくすこと。これは、工学的には非常に危険な発想だ。原子力発電所で、原子炉《ろ》の安全余裕をゼロ設計にするのに似ている。安全余裕のないシステムは、少しでも不具合が起きると※破綻《はたん》してしまう。

[C]、食品ロスを減らせても、アフリカなど途上国での貧困を減らせるわけではない。食べ残しを輸出することは※倫理《りんり》的に許されないし、そもそも腐《くさ》ってしまう。

食品ロスが大きくなると問題なのは、「エネルギーの無駄」になることだろう。食料を作るには化学肥料やトラクターを用いる。化学肥料は製造に天然ガスなどの化石燃料を使用するので、①「食料は化石燃料でで

2023年度

国学院大学久我山中学校入試問題（ST 第2回）

【算　数】（60分）　＜満点：150点＞

【注意】　1．分度器・コンパスは使用しないでください。

　　　　　2．円周率は3.14とします。

【1】　次の □ にあてはまる数を答えなさい。

(1)　200以上300以下の整数で，２でも３でも割り切れる整数は □ 個あります。

(2)　サイコロを２回振《ふ》って，１回目に出た目を一の位，２回目に出た目を小数第一位の数として小数をつくります。その数の小数第一位を四捨五入して４となるようなサイコロの目の出方は全部で □ 通りあります。

(3)　縮尺が $\frac{1}{100000}$ の地図があります。

①　この地図上で５*cm*の長さは，実際の距離《きょり》では □ *m*です。

②　実際の面積が２km^2の土地は，この地図上では □ cm^2です。

(4)　６時から７時までの間で，時計の長針と短針でつくる角度が２回目に80°となるのは６時 □ 分です。

(5)　100点満点の計算テストを10回受けます。太郎君は８回目までの平均点が76.5点でした。９回目に □ 点以上を取らないと，10回目で100点を取っても平均点が80点以上にはなりません。

(6)　容器Ａには６％，容器Ｂには □ ％の食塩水がそれぞれ500ｇずつ入っています。ＡからＢに100ｇ移し，よくかき混ぜた後にＢからＡへ100ｇもどしたらＡの濃度《のうど》は７％になりました。

【2】　次の問いに答えなさい。

(1)　入場料が大人１人1400円，子ども１人800円の美術館に28人で行きました。大人の入場料の合計が子どもの入場料の合計より12800円高くなるとき，子どもの人数は何人ですか。

(2)　Ａ地点にいる兄と弟が，Ｂ地点にある65個の荷物をＡ地点に運びます。Ａ地点とＢ地点を１往復するのに，兄は15分，弟は10分かかります。また，一度に，兄は10個，弟は７個の荷物を運びます。兄と弟が８時ちょうどにＡ地点を同時に出発しました。Ｂ地点にあるすべての荷物をＡ地点に運び終えたときの時刻は何時何分ですか。

(3)　太郎君は毎月お小遣《こづか》いをもらいます。小学１年生の４月は100円，５月は110円，……と毎月もらえるお小遣いが10円ずつ増えます。

①　小学６年生の３月にもらうお小遣いは何円ですか。

②　小学１年生の４月から小学６年生の３月までにもらうお小遣いは全部で何円ですか。

(4)　40人の生徒にノートを配ります。男子１人に４冊ずつ，女子１人に５冊ずつ配ると７冊余ります。また，ノートを50冊増やして男子１人に５冊ずつ，女子１人に７冊ずつ配ると過不足はありません。男子は何人いますか。

(5)　Ｓ君は３月生まれで，Ｔ君は12月生まれです。2014年１月のＴ君の年令はＳ君の６倍で，2023年８月のＴ君の年令はＳ君の３倍です。2014年１月のＴ君の年令は何才ですか。

(6)　点Ｏを中心とする半径４cmのおうぎ形が，右の図のアのように置いてあります。このおうぎ形が初めてイのようになるまで，直線ℓ上をすべることなく転がって移動しました。点Ｏが動いたあとと直線ℓで囲まれた部分の面積は何cm^2ですか。

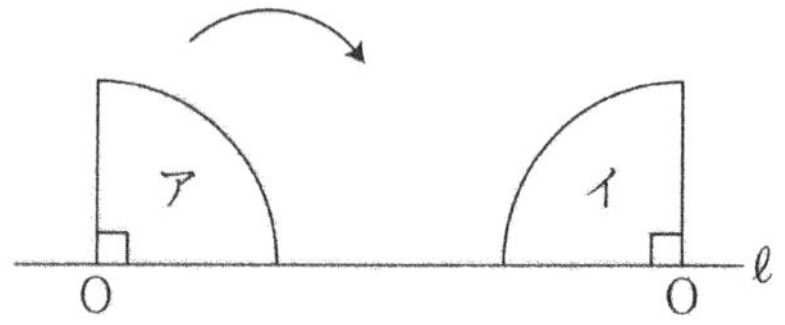

(7)　右の図は，AP：PB＝２：３，BQ：QC＝１：２の直方体です。２点Ｐ，Ｑを通り，底面に垂直な平面で直方体を切って２つの立体に分けました。大きい方の立体の体積が171cm^3のとき，もとの直方体の体積は何cm^3ですか。

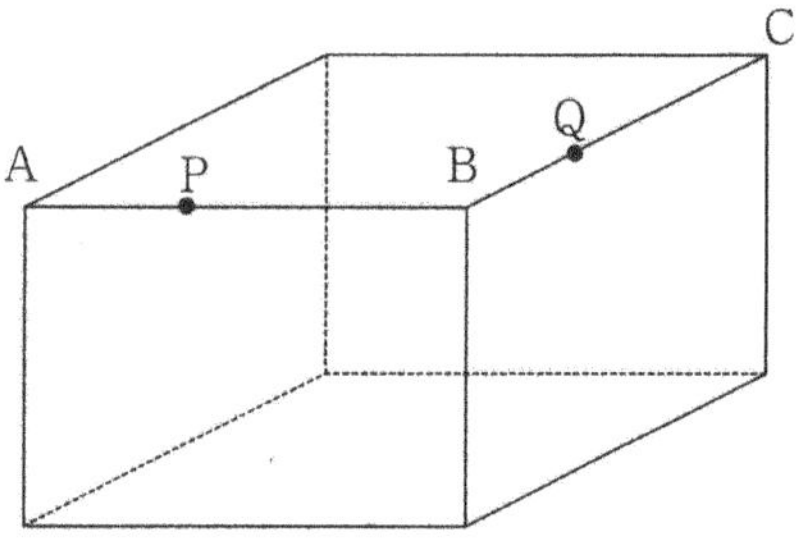

【３】　図のような白マスと黒マスが交互《こうご》に並んだ円形のマス目があります。また，コマが１つあり，コマの色は表面が白，裏面が黒です。

白マスか黒マスのどちらかをスタートにしてコマを置き，コインを何回か投げて次のルールにしたがってコマを時計回りに進めていきます。ただし，スタートに置くコマの色は，白，黒どちらでもよいものとします。

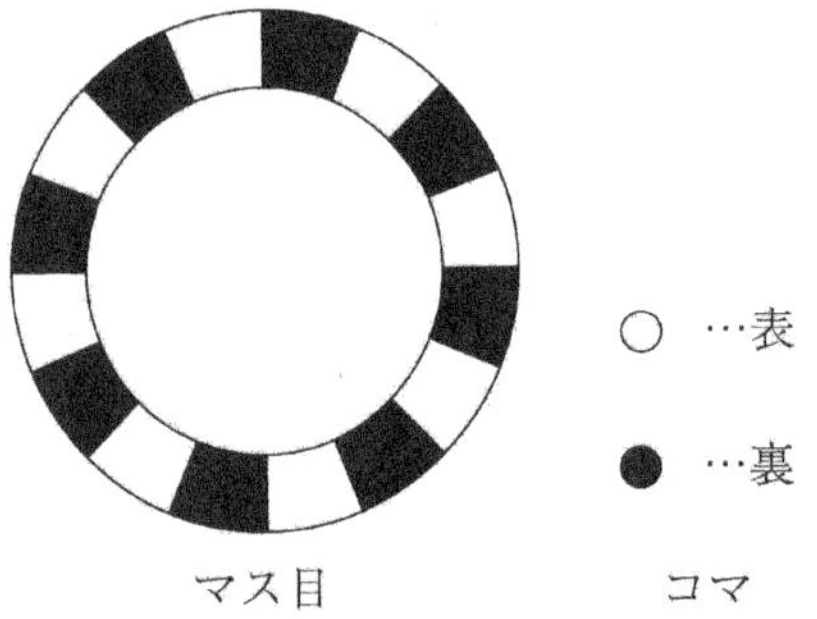

≪ルール≫
- コインの表が出ると，コマの色を白にして１マス進めてそのマスに置く
- コインの裏が出ると，コマの色を黒にして２マス進めてそのマスに置く

コマが置かれたマスとコマの色が同じになったとき，10円ずつもらえます。ただし，スタートのマスではお金はもらえません。

例えば，白マスをスタートにしてコインを３回投げて順に表，裏，裏と出たとき，コマは順に黒マス（コマの色は白），黒マス（コマの色は黒），黒マス（コマの色は黒）と進み，20円もらえます。また，このときのコインの出方を＜お，う，う＞と表します。

次の問いに答えなさい。

(1)　白マスをスタートにしてコインを３回投げました。コインの出方が＜う，お，お＞となったとき，もらえる金額は何円ですか。

(2) 黒マスをスタートにしてコインを４回投げました。コインの出方が<お，お，う，お>となったとき，もらえる金額は何円ですか。

(3) 白マスか黒マスのどちらかをスタートにしてコインを３回投げました。コインの出方が<う，お，う>となって10円もらったとき，スタートは白マスと黒マスのどちらですか。

(4) 黒マスをスタートにしてコインを３回投げて30円もらいました。このときのコインの出方は２通りあります。それらをすべて答えなさい。

(5) 白マスか黒マスのどちらかをスタートにしてコインを５回投げて50円もらいました。このとき，スタートは［　①　］マスで，コインの出方は［　②　］通りあります。［　］にあてはまるものを，①は「白」と「黒」のどちらかで，②は数字で答えなさい。

(6) 白マスをスタートにしてコインを５回投げて20円もらいました。このときのコインの出方は何通りありますか。

【４】 太郎君と花子さんは駅から750m離《はな》れたホールに行きます。２人の歩く速さはともに分速50mです。

また，ロボットR1，R2に乗って進むこともできます。R1は駅に待機していて，８時に出発してホールに進みます。R2はホールに待機していて，スマートフォンで呼ぶとすぐにR2は呼んだ人の方向に向かって進みます。呼んだ人はR2に出会うとすぐにR2に乗ってホールに進みます。R1，R2の速さはともに分速75mです。

さらに，駅からホールに向かう道に沿って動く歩道があり，分速$16\frac{2}{3}m$の速さで動いています。動く歩道には，どの場所からもすぐに乗り降りすることができます。ただし，動く歩道の上では歩きません。また，R1，R2は動く歩道には乗れません。

次の問いに答えなさい。ただし，(2)～(5)は途中《とちゅう》の考え方も書きなさい。

太郎君と花子さんは７時51分に駅に着きました。太郎君はすぐにホールに向かって歩き始めます。花子さんは８時に駅を出発するR1に乗ってホールに行きます。

(1) 太郎君はすべて歩いてホールに行きます。太郎君と花子さんがホールに着く時刻はそれぞれ何時何分ですか。

(2) 太郎君は10分間歩いた後，動く歩道に乗ってホールに行きます。

① 太郎君がホールに着く時刻は何時何分ですか。

② 花子さんが太郎君に追いつく時刻は何時何分ですか。

(3) 太郎君は何分間か歩いてから動く歩道に乗ってホールに行きます。太郎君と花子さんが同時にホールに着くとき，太郎君が歩いている時間は何分間ですか。

(4) 太郎君は７時51分にR2を呼びます。歩いている途中でR2に出会うとすぐにR2に乗ってホールに行きます。太郎君がホールに着く時刻は何時何分ですか。

別の日，太郎君と花子さんは７時54分に駅に着きました。太郎君は駅に着くとすぐにR2を呼んで，動く歩道に乗って進みます。R2に出会うとすぐに動く歩道を降り，R2に乗ってホールに行きます。花子さんは，８時に駅を出発するR1に乗ってホールに行きます。

(5) 太郎君と花子さんのどちらが何分早くホールに着きますか。

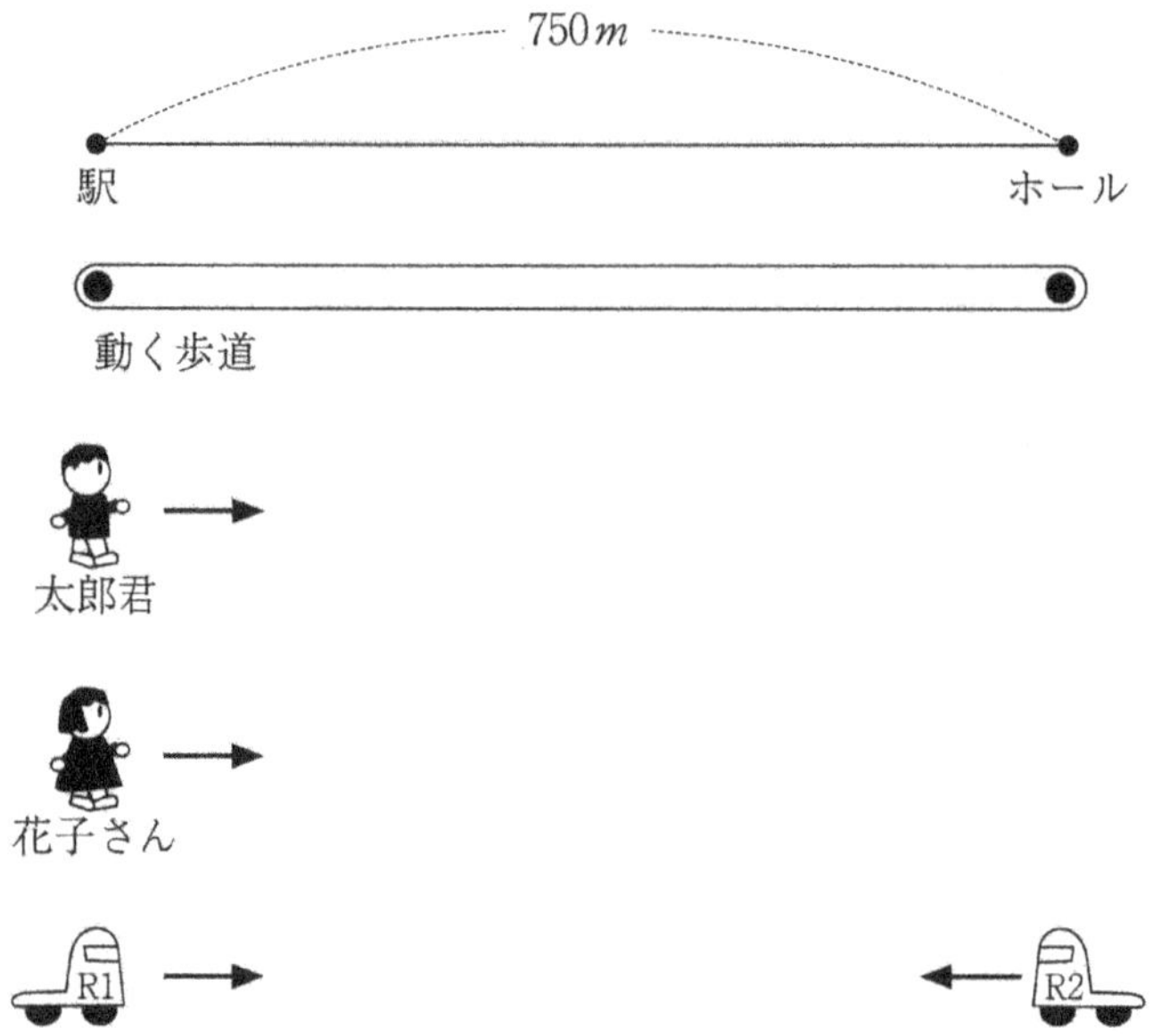

⑥　旅行先でマイゴになる。

問二　次の――線部の単語のうち、品詞の異なるものを一つ選び、記号で答えなさい。

ア　あさがおがきれいに咲く。
イ　この本はだいぶ古かろう。
ウ　野山の新緑が美しい。
エ　山頂が雪で白くなった。

問三　次の文のうち、ことばの使い方がまちがっているものを一つ選び、記号で答えなさい。

ア　突然《とつぜん》起きた地震にうろたえる。
イ　えもいわれぬ美しい景観に見とれる。
ウ　ご多分にもれず、私も勉強は苦手だ。
エ　先生のところへいそいそと謝《あやま》りにいく。

問四　次のA・Bの四字熟語について、□に共通して入る漢字をそれぞれ答えなさい。

(1)　A　呉越□舟　　B　大□小異
(2)　A　□衣無縫　　B　奇想□外

問五　次の各文の空らんに入ることばのうち、三つは同じグループになることができます。残る一つの漢字を答えなさい。

ア　真っ【　】なうそ
イ　【　】羽の矢が立つ
ウ　生き【　】の目をぬく
エ　【　】菜に塩

問六　次の句と同じ季節をよんだものを、ア～エから一つ選び、記号で答えなさい。

・暁《あかつき》の紺《こん》朝顔や星一つ（虚子）

ア　鶴舞うや日は金色の雲を得て（久女）
イ　万緑の中や吾子《あこ》の歯生え初《そ》むる（草田男）
ウ　梅一輪一輪ほどの暖かさ（嵐雪）
エ　柿食えば鐘が鳴るなり法隆寺（子規）

氾濫…川の水などが増して勢いよくあふれ出ること。
無尽蔵…無限にあること。

問一 [X] にあてはまることばを、５字で考えて記しなさい。

問二 ――線①とありますが、「想定外という言い訳の問題点」とはどのようなことですか。50字以上60字以内で記しなさい。

問三 ――線②とありますが、それはどのようなことですか。ふさわしくないものを次の中から一つ選び、記号で答えなさい。

ア 原子力発電所を完璧な状態に保つために、五〇〇年から一〇〇〇年に一度の大津波にまで備えると、予算を超過して経営が難しくなってしまうということ。

イ 事故は起こらないという建前を崩さずに、原子力発電所の安全を訴え続けていかないと、実際に起きたとき「想定外」と言えなくなってしまうということ。

ウ 事故が起こり得ることを少しでも認めると、反対派の人たちから猛反発を受けて、原子力発電所を建設する計画すら危うくなってしまうということ。

エ 原子力発電所の危険性がわずかでも発覚すると、以前許容していた人たちからの支持も得られなくなり、その稼働ができなくなってしまうということ。

問四 ――線③とありますが、災害での「『減災』または『縮災』の発想」の実践例を示す一文を、**文章【B】**から探し出し、はじめの５字を答えなさい。

問五 [Y] にあてはまることばを、**文章【B】**から14字で抜《ぬ》き出して答えなさい。

問六 次のア～オについて、**文章【A】【B】**の内容に合っているものには○、合っていないものには×を答えなさい。

ア 千年単位での大津波であっても、想定内に入れて莫大な予算をかけねばならないことは、東日本大震災から得られた教訓だ。

イ 原発を安全に稼働させるには、「想定外のことも起こる」ということをないがしろにしない、柔軟な対応が必要だ。

ウ あらかじめ起こり得ると考えていることについては、想定内のこととして思考停止状態に陥《おちい》らないですむ。

エ 人々が求める価値が見えにくい今日では、検討は一切せずに、想定を大きくとってなんでも取り入れておくべきだ。

オ 想定外を想定した「エクセプション」処理やゲリラ豪雨等に際しての水の誘導法は、全体の動きを妨げる恐れのない方法の一例だ。

[二] ※問題に使用された作品の著作権者が二次使用の許可を出していないため、問題を掲載しておりません。

（出典：ねじめ正一『泣き虫先生』による）

[三] 次の問いに答えなさい。（問題は**問一**から**問六**まであります。）

問一 次の①～⑥の――線部のカタカナを、漢字に直しなさい。

① ユニフォームのサイスンをする。
② ゲキテキな結末をむかえる。
③ ラテン語からハセイした言語。
④ フクソウをととのえる。
⑤ 優勝するのはシナンのわざだ。

まとめてスムーズに動かすためにあえて外したものが悪さをすることがあるのです。

かといって最初から取《と》り込《こ》むことが難しいのが想定外の問題です。滅多に起こらないからとりあえず外しているものの、それを最初から数のうちに入れると途端《とたん》にコストが大きくなります。たとえば災害対策はどの程度のことを想定するかで中身は変わってきますが、想定を大きく取れば取るほど費用がかさむものです。実際の予算には限りがあるので、想定外のことが起こったときの危険を知りつつ、どこかで妥協《だきょう》しなければならないわけです。

そうしたとき、１００か０かで考えていると、前述の原発での大津波への対応のように、想定外の扱いは「考えなくていい」から「考えてはいけない」になる危険があります。こうしたものへの対処は、柔軟に行ったほうがうまくいきます。最初からわかっていることは、なんでも取り入れておいたほうがいいというのが私の考え方です。といっても正規のルートで扱うのは難しいので、予備のルートを用意してそちらで扱うのがいいと思います。［　Y　］です。

これは最初からある程度数のうちに取り込むものの、全体の動きを妨《さまた》げないように、一時的な避難《ひなん》場所や予備用のルートを設けることで対応するという考え方です。これなら滅多に起こらないことを想定しつつ、大きなコストをかけずに対処することができます。

コンピュータを動かすプログラムでは、バグを想定して「エクセプション（Exception）」という処理が用意されていると聞きました。コンピュータは常に論理の通りに動くので、想定していないものへの対処ができません。そうしたものを正規のものとして扱おうとすると、システム全体の動きが止まってしまうので、避難場所を用意して処理が不可能なものはそこに置くようにして全体の動きが止まらないようにしているということです。これはまさしく想定外を想定した、対処法です。

似たような発想で行われているものは災害対策にもあります。たとえば河川《かせん》は、許容量を超《こ》える水が流れると※氾濫《はんらん》して大きな被害を発生させますが、これを防ぐための手立てとして河川の脇《わき》に一時的に水を溜《た》めることができる場所を用意しています。

大雨のときにはそうしたところでわざと越流《えつりゅう》を起こさせて本流の水量を減らすことで、人がたくさん住んでいる場所での致命的《ちめいてき》な氾濫を防いでいます。最近は、短時間で大量の雨が降《ふ》るゲリラ豪雨《ごうう》や、線状降水帯のように同じ場所で激しい雨が長時間降り続けるようなことがふつうに起こっているので、従来の堤防《ていぼう》を高くする対策だけでは対応できないことが起こり得ます。そこで被害を完全に防ぐ防災にならないまでも、発生したときに被害を小さく抑える減災という考え方をするようになっているのです。

水害対策ではいつも費用対効果が大きな問題になります。想定を大きく取れば被害が抑えられる可能性は高まりますが、対策にかかる費用はそれだけ大きくなります。※無尽蔵《むじんぞう》にお金をかけることはできないので、予算をにらみつつ、どの程度の対策をするかを決めなければならないのが現実です。「そのほか」に置くという発想は、こういうものへの対処に不可欠なものです。

（Ａ・Ｂともに畑村洋太郎『新失敗学　正解をつくる技術』）

※　不可抗力…人の力では抵抗したり防止したりすることのできない力。
散漫…まとまりのないさま。　建前…表向きの考え。

うは対処を考えていません。そういうものが現実に起こったとき、人間は何もできないどころか、思考停止状態になることを教えてくれたのがあの震災でした。

　それならば想定を広くすればいいと考えたくなりますが、費用対効果を考えると現実的ではありません。東日本大震災の際の津波は、五〇〇年から一〇〇〇年に一度の大津波とされています。そういう滅多《めった》に起こらないものを数のうちに入れて対策を行おうとすると莫大《ばくだい》な費用がかかるのです。だから「考えなくていい」とするのは、ごく自然なことだと思います。

　じつは東日本大震災が起こる前は、想定外は「考えなくていい」ではなく、「考えてはいけない」ものとして扱われていました。②滅多に起こらないことを数のうちに入れると、実際の運営に大きな支障を来《きた》すことになるからです。原子力発電がいい例で、少しでも危険があることを認めると、原発反対派の人たちから猛攻撃《もうこうげき》を受けます。だから原発推進派の人たちは危険なものであることを知りつつ「原発は絶対に安全」と言っていたのではないでしょうか。さらにはそうした※建前で動いている以上、想定外のことは考えるのも許されないという空気の中で原発は動いていたのです。

　いまはどうか。福島第一原発における史上最悪の事故によって、「原発は絶対に安全」という建前が通用しなくなりました。それどころか逆に、原発は危険なものとして扱わざるを得なくなっています。最近はとにかく規制が厳しく、どこの原発も稼働《かどう》すること自体が難しいことになっています。想定外のことは考えてはいけないどころか、滅多に起こらないことまですべて数のうちに入れなければいけないようになっているのです。

　率直《そっちょく》に言うと、どちらの考え方もいびつに見えます。想定外のことは滅多に起こりませんが、絶対に起こらないというものではありません。しかし滅多に起こらないことなので、数のうちに入れるのもおかしなことなのです。

　私の考えはシンプルです。滅多に起こらないことは数のうちに入れずに扱うのが適当です。しかし絶対に起こらないものではないので、いざというときのために考えておくことは必要です。想定外を想定していろいろと考えておくことは、そのこと自体がいざというときの備えになるからです。③災害や失敗への対策でいうと、「防災」ならぬ「減災」または「縮災」の発想が必要なのです。これは文字どおり、被害の発生を完全に防ぐことはできないものの、いざ起こったときには被害をなるべく小さく抑《おさ》えるという考え方です。

　いまは人々が求める価値がどこにあるのか見えにくい時代です。そうした中で最初からすべてを予測して動くのは困難です。かといって何も考えていないと、想定外の問題にまったく対処できなくなってしまいます。実際に事が起こると、事の進行が速すぎて、考えの構築が間に合いません。ですから結局はあらかじめ考えていたことだけが助けになります。この想定外はいくらでも起こり得るので、想定の枠を広げて検討しつつ、従来の枠を越《こ》えた、柔軟《じゅうなん》かつ迅速《じんそく》な動き方ができるようにすることが求められています。

【文章Ｂ】

　事故やトラブルは、よく想定外のところで起こります。全体をうまく

【国　語】（五〇分）〈満点：一〇〇点〉

【注意】１　設問の関係で、原文とは異なるところがあります。
２　句読点（、や。）その他の記号（「や〃など）は１字分として数えます。

一　次の文章【A】【B】を読んで、後の問いに答えなさい。（問題は問一から問六までありま す。）

【文章A】

よく個人や組織が大きな失敗を起こしたときに使われる言葉、これが「想定外」です。これは私たちが仮説を立てるうえでも重要なキーワードの一つです。

想定外という言葉がよく使われたのは、二〇一一年の東日本大震災《だいしんさい》のときです。

最初に言ったように、この言葉は失敗したときの言い訳としてよく使われます。想定外という言葉にはなんとなく、「想定していないことが起こった」→「だから失敗したのは仕方がない」というニュアンスが含《ふく》まれています。とくに地震《じしん》や津波《つなみ》、台風などの自然災害は防ぎようがないものなので、大きな被害《ひがい》が出たときに想定外という言葉を使うと、不思議と※不可抗力《ふかこうりょく》で失敗が起こったように聞こえます。そのせいかこの言葉には、たんなる事実を示しているというより、責任回避《かいひ》を目的に使われることが多いというイメージがあります。

実際には、想定外という言葉を使ったところで責任が回避できるわけではありません。

そのことを理解するには、まず想定というものについて考えてみる必要があります。想定とは一言で言うと「考える［　X　］こと」です。企画《きかく》でも計画でも、人はまず範囲《はんい》を決めないと、考えを具体的な形にまとめることができません。そうしないと、考えがどんどん広がって※散漫《さんまん》になってしまうので、境界を決めて枠《わく》の中で検討することが必要になるのです。

もちろんそうしてつくったものがうまく動くのは、最初に決めた枠の中だけです。枠からはみ出た部分のことはそもそも考えていないので、用意した理屈《りくつ》はそのまま使うことができません。枠の中の論理が通用しないことは当然あるし、実際にそこで大きな失敗が起こることがあります。また枠内であっても、見込《みこ》み違《ちが》いなどで考えていた論理が通用しないことがありますが、いずれのケースでも想定外という言葉が使われます。

①このように考えると、想定外という言い訳の問題点がわかります。枠外でなんらかの問題が起こって、それが大きな悪影響《あくえいきょう》をもたらしたとすると、それは最初の枠の決め方がおかしかったということになります。一方、枠内で想定できなかった問題が起こった場合は、そもそもの考え方がおかしかったということになります。このように想定外というのは、あらかじめ考えていたことが、量的、あるいは質的におかしかったということですから、本来はそれ自体が責任回避の理由になるものではないのです。

そして東日本大震災のときには、私たちは想定に関する多くの教訓を得ることができました。なかでもいちばんの教訓は、「想定外のことも起こる」ということです。あらかじめ起こるのがわかっていたら備えをしますが、想定外のことは起こらないという前提で扱《あつか》っているのでふつ

MEMO

大切なことはメモしておこうネ！

第1回

2023年度

解答と解説

《2023年度の配点は解答欄に掲載してあります。》

＜算数解答＞

【1】 (1) $12\frac{6}{7}$ (2) 5本 (3) 48m (4) 19年前 (5) 10cm (6) $17\frac{1}{5}$時間

【2】 (1) 時速40km (2) ① 東に66歩 ② 51回 (3) 60点 (4) 126個
(5) (あめ) 15個 (ケーキ) 8個 (6) $628cm^2$ (7) 12.56cm

【3】 (1) $16cm^2$ (2) (0, 4), (1, 2), (2, 0) (3) (4, 4) (4) ① [0], [4]
② 5通り (5) 11通り

【4】 (1) 6秒後 (2) 9秒後 (3) 3cm (4) 18秒後 (5) (液体A) 7.5cm
(液体B) 4.5cm (6) 17：11：18 (7) 3：9：2

○推定配点○

【1】 各5点×6 【2】 (5) 各4点×2 他 各6点×7

【3】 (4) 各4点×2 他 各7点×4

【4】 (5)～(7) 各6点×3 他 各4点×4 計150点

＜算数解説＞

【1】 (数の性質，植木算，年令算，立体図形・表面積，仕事算)

基本 (1) 帯分数は仮分数にして考える。$\frac{7}{9}$，$\frac{21}{10}$，$\frac{49}{6}$のどれにかけても整数になる分数の分母は7と21と49の最大公約数7で，分子は9と10と6の最小公倍数90の$\frac{90}{7}=12\frac{6}{7}$になる。

重要 (2) 鉛筆とボールペンをどちらも3本以上買うという条件が付いているので，最低の本数分の代金を除いてから組み合わせを考える。1000－(80＋100)×3＝460，十の位の6より，80円の鉛筆は2本買ったことがわかる。よって，3＋2＝5(本)

重要 (3) 1本目の木から7本目の木までの距離が18m，木と木の間の数は7－1＝6，木と木の間の距離は18÷6＝3(m)，道路の端から端まで17本の木が植えられており，木と木の間は17－1＝16，よって，道路の長さは3×16＝48(m)

重要 (4) 年令の差が子どもの年令の4－1＝3(倍)になる。(55－28)÷3＝9，よって，28－9＝19(年前)(右図参照)

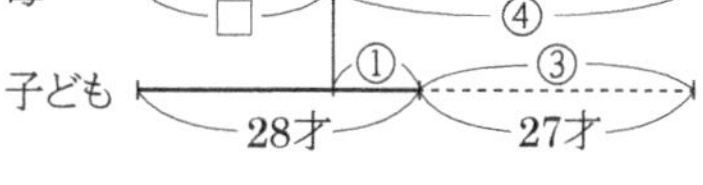

(5) ○×△＝24，△×□＝40，□×○＝60になる○，△，□を調べる。△と□は1と40，2と20，4と10，5と8のいずれか。□＝10の場合，△＝4，○＝6で成り立つ。よって求める答えは10cmである。

(6) ひとりで仕事をする時の時間が1.2倍，1.5倍ということは，1時間あたりの仕事量は$\frac{5}{6}$倍，$\frac{2}{3}$倍になる。仕事量の比はA：B＝5：6，A：C＝3：2，A：B：C＝15：18：10，Aの仕事量は$\frac{1}{6}\times\frac{15}{15+18+10}=\frac{5}{86}$，1人で仕事をすると，$1\div\frac{5}{86}=\frac{86}{5}=17\frac{1}{5}$(時間)

【2】（速さ，つるかめ算，平均算，相当算，規則性，面積，点の移動）

(1)　1時間つまり60分遅れと20分遅れには40分の差がある。速さの比は20(km/時)：30(km/時)＝2：3，同じ道のりを進むのにかかる時間の比は逆比になる。3：2，つまり差の1が40分になる。40(分)×3＝120(分)＝2(時間)，AB間は20(km/時)×2(時間)＝40(km)，この道のりを2－1＝1(時間)で進めばいいので，時速は40÷1＝40(km)

(2)　①　表が18回ということは裏が30－18＝12(回)，東へ5×18＝90(歩)，西へ2×12＝24(歩)　90－24＝66，よって，東に66歩である。　②　150回すべて表が出ると，東へ5×150＝750(歩)の所にいる。1回裏が出た場合，東へ5×149－2＝743(歩)の所，つまり1回裏が出ることで，差は5＋2＝7(歩)，実際は東へ393歩の所なので，(750－393)÷7＝51(回)

(3)　合格者と不合格者の人数の比は3：5，平均の面積図を書くと，差の16点を5：3に比例配分すれば合格者の点数がわかる。$16\times\frac{5}{5+3}=10$，50＋10＝60(点)

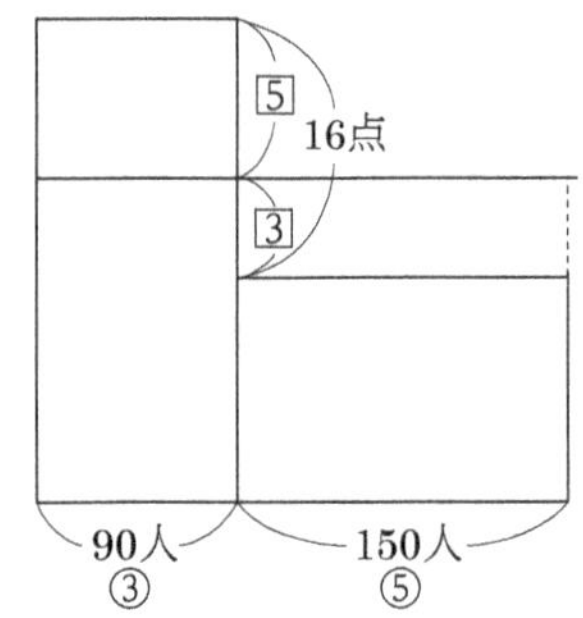

重要　(4)　値引き後の$1-\frac{3}{4}=\frac{1}{4}$が3個なので，値引きして売った個数は$3\div\frac{1}{4}=3\times4=12$(個)，売れ残った個数の$1-\frac{1}{3}=\frac{2}{3}$が12個にあたるので，売れ残ったのは$12\div\frac{2}{3}=12\times\frac{3}{2}=18$(個)，18個は全体の$1-\frac{6}{7}=\frac{1}{7}$にあたる。よって，仕入れた個数は$18\div\frac{1}{7}=18\times7=126$(個)

(5)　11月1日から12月24日まで30＋24＝54(日間)，周期を書いて考える。(右図参照)　54÷3＝18，54÷7＝7余り5，54÷21＝2余り12より，ケーキは7＋1＝8，両方もらうのは2＋1＝3，あめは18－3＝15，よって求める答えは，あめ15個，ケーキ8個である。

あめ　○××○××○××○××○××○××○××
ケーキ　○××××××○××××××○××××××

(6)　三角形ACEと三角形EDBは相似形になる。対応する辺の比は等しいのでAC：□＝□：DBになる。外項の積と内項の積は等しいので，□×□＝AC×DB，つまり，□×□＝5×20＝100，正方形CODEの面積は□×□なので100cm²になる。円の半径はこの正方形の対角線なので，OE×OE÷2＝100，OE×OE＝100×2＝200，円の面積はOE×OE×3.14＝200×3.14＝628(cm²)

(7)　面あが底面になるように倒すと，頂点Aは半径5cm中心角90°のおうぎ形の弧を描く。その後，面いが底面になるように倒すと，頂点Aは半径3cm中心角90°のおうぎ形の弧を描く。動いたあとの長さは$5\times2\times3.14\times\frac{90}{360}+3\times2\times3.14\times\frac{90}{360}=16\times3.14\times\frac{1}{4}=4\times3.14=12.56$(cm)

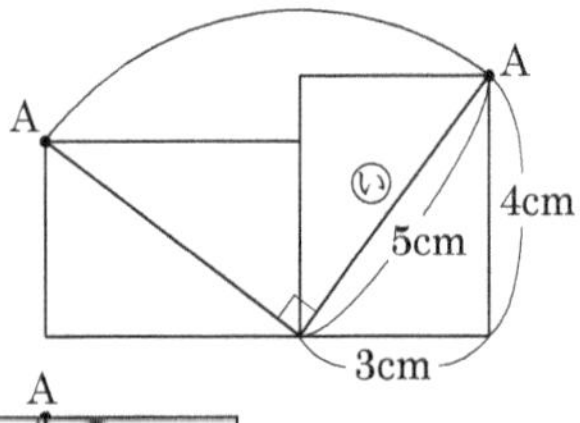

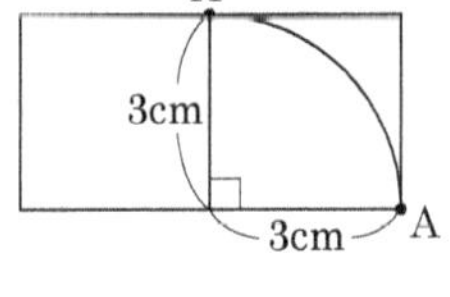

【3】（点の移動の応用）

基本　(1)　図を書いて考える。点PからDCに平行な線を書いて台形を作り，直角三角形を除く。(8＋4)×6÷2＝36，8×4÷2＝16，2×4÷2＝4，36－16－4＝16(16cm²)

(2)　点が一直線に並ぶ場合。図を書いて考える。(右図参照)　よって求める答えは(0，4)，(1，2)，(2，0)である。

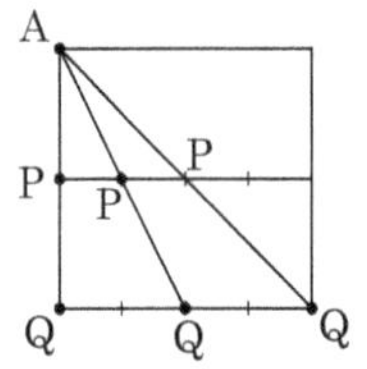

重要　(3)　面積が一番大きくなるのは，点PがF，点QがBに来た時。求める答えは(4，4)である。

(4) ① 袋Pから[1]を引いたとき，袋Qから[0]の場合三角形APQの面積は8cm^2，[1]の場合4cm^2，[2]の場合0cm^2，[3]の場合4cm^2，[4]の場合8cm^2，よって求める答えは[0]，[4]である。 ② (P，Q)を調べる。(0，2)，(1，0)，(1，4)，(2，2)，(3，0)　よって求める答えは5通り。

P＼Q	0	1	2	3	4	5	6	7	8	9	10
0	40	36	32	28	24	20	16	12	8	4	0
1	32	28	24	20	16	12	8	4	0	4	8
2	24	20	16	12	8	4	0	4	8	12	16
3	16	12	8	4	0	4	8	12	16	20	24
4	8	4	0	4	8	12	16	20	24	28	32
5	0	4	8	12	16	20	24	28	32	36	40
6	8	12	16	20	24	28	32	36	40	44	48
7	16	20	24	28	32	36	40	44	48	52	56
8	24	28	32	36	40	44	48	52	56	60	64
9	32	36	40	44	48	52	56	60	64	68	72
10	40	44	48	52	56	60	64	68	72	76	80

や難 (5) 袋Pが[0]の場合，袋Qが[0]から[10]まで面積がどう変化するか表を書くと4ずつ変化することがわかる。たて方向では8ずつ変化する。(右表参照) 面積が8になるのは，(P，Q)＝(0，8)，(1，6)，(1，10)，(2，4)，(2，8)，(3，2)，(3，6)，(4，0)，(4，4)，(5，2)，(6，0)の場合。よって求める答えは11通りである。

【4】 (水そうと水位の応用)

基本 (1) 9cmの高さまでの体積は10×10×9＝900(cm^3)，液体を入れるのに900÷(50×3)＝6(秒)かかる。

重要 (2) 液体Bと液体Cで高さ9cmになるには，900÷(50×2)＝9(秒)かかる。

(3) 6秒後に水位は9cmになり排水が始まる。9秒間で入る液体の体積はA，B，Cとも，50×9＝450(cm^3)，液体Aは6秒を過ぎると毎秒50cm^{3}ずつ排水されるので，9秒後の体積は450－50×3＝300(cm^3)，高さは300÷(10×10)＝3(cm)

(4) 液体Cが高さ9cmまで入るのにかかる時間は900÷50＝18(秒)，よって求める答えは18秒後である。

(5) 18秒間に入る液体の体積は，液体A，B，Cとも，50×18＝900(cm^3)，液体Aは6秒後から9秒後まで排水され，液体Bは9秒後から18秒後まで排水される。液体Aの入った体積は，900－50×(9－6)＝750(cm^3)，高さは750÷100＝7.5(cm)，液体Bの入った体積は，900－50×(18－9)＝450(cm^3)，高さは450÷100＝4.5(cm)

や難 (6) 水そうが満水になるのにかかる時間は，高さ9cmになるのに6秒かかり，その後1秒に50×3－50＝100(cm^3)ずつ増えるので，100×(23－9)÷100＝14(秒)，6＋14＝20(秒)かかる。その間に入る液体の体積は50×20＝1000(cm^3)，また，排水されるのは液体Aは6秒後から9秒後，液体Bは9秒後から18秒後，液体Cは18秒後から20秒後。入った体積から高さを求める。(1000－50×3)÷100＝8.5，(1000－50×9)÷100＝5.5，(1000－50×2)÷100＝9，8.5：5.5：9＝17：11：18

(7) 排水された液体の体積は高さ9cmになる時間から求める。A：B：C＝50×3：50×9：50×2＝3：9：2

★ワンポイントアドバイス★

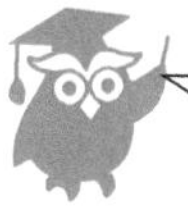

基礎的な問題をていねいに取り組むよう日頃から練習すると同時に，応用的な問題に取り組むことが大切である。応用的な問題では，情報を整理してわかりやすくする，途中式をわかりやすく書くことを意識して取り組むとよいだろう。

＜国語解答＞

一　問一　エ　問二　善意　問三　B　問四　(はじめ)食品ロスを～(終わり)ことになる(から。)　問五　(例)　余分に作った基礎食糧を輸出し値段を安く保つことで，人々の消費を促し，国の経済を好循環にするから。　問六　(例)　非農業の産業が元気である

二　問一　ひとりのとき[時間]　問二　ウ　問三　私の避難場所　問四　(例)　誰かと一緒にいるのが苦手なだけ　問五　(例)　和久井くんが話しかけてくるのは，ひとりでいる自分に同情しているわけではないこと(が分かって心が救われたから。)

問六　ア　○　イ　×　ウ　×　エ　○　オ　×

三　問一　①　伝統　②　激動　③　点検　④　賞状　⑤　荷物　⑥　練(り)

問二　イ　問三　ウ　問四　(1)　明　(2)　前　問五　ロ　問六　エ

○推定配点○

一　問一　3点　問五　10点　問六　7点　他　各5点×3(問四完答)

二　問二　3点　問四　7点　問五　10点　問六　各1点×5　他　各5点×2

三　問一　各2点×6　他　各3点×6　計100点

＜国語解説＞

一　**(論説文－論理展開・段落構成の読み取り，文章の細部の読み取り，接続語の問題，空欄補充の問題，記述力・表現力)**

基本　問一　A「お腹一杯だから」,「妥当な価格の野菜に手を出さなくなる」。すると，「まともな値段の野菜が売れ」なくなるのである。順接の関係。　B　前の部分では「浪費がひどかった印象が強烈」と述べ，あとでは「かつてのゆとりはなく」とある。前後で反対のことを述べている。逆接の「しかし」が入る。　C　前の部分では，食品ロスをゼロにすることについて述べている。あとでは，食品ロスを減らせても問題の解決にならないことを述べている。前の内容に付け加えている。「それに」が入る。

問二　「けれど」という逆接の接続語が前後をつないでいることに注目する。食品ロスを減らすために野菜を安く売って有効利用するのは善意に見えるけれども，その善意が現金の入手方法を破壊しているというつながり。

問三　「食料は化石燃料でできている」は比喩表現である。直前に「化学肥料は製造に天然ガスなどの化石燃料を使用する」とある。このことを【文章B】では，「石油などの化石燃料をコメや小麦などの食料に変換する技術を生んだから」と言い換えている。さらに，文章の後半で「化学肥料を撒けば，同じ面積でも大量の収穫が得られる。増え続ける世界人口を養い続けることができたのも，この化学肥料のおかげだといえる」とある。この内容にふれているのは，B。A，化石燃料は食料の原料ではなく，化学肥料の原料である。C，化学肥料ではなく，肥沃な土がある土地をねらって戦争をしたのである。D，人間の思い通りに食料が製造できるという説明はしていない。

問四　直前に「その利便性(＝食べたいものを食べたいときに食べる便利さ)を損なわず，安全余裕も確保するとなると」と,「ジャストインタイム的な発想」を食品ロスのような食料の問題に応用する際の条件が示されている。「食品ロス」と条件として示された「安全余裕も確保するとなると」に注目すると,「食品ロスをゼロにすることは食料安全保障の「安全余裕」をゼロにしてしまうことになる」という40字の部分が見つかる。「安全余裕」については，文章の前半で「食

品ロスを『安全余裕』と考える視点も必要かもしれない」とあり，食料を十分に確保しておく仕組みである。それをゼロにする危険性があるので，「ジャストインタイム的な発想」に「限界がある」というのである。

重要 問五　傍線③の質問と「基礎食糧」という言葉に注目すると，「フランスやアメリカなど先進国が小麦など基礎食糧を自国で消費しきれないほど生産し，海外に輸出するのは，国内での基礎食糧の価格を低く維持するためだと考えるとわかりやすい」という一文が見つかる。さらに，「国内での基礎食糧の価格を低く維持する」とどうなるのかをさぐると，傍線③の直後の段落に「非農業で働く人たちの給料が増え，さらに消費を増やす，という好循環が生まれる。安い食料は……国の経済を好循環に回す重要な手段になる」と説明がある。整理すると，〈基礎食糧を余分に作って輸出すると，国内の基礎食糧の価格を低く維持できる〉〈国内での基礎食糧の価格を低く維持すると，非農業で働く人たちの給料が増え，さらに消費を増やす，という好循環が生まれ，国の経済を好循環に回す重要な手段になる〉ということである。この内容を40字以上50字以内でまとめる。筆者が述べているのは「基礎食糧」を安くすることであるので，その方法と，安くなるとどうなるかをまとめればよい。

問六　食料安全保障には，何が必要なのかを考える。食料安全保障とは，問四で捉えたように食料を十分に確保して安全余裕を作り出すことである。そして，日本は食料を十分に確保するために，食糧の輸入が必要になると説明している。さらに「日本が食料を輸入できるのは，非農業の産業が稼いでくれるからだ。もし非農業が元気を失ったら，途上国と同様に苦しむことになるかもしれない」と説明している。つまり，食料安全保障には，「非農業の産業が元気である」必要があるのである。

二　**(小説－心情・情景の読み取り，文章の細部の読み取り，空欄補充の問題，記述力・表現力)**

問一　「ひとりで学校を出て」「わずかな時間でもひとりになりたくて」と「ひとり」という言葉が繰り返されている。また「誰にも見られてはいけない気がして」とあるので，「ひとり」を手がかりにして読んでいくと，「和久井くんは，ひとりのときも和久井くんのままだな」とある。また，「私はひとりの時間が好き」とある。「ひとりのときを楽しんでいる姿を，誰にも見られてはいけない」となって意味が通る。

基本 問二　ウについては，「私(緒沢)」から見た和久井くんの印象として，「調子のいいことを言っているだけなんだろうな」，「疲労の原因にはまったく突っ込んでこなかった」とある。自分の言いたいことを言っているので「相手の考えを常に読み，会話を誘導していく人物」は適当でない。

ア　「四六時中ひとに囲まれている和久井くんは……毎日楽しくて仕方がない感じ」とある。

イ　「和久井くんの笑顔って，よくも悪くも軽い感じがする」「だからこそ……軽やかに相手に届けられるのだろうと思う」「あっけらかんとした和久井くんの声が返ってくる」とある。　エ　「あっけらかんとした和久井くんの声が返ってくる」「これまでの彼との会話を思い返しても，否定するようなことを言われた記憶はない」とある。

問三　問一と関連させて，「私」の心情をとらえる。「私はひとりの時間が好き」とあり，「ひとりのときを楽しんでいる姿を，誰にも見られてはいけない」とある。「家より，ここ(＝堤防の裏)のほうがいい」という「私」に向かって，「『なんで？』とふしぎそうにする」和久井くんに対し，「私」は「……ひとりになれるから」と答えている。ひとりになれる堤防の裏を「私」は，「ここは，私の避難場所だ」と考えている。

問四　「ひとりが好き」「ひとりの時間が好き」と繰り返して，「～というよりも」と対比する形になっている文脈に着目する。すると，和久井君の「緒沢はひとりが好きなんだな」と「私(緒沢)」の「和久井くんは，ひとと一緒にいるのが好きなんだね」の対比に気がつく。そこで，「私はひとりの時間が好き，というよりも『誰かと一緒にいるのが苦手なだけ』なのかな」という表現になると判断できる。「誰か」は「ひと」としてもよい。「苦手」は「好き」の反対と考えればよいが，「きらい」というほど積極的な気持ちではないので，「苦手」が適当である。

重要 問五　問二と関連させて，「私」が和久井君をどのように捉えているかをつかむ。和久井君は，軽やかに人と接していて，いつも幸せそうに過ごし，決して相手を否定しないというように捉えている。さらに，「なんで和久井くんに対してだけはこんなにも気を遣わない言動ができるんだろう」「和久井くん相手には，あれこれ考えなくていいのかもしれない」「思わず，素直な気持ちを吐露してしまう」「本音を吐き出したっていいかもしれない」などの表現から，「私」は和久井くんに対しては心を開いていることが読み取れる。《あらすじ》にあるように，「つい本音を語ってしまう」のである。そこで，「私」は「私に話しかけてくるのは，私がひとりでさびしそうだから？」と，「同情されているのもしれない」と考えて，和久井君に確かめている。それは，問四で捉えたように，「誰かと一緒にいるのが苦手な」ことを，「私」が「やっぱり逃げているってことになるのかな」と，自分のおかしなところとして気にかけているからである。和久井君の答えは「オレが話したいから話しているだけ」というもので，同情という気持ちからではないことが分かって，「私」は心が救われているのである。以上のような「私」の気持ちをまとめると，解答例のようになる。

やや難 問六　ア　「和久井くんとはすでにここ(＝海の見える堤防)で二度も会っているので」とある。合っている。　イ　「ひとりになりたくて，毎日みんなと遊んでからここに足を運んでいる」とある。「ときどき」ではないので，合わない。　ウ　「体が少し軽くなった」とある。「絶好調になることができる」のではない。合わない。　エ　和久井君の会話に「転入してすぐ，うまくやってんじゃん」とある。合っている。　オ　この内容は和久井君についてのもの。「私はひとりの時間が好き」とある。合わない。

三 (ことばの意味，ことわざ・慣用句・四字熟語，漢字の書き取り，言葉の用法・品詞，俳句)

問一　①　「伝統」は，ある民族・集団・社会において，古くから受け継いで行われてきている有形無形の様式や風習，傾向。「伝当」と書く誤りが多いので注意する。「統」を使った熟語には「統一」「統制」などがある。　②　「激動」は，社会や人の心などが激しく変動すること。「激」の熟語には「激務」「過激」などがある。　③　「検」を同音で形の似た「険」や「倹」と区別する。「検」の熟語には「検定」「検討」などがある。　④　「賞」の上の部分の形に注意する。また，「状」のへんに〈てへん〉を書く誤りが多いので注意する。「状」の熟語には「状態」「形状」などがある。　⑤　「ニ」は「荷」の訓。音は「カ」。「重荷(おもに)」「入荷」などの熟語がある。「物」には「ブツ・モツ」の二つの音がある。訓は「もの」。「貨物」「初物(はつもの)」などの熟語がある。　⑥　「練り歩く」は，大勢が列を作って，ゆっくり歩きまわること。「練」の音は「レン」。「熟練」「洗練」などの熟語がある。

基本 問二　「しのばれる」は，想像して心がひきつけられるということ。「れる」は自発の用法で，そうしようとしなくても，自然にそうなってしまうという意味を表す。イも同じく，「自然に思い出してしまう」という意味を表している。ア，「追いつかれる」は「追いつかれることをされる」の意味で受け身の用法。ウ，「話される」は，「お話になる」と言い換えられる。尊敬の用法。オ「打たれる」は，「打つことをされる」の意味で受け身の用法。

問三　「うやうやしい」は，敬いつつしんで礼儀正しくふるまう様子。「うやうやしい」の意味と「笑顔」という表情の組み合わせが適切でない。「うやうやしい」でなく「親しげな」や「うちとけた」などの表現にする。　ア　「たどたどしい」は，動作や話し方がなめらかでなくあぶなっかしい様子。　イ　「ものものしい」は，人に押さえつけるような厳しさを感じさせる様子。

エ 「しらじらしい」は，うそであるとか真心がないとかいうさまが，はっきりと見て取れる様子。

問四 (1) 「山紫水明」は，山は紫色にかすみ，川の水は清らかに澄んでいること。「公明正大」は，心が公平で片寄らず，やましいところがなく正しい様子。 (2) 「史上空前」は，歴史上かつてないこと。「前代未聞」は，今まで聞いたこともない変わったこと。

問五 ア 「蝶よ花よと育てられる」は，娘が親に非常にかわいがられ，大事に育てられる様子。 イ 「人の口に戸は立てられぬ」は，世間のうわさは防ぎようがないということ。 ウ 「柳の下にドジョウがいつもいるとは限らない」は，たまたま幸運を得たからといって，いつも同じ方法でそれが得られるものではないということ。 エ 「竹を割ったような性格」は，さっぱりとした性格であること。「花」「柳」「竹」は植物のグループ。「口」は体の一部。

やや難 問六 「鶯」は，春の季語。 エ 「白梅」も春の季語。 ア 「青葉」「山ほととぎす」「初鰹」は，いずれも夏の季語。 イ 「炭」は，冬の季語。 ウ 「名月」は，秋の季語。

★ワンポイントアドバイス★

論説文は，二つの文章に共通する内容をとらえて，説明されていることがらについての筆者の考えや主張を読み取っていこう。小説は，人物の行動や会話，様子などや情景に表現されていることがらから人物の性格や考え方，思いをつかもう。また，場面に沿って心情の変化をとらえよう。

第2回

2023年度

解答と解説

《2023年度の配点は解答欄に掲載してあります。》

<算数解答>

【1】 (1) 17個　(2) 6通り　(3) ① 5000m　② $2cm^2$　(4) $47\frac{3}{11}$分
(5) 88点　(6) 12％

【2】 (1) 12人　(2) 8時50分　(3) ① 810円　② 32760円　(4) 23人
(5) 42才　(6) $50.24cm^2$　(7) $190cm^3$

【3】 (1) 10円　(2) 30円　(3) 白マス　(4) <う，う，お>，<う，う，う>
(5) ① 黒マス　② 2通り　(6) 12通り

【4】 (1) (太郎君) 8時6分　(花子さん) 8時10分　(2) ① 8時16分
② 8時$8\frac{2}{7}$分　(3) 13分間　(4) 8時3分　(5) 花子さんが$\frac{4}{11}$分早く着く

○推定配点○
【1】 各5点×7　【2】 (1)～(3) 各5点×4　他 各6点×4
【3】 各5点×7　【4】 各6点×6　計150点

<算数解説>

【1】 (数の性質，場合の数，縮尺，時計算，平均算，濃度)

基本 (1) 2でも3でも割り切れる数は6の倍数。1から300までの6の倍数は300÷6＝50(個)，1から199までの6の倍数は199÷6＝33余り1より33(個)，よって，200から300までの6の倍数は50－33＝17(個)

基本 (2) さいころを2回振って3.5以上4.5未満になるのは，3.5，3.6，4.1，4.2，4.3，4.4の場合の6通りである。

重要 (3) ① 実際の距離は地図の長さの100000倍。5(cm)×100000＝500000(cm)＝5000(m)
② 例えば，実際の長方形の土地がたて1km横2kmの場合，面積が$2km^2$になる。①より実際が1km，2kmの場合，地図上で1cm，2cmになる。$1(cm)\times2(cm)=2(cm^2)$

重要 (4) 6時の長針と短針が作る角は180°，長針と短針が重なるまでに1回目の80°になり，重なった後2回目の80°になる。つまり，長針と短針が180°近づくまでの時間と80°離れるのにかかる時間の和。$(180+80)\div(6-0.5)=260\div5\frac{1}{2}=260\times\frac{2}{11}=\frac{520}{11}=47\frac{3}{11}$(分)

(5) 8回までの平均が76.5点，合計点は76.5×8＝612(点)，10回の平均が80点の場合，合計は80×10＝800(点)，10回目に100点を取るとすると，800－100－612＝88(点)

(6) (濃度％／食塩g／食塩水g)の変化をわかりやすく整理する。

A (6％／アg／500g) → (6％／ウg／400g) → ↗ (7％／エg／500g)
↘ (6％／イg／100g)　↗ (カ％／オg／100g)
B (ケ％／クg／500g) → ↘ (カ％／キg／600g) → (カ％／コg／500g)

ア 500×0.06＝30，イ 100×0.06＝6，ウ 400×0.06＝24，エ 500×0.07＝35，オ 35－

24＝11，カ　11÷100×100＝11，キ　600×0.11＝66，ク　66－6＝60，ケ　60÷500×100＝12，コ　500×0.11＝55，よって求める答えは12％である。

【2】（つるかめ算，仕事算，規則性，過不足算，年令算，平面図形・移動，立体図形・切断）

(1)　大人の入場料と子どもの入場料の差，大人28人の場合1400×28＝39200，大人27人と子ども1人の場合1400×27－800＝37000，子どもが1人増えると1400＋800＝2200ずつ減る。(39200－12800)÷2200＝12(人)

(2)　問題文にある情報を整理して調べる。10分後7個，15分後17個，20分後24個，30分後41個，40分後48個，45分後58個，50分後65個，よって求める答えは8時50分である。

基本 (3)　①　毎月もらえるお小遣いが10円ずつ増えるので，1年の3月には100＋10×11＝210(円)，6年の3月には210＋120×5＝810(円)　②　毎月10円ずつ増えるので，等差数列の和の求め方
基本 を利用する。(100＋810)×(12×6)÷2＝910×36＝32760(円)

(4)　男子○人，女子△人とする。○＋△＝40，○×4＋△×5＋7＋50＝○×5＋△×7，○＋△×2＝57，△＝57－40＝17，40－17＝23(人)

(5)　2014年1月と2023年8月では，12月生まれのT君は2023－2014＝9(年後)，9才年令が増えているが，3月生まれのS君は10才年令が増えている。関係を式にして，等しい部分を比べる。⑥＋9＝3，①＋10＝1，③＋30＝3，⑥－③＝③，30－9＝21，③＝21，①＝21÷③＝7，7×⑥＝42(才)

重要 (6)　点Oが動いたあとは，半径4cm中心角90°のおうぎ形の弧とおうぎ形の弧の長さと同じ長さの直線と半径4cm中心角90°のおうぎ形の弧を組み合わせた図形になる。この線と直線ℓで囲まれた図形は，半径4cm中心角90度のおうぎ形2個分とたて4cm横6.28cmの長方形になる。

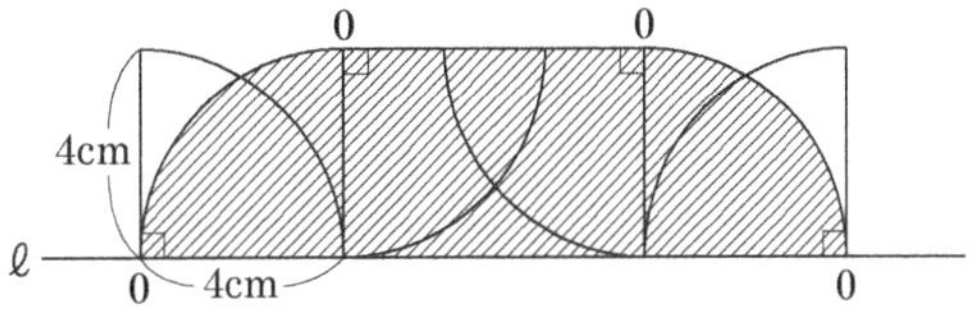

面積は，$4\times4\times3.14\times\frac{1}{4}\times2+4\times2\times3.14\times\frac{1}{4}\times4=(8+8)\times3.14=50.24(\mathrm{cm}^2)$

(7)　三角形PBQの面積は底面の長方形の面積の$\frac{1}{2}\times\frac{3}{2+3}\times\frac{1}{1+2}=\frac{1}{10}$，$1-\frac{1}{10}=\frac{9}{10}$，$171\div\frac{9}{10}=171\times\frac{10}{9}=190(\mathrm{cm}^3)$

【3】（論理）

重要 (1)　マスの色／コマの色を書いて調べる。＜白／黒，黒／白，白／白＞より，もらえる金額は10円である。

(2)　＜白／白，黒／白，黒／黒，白／白＞より，もらえる金額は30円である。

(3)　＜／黒，／白，／黒＞，白スタートの場合，白，黒，黒になり，黒スタートの場合，黒，白，白になる。もらったのは10円なので，求める答えは白マスである。

(4)　白／白　→　黒／白　→　白／白　　黒／黒　→　白／白　→　黒／白
　　　　　　　　　　　　　↳　黒／黒　　　　　　　　　　　　↳　白／黒
　　　　　↳　白／黒　→　黒／白　　　　　↳　黒／黒　→　白／白　30円
　　　　　　　　　　　　　↳　白／黒　　　　　　　　　　　　↳　黒／黒　30円

よって求める答えは＜う，う，お＞，＜う，う，う＞である。

やや難 (5)　(4)で調べてわかったことは，コインを1回投げた場合，黒マスからだと表でも裏でも10円もらえる。白マスからだと表でも裏でも10円もらえない。50円もらったので，5回共色が同じになっている。スタートは黒マスで，コインの出方は＜う，う，う，う，お＞，＜う，う，う，う，う＞の2通り。よって求める答えは，①　黒マス，②　2通り　である。

やや難 (6)　白マススタートなので1回投げた後は10円もらえない。樹形図を書いて調べる。

白→お×黒→お○白→お×黒→お○白→お×黒　20円
↓　↓　↓　↓　↳う×白　20円
↓　↓　↓　↳う○黒→お○白　30円
↓　↓　↓　↳う○黒　30円
↓　↓　↳う×黒→お○白→お×黒　20円
↓　↓　↓　↳う×白　20円
↓　↓　↳う○黒→お○白　30円
↓　↓　↳う○黒　30円
↓　↳う○黒→お○白→お×黒→お○白　30円
↓　↓　↓　↳う○黒　30円
↓　↓　↳う×白→お×黒　20円
↓　↓　↳う×白　20円
↓　↳う○黒→お○白→お×黒　30円
↓　↓　↳う×白　30円
↓　↳う○黒→お○白　40円
↓　↳う○黒　40円
↳う×白→お×黒→お○白→お×黒→お○白　20円
↓　↓　↓　↳う○黒　20円
↓　↓　↳う×白→お×黒　10円
↓　↓　↳う×白　10円
↓　↳う○黒→お○白→お×黒　20円
↓　↓　↳う×白　20円
↓　↳う○黒→お○白　30円
↓　↳う○黒　30円
↳う×白→お×黒→お○白→お×黒　10円
↓　↓　↳う×白　10円
↓　↳う○黒→お○白　20円
↓　↳う○黒　20円
↳う×白→お×黒→お○白　10円
↓　↳う○黒　10円
↳う×白→お×黒　0円
↳う×白　0円

よって求める答えは12通りである。

【4】 (速さの応用)

基本 (1) 太郎君…750(m)÷50(m/分)＝15(分)，7時51分＋15分＝7時66分＝8時6分，花子さん…750(m)÷75(m/分)＝10(分)，8時＋10分＝8時10分

(2) ① 7時51分＋10分＝7時61分＝8時1分，(750−50×10)÷16$\frac{2}{3}$＝250÷$\frac{50}{3}$＝250×$\frac{3}{50}$＝15，8時1分＋15分＝8時16分　② 8時1分に太郎君は駅から50×10＝500，花子さんは75×1＝75，500−75＝425，425÷$\left(75-\frac{50}{3}\right)$＝425÷$\frac{175}{3}$＝425×$\frac{3}{175}$＝$\frac{51}{7}$＝7$\frac{2}{7}$，8時1分＋7$\frac{2}{7}$分＝8時8$\frac{2}{7}$分

(3) 8時10分−7時51分＝19分，つまり，太郎君は分速50mと分速$\frac{50}{3}$mで19分かけて750m進んだ。

つるかめ算の考え方を利用する。$(50\times19-750)\div\left(50-\frac{50}{3}\right)=200\div\frac{100}{3}=200\times\frac{3}{100}=6$，$19-6=13$(分間)

(4)　太郎君がR2に出会うのは$750\div(50+75)=750\div125=6$(分)後，出会ってからホールまでも同じ時間かかるので，7時51分＋6分×2＝7時63分＝8時3分

(5)　太郎君がR2に出会うのは，$750\div\left(75+\frac{50}{3}\right)=750\div\frac{275}{3}=750\times\frac{3}{275}=8\frac{2}{11}$(分)後，7時54分＋$8\frac{2}{11}$分×2＝7時$70\frac{4}{11}$分＝8時$10\frac{4}{11}$分，花子さんは8時発のR1に乗ると(1)と同じ8時10分にホールに着く。よっては花子さんの方が，8時$10\frac{4}{11}$分－8時10分＝$\frac{4}{11}$(分)早くホールに着く。

★ワンポイントアドバイス★

基礎的な問題をていねいに取り組む練習をするのと同時に，応用的な問題に対応できる力をつけておくことが大切である。応用的な問題では考え方をわかりやすく必要なことを簡潔に書くことを意識して取り組むとよいだろう。

＜国語解答＞

一　問一　(例)　枠を決める　　問二　(例)　あらかじめ考えていた範囲や事柄が量的にも質的にもそもそもおかしかったのだから「想定外」は言い訳にはならない，ということ。
問三　イ　　問四　たとえば河　　問五　「そのほか」に置くという発想
問六　ア　×　　イ　○　　ウ　○　　エ　×　　オ　○

二　問一　マイナスの気持ち　　問二　(例)　自分の中の思いが〈宙ぶらりん〉という言葉と結びつくことで心を映す作品になっている(から。)　　問三　連　　問四　エ
問五　二人とも，～書いている(ところ。)　　問六　嘘の言葉も本当の言葉

三　問一　①　採寸　　②　劇的　　③　派生　　④　服装　　⑤　至難　　⑥　迷子
問二　ア　　問三　エ　　問四　(1)　同　　(2)　天　　問五　馬　　問六　エ

○推定配点○

一　問二　10点　　問六　各1点×5　　他　各5点×4
二　問二　10点　　問三　2点　　問四　5点　　他　各6点×3
三　問一　各2点×6　　他　各3点×6　　計100点

＜国語解説＞

一　**(論説文－要旨・大意の読み取り，文章の細部の読み取り，空欄補充の問題，記述力・表現力)**

問一　「想定」は，場面・状況・条件などを，これこれこうだと仮に考えてみること。直後に「人はまず範囲を決めないと，考えを具体的にまとめることができません」とある。すると，「想定とは……『考える範囲を決めること』」となると判断できる。設問の指定は5字なので，「範囲」と同じ意味の一字の語を考える。すると，続く部分に「境界を決めて枠の中で検討することが必要になる」とある。「範囲」を「枠」と言い換える。

重要　問二　同じ段落の最後の一文に「このように想定外というのは，あらかじめ考えていたことが，量

的，あるいは質的におかしかったということですから，本来はそれ自体が責任回避の理由になるものではないのです」とある。この一文をもとに，「言い訳の問題点」について具体的にまとめればよい。「量的」の部分は，問一で捉えたように想定の量とは「範囲」のことである。「質的」の部分は，「量＝範囲」に対応する内容であるから，起こると予想された「事柄」ということになる。「責任回避の理由」とは，想定外のことが起こったという言い訳である。つまり，「想定外」のことが起きたというのは言い訳にはならない，という解答例のような内容になる。

問三　「滅多に起こらないことを数のうちに入れると」，実際に原発を動かす場合に大きな障害になるというのである。言いかえれば，原発事故は起こらない，という想定で原発を運営するのである。イは「実際に起きたとき」とあるのがふさわしくない。ア，「対策を行おうとすると莫大な費用がかかる」とある。経営に支障を来すのである。ウ，原発反対派の人たちは，原子力発電所を建設することには反対であるので，建設計画も危うくなる。エ，「『原発は絶対に安全』という建前が通用しなくなりました」，「原発は危険なものとして扱わざるを得なくなっています」，「どこの原発も稼働すること自体が難しい」とある。

問四　「『減災』または『縮災』の発想」とは，「いざ起こったときには被害をなるべく小さく抑えるという考え方」である。言いかえれば，「想定外を想定していろいろと考えておくこと」である。これをふまえて【文章B】を読むと，「コンピュータを動かすプログラム」の説明に，「バグ(＝想定外の動き)を想定して『エクセプション(Exception)』という処理が用意されている」とあり，「想定外を想定した，対処法です」とある。そして，「似たような発想で行われているものは災害対策にもあります」として，「たとえば河川は～」と実践例を挙げている。

問五　続く段落に「これは～」とあって，「予備のルートを用意してそちらで扱うのがいいと思います」とする理由を「大きなコストをかけずに対処することができます」と説明している。「コスト」に注目して読んでいくと，最後の段落で「費用対効果が大きな問題になります」とあって，「予算をにらみつつ，どの程度の対策をするか……『そのほか』に置くという発想は，こういうもの(＝費用対効果＝予算と対策のバランス)への対処に不可欠なものです」と説明している。「予備のルート」とは，「『そのほか』に置くという発想」であり，「大きなコストをかけずに対処する」方法である。

やや難　問六　ア　問三のアで捉えたように，莫大な予算は経営に支障を来すと述べている。合わない。イ「なかでもいちばんの教訓は，『想定外のことも起こる』ということです」とある。筆者は，想定外の事態にどう対応するかについて述べている。　ウ「あらかじめ起こるのがわかっていたら備えをしますが」とある。備えをするのだから，思考停止状態には陥らない。　エ「検討は一切せずに」が合わない。「滅多に起こらないことは数のうちに入れずに扱うのが適当です」というのが筆者の基本的な考えであり，「最初からすべてを予測して動くのは困難」「柔軟かつ迅速な動き方ができるようにする」と述べている。　オ　問四で捉えた「『エクセプション(Exception)』という処理」は，「全体の動きが止まらないようにしている」のである。河川の実践例や，ゲリラ豪雨等に際しての水の誘導法が当てはまる。

二　(小説－心情・情景の読み取り，文章の細部の読み取り，空欄補充の問題，記述力・表現力)

問一　「店番のイヤな気分」を言葉にして書いた詩の中の〈宙ぶらりん〉という言葉を，志水先生は「マイナスの気持ちが表現されています」と評価している。

重要　問二　「マイナスの気持ちが表現されています」と評価した言葉のあとに，「〈宙ぶらりん〉という言葉を発見したことで，この文章が詩になり，全体が光り出したのです」とある。「言葉を発見した」という内容を解答例では，「自分の中の思いが……言葉と結びつく」と表現している。また，「心を映す作品になっている」については，文章の最後で清田の詩を評価して「清田の心が映されている」と言っている。

基本 問三　1行あきで区切られる詩のひとまとまりを「連」という。「どの連もたった一行が違うだけだ」とあるのは，最初の連では「爆弾かかえて」，二つめの連では「人を殴りたいほど」，三つ目の連では「月がひと間を照らして」となっていることを指している。

問四　本文の中の表現とエの内容を比べると，「乱暴でけんか早い清田」は「強気なふるまいを見せている清田」，「〈ひとりぼっち〉や〈辛抱〉という言葉を使っている」は「自身の弱さを表現する言葉をちりばめている」，「胸の辺りがざわざわするような気分になった」は「違和感を覚えている」に対応している。

問五　問二と関連させて考える。志水先生が言っているのは，卓也(山口)の詩の〈宙ぶらりん〉も，清田の詩の〈ひとりぼっち〉も二人の「心を映す」言葉になっているということである。このことを，本文の最後で「二人とも，知らず知らずに自分自身の本当の心を書いている」と表現している。そのようなところが「一緒」だというのである。

や難 問六　直前の会話では，清田の詩の「嘘の言葉」を問題にしていることに注目する。「嘘の言葉はないんだ」「清田の心になる」と言っている。問五で捉えたように，卓也の言葉も清田の言葉も自分自身の本当の心を書いていると志水先生は言っている。「～になることがある」という表現につながる言葉であることを考えると，「嘘の言葉も本当の言葉」があてはまる。

三　(ことばの意味，慣用句・四字熟語，漢字の書き，ことばの用法・品詞，俳句)

問一　①「採寸」は，服を作るときなどに，体の各部の寸法をはかること。「採」の訓は「と‐る」。「採用」「採点」などの熟語がある。「寸」の熟語には「寸法」「原寸」などがある。　②「劇的」は，劇の場面に現れるような，激しい感動・緊張を起こさせる様子。ドラマチック。「激的」とする誤りが多いので注意する。「観劇」「劇薬」などの熟語がある。　③「派生」は，源となる物・事柄から，わかれて生じること。「流派」「宗派」などの熟語がある。　④「装」の右上を「土」と誤らない。下の棒が短い「士」を書く。「服」の熟語には「服従」「不服」などがある。「装」には「ショウ」の音もある。訓は「よそお‐う」。「衣装」「装置」などの熟語がある。

⑤「至難」は，この上もなく難しいこと。「至」の訓は「いた‐る」。「必至」「至高」などの熟語がある。「難」の訓は「むずか‐しい・かた‐い」。送りがなを「難かしい」とする誤りが多いので注意する。「難易」「困難」などの熟語がある。　⑥「迷子」は，熟字訓。「迷」の音は「メイ」。訓は「まよ‐う」。「低迷」「迷宮」などの熟語がある。

基本 問二　それぞれ言い切りの形にすると，ア「きれいだ」，イ「古い」，ウ「美しい」，エ「白い」となる。ア「きれいに」は形容動詞の連体形。他は形容詞。イ「古かろ」は未然形。ウ「美しい」は終止形。エ「白く」は連用形。

や難 問三　「いそいそと」は，うれしいことや何かを思いついたことなどがあって，心がはずんで動作が調子づいている様子。「謝りにいく」行動には使わない。　ア「うろたえる」は，不意をうたれてどうしてよいかわからず，あわてまどうの意味。　イ「えもいわれぬ」は，何とも言葉ではあらわせないの意味。　ウ「ご多分にもれず」は，一般の多くの例と同じく，例外でなくの意味。

問四　(1)　A「呉越同舟」は，仲の悪い者同士や敵味方となって争うべき者同士が同じ場所にいたり，共通の利害のために一緒に行動したりすること。　B「大同小異」は，細かい点は異なるが全体的にはほとんど違いがないこと。　(2)　A「天衣無縫」は，人の性格や言動がかざりけがなく，ありのままであること。　B「奇想天外」は，ふつうでは思いもつかない様子。

問五　ア「真っ赤なうそ」は，まったくのうそであること。　イ「白羽の矢が立つ」は，多くの中から，特に選び出されること。　ウ「生き馬の目をぬく」は，抜け目なくすばやく人を出し抜くこと。　エ　「青菜に塩」は，青菜に塩をかけるとしおれることから，元気がなくしずんでしまう様子。

やや難　問六　「暁の紺朝顔や星一つ」の季語は「朝顔」で季節は秋。　エ　「柿食えば鐘が鳴るなり法隆寺」の季語は「柿」で季節は，同じく秋。　ア　「鶴舞うや日は金色の雲を得て」の季語は「鶴」で季節は冬。　イ　「万緑の中や吾子の歯生え初むる」の季語は「万緑」で季節は夏。　ウ　「梅一輪梅一輪ほどの暖かさ」の季語は「梅」で季節は春。

★ワンポイントアドバイス★

論説文は，話題についての筆者の考え方を捉え，その考え方に沿ってA・Bの文章で筆者がどのような主張を展開しているかを読み取っていこう。小説は，行動や会話，様子などに表現されていることがらから人物の心情や思いをつかもう。また，詩の主題や表現の効果を捉えよう。

2022年度

★★★★★★★★★★★★★★★★★★★★★★★★

入　試　問　題

2022年度

国学院大学久我山中学校入試問題（ST第1回）

【算　数】（60分）　＜満点：150点＞

【注意】 1. 分度器・コンパスは使用しないでください。
2. 円周率は3.14とします。

【１】 次の □ にあてはまる数を答えなさい。

(1) 11で割り切れる整数のうち，2022にもっとも近い整数は □ です。

(2) 計算問題が □ 問あります。昨日は全体の$\frac{1}{4}$を解き，今日は残りの$\frac{2}{5}$より７問多く解いたところ，解いていない問題は11問でした。

(3) 太郎君の所持金は □ 円で，次郎君の所持金の４倍です。２人が父から1000円ずつおこづかいをもらうと，太郎君の所持金は次郎君の所持金の２倍になります。

(4) $\frac{1}{2}$，$\frac{1}{4}$，$\frac{3}{4}$，$\frac{1}{6}$，$\frac{3}{6}$，$\frac{5}{6}$，$\frac{1}{8}$，$\frac{3}{8}$，$\frac{5}{8}$，$\frac{7}{8}$，$\frac{1}{10}$，……のように，ある規則に従《したが》って分数が並んでいます。はじめから28番目までの分数をすべて足すと □ です。

(5) 食塩と水の重さの比が１：９の食塩水Ｓと，食塩と水の重さの比が１：19の食塩水Ｔを何ｇかずつ混ぜて食塩水を作ります。ＳとＴの重さの比を３：２の割合で混ぜると，濃度《のうど》が □ ％の食塩水ができます。

(6) １個150円のケーキと１個220円のケーキを合わせて10個買って，160円の１つの箱にまとめて入れます。なるべく220円のケーキを多く買って，合計が2000円を超《こ》えないようにするとき，220円のケーキは □ 個買うことができます。

【２】 次の問いに答えなさい。

(1) aは２桁《けた》の整数で19の倍数です。また，$a \times a \times a \times a - a \times a \times a$を計算すると10の倍数になります。このような$a$のうち，もっとも小さい$a$はいくつですか。

(2) 現在の姉の年令は12才です。現在から６年前は，母の年令が姉と弟の年令の和の４倍でした。また，現在から18年後は，母の年令が姉と弟の年令の和と等しくなります。現在の母の年令は何才ですか。

(3) 通常の再生速度で見ると10分かかる動画があります。この動画を，途中《とちゅう》までは通常の再生速度で見て，残りは通常の1.5倍の再生速度で見たところ，全部で９分かかりました。通常の再生速度で動画を見たのは全部で何分ですか。

(4) １辺１cmの小さな立方体1000個をすき間なく組み合わせて，１辺10cmの大きな立方体を作ります。大きな立方体の６つの面すべてに色を塗《ぬ》るとき，色が塗られた小さな立方体の個数は何個ですか。

(5) 兄と妹がじゃんけんゲームをします。はじめの点数は２人とも30点です。１回のじゃんけんで，勝った人は点数が３点増え，負けた人は点数が２点減ります。また，あいこはじゃんけんの回数に数えません。

① ５回じゃんけんをしたところ，兄は３回勝ちました。妹の点数は何点になりましたか。

② 10回じゃんけんをしたところ，妹の点数は45点になりました。兄は何回勝ちましたか。

(6) 右の図は，面積が 6 cm^2 の正六角形です。斜線《しゃせん》部分の面積は何 cm^2 ですか。

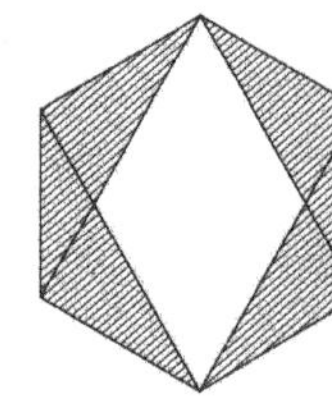

(7) 下の図のように，直方体の容器Ａと，２つの直方体を組み合わせた容器Ｂがあります。ＡとＢを空《から》の状態で，雨が降る水平な地面に置きました。Ｂは，１辺が 5 cmの正方形の部分だけから雨が入ります。Ａの水面の高さが10cmになったとき，Ｂの水面の高さは何cmですか。ただし，1 cm^2 あたりに降る雨の量は一定です。

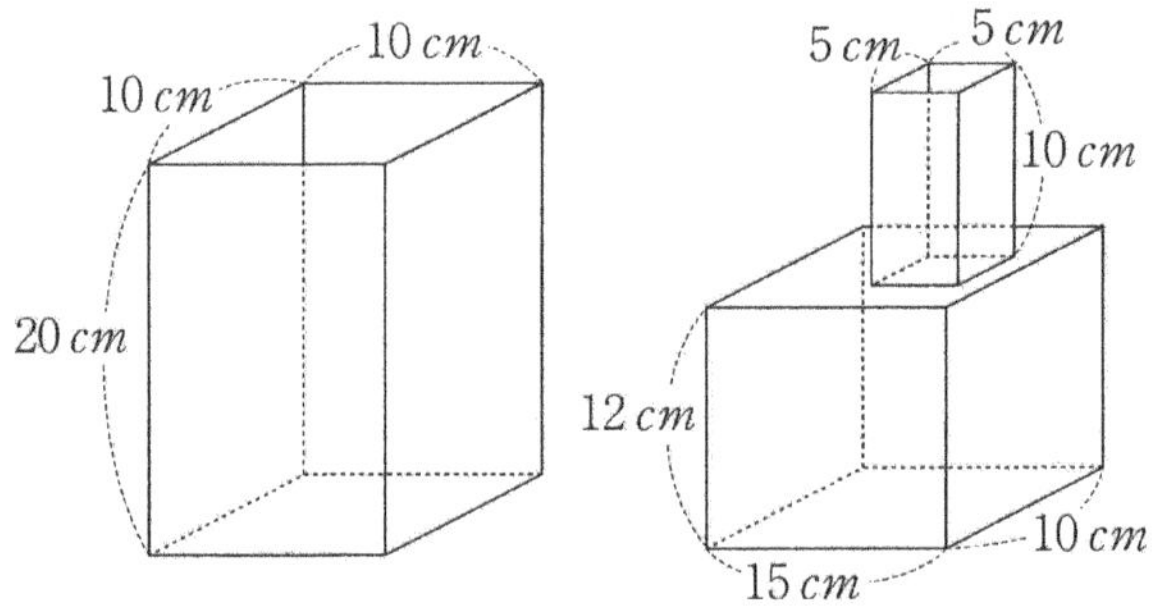

容器Ａ　　　容器Ｂ

【３】 右の図のように，１辺が 2 cmの正方形の頂点に点Ａがあります。また，袋《ふくろ》の中に[ア]，[イ]，[ウ]と書かれたカードが１枚ずつ合計３枚入っています。袋の中からカードを１枚引いて，引いたカードによって次のルールに従《したが》い，この正方形を動かします。

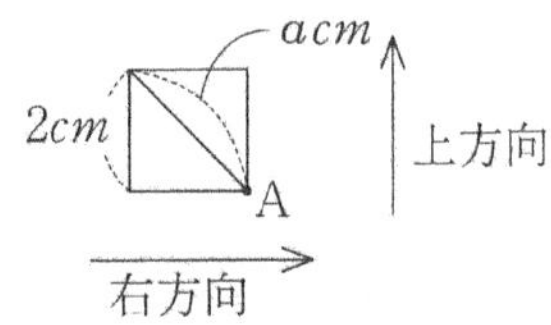

《ルール》

[ア]…正方形を，向きを変えずまっすぐ上方向に 2 cm動かす
[イ]…正方形を，向きを変えずまっすぐ右方向に 2 cm動かす
[ウ]…正方形を，点Ａを中心にして時計回りに90°回転させる

一度引いたカードは袋の中に戻《もど》します。これを何回か繰《く》り返して，上のルールに従い正方形を動かし，正方形の通ったあとの図形の面積を考えます。例えば，カードを１回引いて[ア]を引いたとき，正方形の通ったあとの図形の面積は 8 cm^2 です。

ただし，この正方形の対角線の長さを a cmとするとき，$a \times a = 8$ となります。このとき，次の問いに答えなさい。

(1) カードを２回引きます。順に次のカードを引いたとき，正方形の通ったあとの図形の面積はそれぞれ何 cm^2 ですか。

① [ア]→[イ]　　② [ウ]→[ウ]　　③ [ウ]→[ア]

(2) カードを３回引きます。順に[ウ]→[イ]→[ア]のカードを引いたとき，正方形の通ったあとの図形の面積は何 cm^2 ですか。

(3)　カードを３回引きます。正方形の通ったあとの図形の面積が16cm^{2}になるとき，カードの引き方は全部で何通りありますか。

(4)　カードを３回引きます。正方形の通ったあとの図形の面積が17.14cm^{2}になるとき，カードの引き方は全部で４通りあります。順に何のカードを引きますか。すべて答えなさい。

(5)　カードを３回引きます。正方形の通ったあとの図形の面積が15.42cm^{2}になるとき，順に何のカードを引きますか。

【４】　右の図のように地点Ａと地点Ｂがあり，ＡＢ間の直線ルートは６kmで，Ａから４kmのところに地点Ｓがあります。また，ＡからＢまで道路があり，途中《とちゅう》でＳと交差しています。

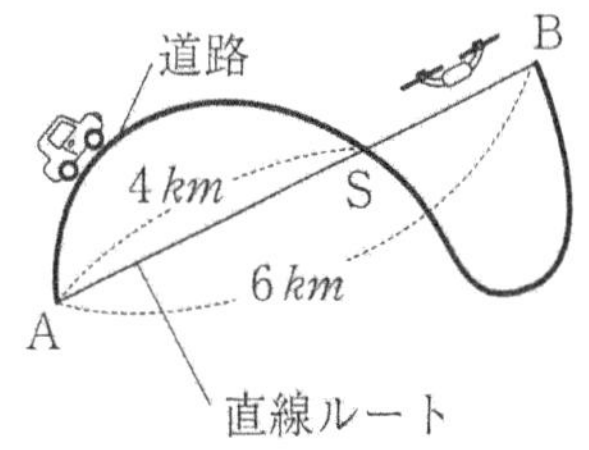

ドローン１機と自動車１台を使って，荷物をＡからＢまで運び続けます。ドローンの速さは時速30km，自動車の速さは時速40kmで，どちらも１回の運搬《うんぱん》で10kg の荷物を運びます。

荷物の積み下ろしや受け渡《わた》しにかかる時間は考えないものとします。また，荷物を積んでいてもいなくても，ドローンと自動車の速さは変化しないものとします。このとき，次の問いに答えなさい。ただし，(1)～(3)は答えのみ，(4)～(7)は途中の考え方も書きなさい。

１日目は，ドローンは直線ルートを，自動車は道路を進みます。ドローンと自動車はＡから荷物を積んで９時に出発し，どちらもＢに着くとすぐに荷物を下ろしてＡに戻《もど》り，すぐに荷物を積んでＢに向かって進む，ということを繰《く》り返します。ドローンと自動車はＡを９時に出発して，はじめてＳを通過するとき出会いました。また，ドローンがＡＢ間の直線ルートを３往復する間に，自動車はＡからＢまでの道路を２往復しました。

(1)　ＡからＳまでの道路は何kmですか。

(2)　ＡからＢまでの道路は何kmですか。

(3)　自動車がＳからＢまでの道路を進むのにかかる時間は何分ですか。

(4)　荷物を運び始めてから100分後のＢにある荷物は全部で何kgですか。

(5)　全部で100kg の荷物をＢに運び終えるのは，何時何分ですか。

２日目は，荷物の運び方を変えました。自動車もドローンも，ＡからＳまでは道路を，ＳからＢまでは直線ルートを進みます。自動車はＡから荷物を積んで，ドローンはＢから荷物を積まずに，９時に出発します。

自動車はドローンに出会うと荷物を渡してすぐにＡに戻り，荷物を積んですぐにＢに向かって進む，ということを繰り返します。

ドローンは自動車に出会うと荷物を受け取ってすぐにＢに戻り，荷物を下ろしてすぐにＡに向かって進む，ということを繰り返します。

(6)　自動車がドローンとはじめて出会うのは，何時何分ですか。

(7)　全部で100kg の荷物をＢに運び終えるのにかかる時間は，１日目と２日目のどちらの運び方が何分早いですか。

問六　次の句と同じ季節をよんだものを、ア～エから一つ選び、記号で答えなさい。

閑《しずか》さや岩にしみ入る蝉《せみ》の声（芭蕉）

ア　芋《いも》の露《つゆ》連山影を正しうす（蛇笏）

イ　菜の花や月は東に日は西に（蕪村）

ウ　赤蜻蛉《あかとんぼ》筑波《つくば》に雲もなかりけり（子規）

エ　炎天《えんてん》の遠き帆《ほ》やわがこころの帆（誓子）

イ　こいつ、本当に行けると思っているのか？

ウ　それでも今は、尾沢の言葉に乗るわけにはいかない。

問四　X に補うべき言葉を、「試合」という語を必ず用いて、10字以上15字以内で記しなさい。

問五　――線③はどのようなことを里田に伝えようとしたのですか。40字以上45字以内で記しなさい。

問六　次のア～オについて、本文の内容に合うものには○、合わないものには×をそれぞれ記しなさい。

ア　誰もいない部室を訪《おとず》れた里田は、自分たちとは対照的に元気に活動するサッカー部をうらやましく思った。

イ　中学時代、他人に遠慮《えんりょ》せず発言する尾沢と一歩引いた立場で話を聞く里田の関係性は良好だった。

ウ　尾沢は戦力分析を披露《ひろう》し、心情に訴《うった》えるなどして、様々な話題で甲子園を目指すよう里田にうながした。

エ　里田は尾沢との会話に集中するあまり、自分がどのような球を投げているのか分からなくなっていた。

オ　尾沢は六割の力で投げた里田に対して、気休めだと分かりながら期待をさせるような言葉がけをした。

三　次の問いに答えなさい。〈問題は**問一**から**問六**まであります。〉

問一　次の①～⑥について、――線部のカタカナを漢字に直しなさい。

①　センモン家の意見を聞く。

②　病気の祖母をカンゴする。

③　野菜をレイゾウ庫にしまう。

④　町のケイビの仕事をする。

⑤　皿に料理をモりつける。

⑥　空が夕日にソまる。

問二　次の熟語の構成の仕方と同じものを、ア～カの中からそれぞれ選び、記号で答えなさい。

①　尊敬

②　洗面

ア　宝庫　イ　収支　ウ　納税　エ　損益　オ　除去

カ　車窓

問三　次の各文の中から、ことばの使い方の正しいものを一つ選び、記号で答えなさい。

ア　彼女《かのじょ》は誰からも好かれる、いわゆる八方美人だね。

イ　彼の演説は、残念ながら竜頭蛇尾に終わってしまった。

ウ　電光石火、患者《かんじゃ》の容体が悪化した。

エ　練習が厳しすぎて、からだ中が粉骨砕身だよ。

問四　次の□に入る漢数字の中で、一番大きい数字を漢字で答えなさい。

桃栗□年柿□年　□足のわらじをはく　□死に□生を得る

問五　次の各文の空らんに入ることばのうち、三つは同じグループになることができます。残る一つを答えなさい。

何度も同じことを言われて【　】にたこができる。

【　】であしらうような応対をされて、腹が立った。

調子に乗って買いすぎて、予算から【　】が出た。

つい【　】がすべって、本当のことを言ってしまった。

里田は、そこにない※プレートを踏《ふ》んだ。意図を見抜《みぬ》いた尾沢がさっとしゃがんで構える。右足首に意識を集中しながら、ゆっくりと始動した。むきになるなよ。アスファルトの上じゃ、踏《ふ》ん張《ば》れないんだから――しかしつい力が入り、体の動きがぎくしゃくして※棒球になってしまう。それでもボールは、尾沢が構えたミット――ど真ん中に飛びこんだ。尾沢はしばらくそのまま固まっていた。

「今の、七割だよな」

「六割だ」

「だったらいける。お前が十割の力を出したら、誰も打てない」

十割か。十割でずっと投げ続けたら、すぐにどこかが壊《こわ》れる。そうならないためには……今の力を二割アップさせればいい。そうしたら、今の十割が八割になる。その先に見えているのは――。

甲子園だ。

（堂場瞬一『大連合』による）

※注　猪狩…成南高校野球部の監督。事故によって重傷を負っている。
セカンドオピニオン…納得《なっとく》のいく治療法《ちりょうほう》を選択《せんたく》するために現在と違う医療《いりょう》機関の医師に意見を求めること。
バッテリー…野球におけるピッチャーとキャッチャー
キャッチャーミット…キャッチャー用のグローブ
スライダー…変化球の一種
プレート…野球場での投球時、ピッチャーの足下《あしもと》にある板
棒球…ヒットを打ちやすい、まっすぐで威力《いりょく》のない球

問一　――線①とありますが、この時の里田の心情はどのようなものですか。最も適当なものを次の中から選び、記号で答えなさい。

ア　二年以上組んできた自分の気持ちよりもつきあいの浅い尾沢の意見を優先した石川を二度と信じまいと思い、連合チームを諦《あきら》めない尾沢のしつこさにうんざりしている。

イ　自分の気も知らないでものを言う石川にも不満があるが、石川と自分の信頼関係を利用するかのような形でチームを組ませようとする尾沢に腹を立てている。

ウ　連合チームを立ち上げようとずるがしこく立ち回る尾沢にいら立つ一方で、そんな尾沢に良いように利用されている石川のことも心底許せないと思っている。

エ　石川と自分の関係性をよく理解した上で石川を説得した尾沢の策略に気づき、それに気づかなかった自分と石川の情けなさを苦々しく思っている。

問二　――線②とありますが、なぜこのように言ったのですか。最も適当なものを次の中から選び、記号で答えなさい。

ア　キャッチボールで会話のきっかけをつくり、その中で連合チームを組むよう里田を説得するため。

イ　キャッチボールを通して里田の実力を見極《みきわ》め、一緒《いっしょ》に甲子園を目指せるかどうかを見定めるため。

ウ　キャッチボールで里田の怪我の具合を確かめ、今後の練習の具体的な方針について話し合うため。

エ　キャッチボールを通して里田に中学時代を思い出させ、自分のことを信用するよう仕向けるため。

問三　【Ａ】～【Ｃ】に補うべき文を次の中からそれぞれ選び、記号で答えなさい。

ア　俺はまだ旅の途中《とちゅう》なんだ。

合でも、完投したことなど一度もなかったんじゃないか……。

「必死に走りこんで、体力はついてきたよ。右と左の違《ちが》いがあるけど、※スライダーのキレは、お前より上かもしれない」

「まさか」むっとして里田は言い返した。

「実際見てみろよ。いろいろ教えたくなると思うぜ」

「俺には関係ない」

「ピッチャーが二枚揃《そろ》ってれば、行ける」尾沢が断言した。「成南は、それが最大の問題点だっただろう?」

それは里田も認めざるを得ない。球数制限が導入されて、今は一週間に五百球が限度になっている。完投能力のあるピッチャーが最低でも二人いないと、県大会のような連戦は勝ち上がれない。

「あいつを実践《じっせん》で育てようよ。それで甲子園に行く」

「俺は――」

「石川を甲子園に連れて行きたくないか？　他の大怪我した選手も。今は動けないかもしれないけど、八月になれば新幹線に乗れるぐらいには回復するだろう。そうしたら、皆《みんな》で甲子園に行けばいいじゃないか」

「プレーはできない」

「③We’re the One、だろう」

そんなことまで知っているのか……尾沢の情報収集能力に、里田は密《ひそ》かに舌を巻いた。何だか気味が悪いぐらいである。

「俺は、お前を甲子園に連れて行く。そうすれば、その後の道も開ける。プロでも大学でも……こんな事故でチャンスを潰《つぶ》したら駄目《だめ》だ」

それは確かだ。自分のピッチングを多くの人に見せることなく負けたら、高校で野球が終わってしまうかもしれない。終わりたくない。【B】

「俺にも夢を見せてくれよ」尾沢がすがるように言った。

「お前の夢は……」

「甲子園でお前の球を受けること」

それは、違《ちが》う高校へ進んだ時点で消えた夢ではないのか？　あの頃、「将来どうするか」と二人で何度も話したことを覚えている。二人とも公立志望。野球も続ける。しかし中学の時点では、尾沢の方が高校野球に対する思いが強かったのは間違いない。だからこそ必死で勉強もして、野球が強い鳥屋野を選んだのだから。一方自分は、尾沢ほどには高校野球に対する思い入れがなかったのだと思う。中学で「伸《の》びきった」感覚もあったし……それで、取り敢《あ》えず部活としての野球ができる高校として、成南を受験した。高校に入って猪狩と出会い、さらに二段階ぐらいレベルが上がるとは思ってもいなかった。

上手《うま》くなれば欲が出てくる。でもその欲は、思いもよらぬ事故で急に萎《しぼ》んだ。そこへ尾沢が、新しい欲を持ってきた。

「やってやれよ。怪我した選手のためにも」

尾沢が静かな口調で言って、ボールを投げ返す。キャッチした里田は、右手に握《にぎ》ったボールを一回、二回と親指でスピンさせて投げ上げた。

「ついでに俺のためにも。お前自身のためにも」

「それじゃ、誰のためにやるのか分からない」

「全員だ」尾沢が力強く宣言する。

「お前ぐらいの力がある奴は、周りの人間全員に対する責任を負ってるんだよ。お前の力で、甲子園に連れて行ってくれ」

「俺が連れて行ってやる」と言っていたのが、今度は逆になった。【C】

らグラブを出した。左手にはめると、自然と刺繍《ししゅう》に目が行く。「We're the One」――俺《おれ》たちは一つ。選手全員のグラブに同じ刺繍がしてある。去年新チームになった時に、石川が言い出して揃《そろ》えたのだった。

「ほら、早くしろよ」

「うるさいな」

言いながら、里田はスニーカーを履《は》いた。

【中略】

二人はしばしば、無言でキャッチボールを続けた。尾沢に対してはむかつくことが多いが、それでもキャッチボールをしていると中学時代の感覚が蘇《よみがえ》ってくる。あの頃《ころ》から――いや、野球を始めた小学生の頃から、散々言い合いはしてきた。しかし仲が悪かったわけではない。お互いに言いたいことが言い合える仲だったからこそ、長くバッテリーを組めたのだろう。

【A】

「お前、石川と話しただろう」

「話したよ」尾沢があっさり認めた。

「ひでえな。あいつ、重傷なんだぜ。話すのも大変なのに」

「でも、お前も話しただろう」

「俺は……チームメートだから」

何だか言い訳めいているなと思いながら、里田はボールを強く投げ返した。お、今のはいいボールだった……しっかり指に引っかかり、回転も最高。「汚い回転」の方がボールが不規則に変化してバッターを戸惑《とまど》わせることもあるのだが、基本はやはり、回転のいい速球だ。

「ナイスボール」尾沢がさらりと言った。

「お前、そんなこと言うタイプじゃないだろう」キャッチャーによっては、一球一球褒《ほ》めたり逆に気合いを入れたりする。石川がまさにそういう感じで、里田は言葉でずいぶん育ててもらったと思う。

「今のお前には励《はげ》ましが必要なんじゃないかな」

「別に」里田は視線を逸《そ》らした。

「甲子園に行きたくないか？」

「行きたくない奴なんかいないだろう」

「行けるよ」

「はあ？　マジで言ってるのか」

「マジだよ。俺が連れて行ってやる。俺は去年の秋以来、県内の有力チームをずっと見てきたんだ――暇《ひま》だったからな」

その言葉が、里田の胸に刺《さ》さる。暇だった――[X]

「お前、俺の分析《ぶんせき》シート、ちゃんと読んだか」

「読んでない」

「力作なんだぜ。ちゃんと読め。読んで、今の俺たちが手を組めば、甲子園は夢じゃない」

「だけど……」

「成南の弱点は打線だよな。鳥屋野には俺がいる」

それは認めざるを得ない。尾沢は、打力では石川より上――去年の夏の予選では、決勝までに四割を超える打率を残している。

「二年生にも打てる奴がいる。それにピッチャーも……加茂はよくなったぞ」

「あいつが？」にわかには信じられなかった。加茂は二人の中学の後輩《こうはい》でもあるのだが、中学時代は線が細く、体力的に問題があった。練習試

た。「鳥屋野と組んでやれよ」と。そして「これはキャプテン命令だから」とつけ加えた。

勝手なこと言いやがって。成南として出られないからって、すぐに他のチームと組んで試合ができるわけじゃない。

でも、石川の言葉は重い。二年以上ずっと※バッテリーを組んで、互《たが》いに高め合ってきた仲だ。自分の人生において、一番信頼《しんらい》できる人間の一人。

尾沢は、そこへ無理矢理《むりやり》割《わ》りこんできたようにしか思えない。

日曜日の午前中、サッカー部と陸上部が練習中だった。サッカー部は普段《ふだん》、グラウンドの半分しか使えないのだが、今日は野球部がいないので、全面を使って紅白戦をしている。あいつら、喜んでるんじゃないか、と里田は皮肉に思った。

グラウンドの脇《わき》には、運動部の部室が入ったプレハブの建物がある。野球部の部室に入るのも、何だか久しぶりな感じがした。先週の土曜日、長岡へ出発する前に部室に集合して……あの時は、全員元気だった。珍《めずら》しく、怪我人もいなかった。それが今、何とか無事なのは七人だけ。

部室はガランとしている。誰《だれ》かが干した練習用のユニフォームが二着、そのままぶら下がっていた。いつもこうだ。洗ったユニフォームは外で干そうと申し合わせてあるのに、天気が悪い時など、必ず部室内に干《ほ》してほったらかしにしている奴《やつ》がいる。

ベンチに腰《こし》かけ、足元に転がっているダンベルを何となく手にした。こういうのも、ちゃんと一ヶ所に集めて管理しておかないと、すぐに散らかってしまう。実際、部室は雑然としていた。汗《あせ》の臭《にお》いが籠《こも》って……慣れた臭いなのだが、今日は何故《なぜ》か煩《わずら》わしい。掃除《そうじ》しようかとも思ったが、それも面倒臭《めんどうくさ》かった。結局、窓を開けて空気だけ入《い》れ替《か》える。五月の爽《さわ》やかな風が吹《ふ》きこむと同時に、サッカー部の連中の声が飛《と》び込んでくる。「サイド！」「トイメン、カバー！」……あいつら、元気だよなあ。元気でいいな。

ぼうっとしていると、いきなりドアが開いた。窓も開いているので、風の流れが一気に強くなる。ここのところ雨が降っていないせいで、グラウンドは乾《かわ》き切っており、乾いた土の臭いが急に襲《おそ》ってきた。

顔を上げると、尾沢が立っている。

「お前……勝手に人の学校に入るなよ」

「別に止められなかったけど」

尾沢は私服姿だった。ウィンドブレーカーの前を開け、グレーのTシャツを覗《のぞ》かせている。肩《かた》から提《さ》げた大きなスポーツバッグに手を突《つ》っこむと、真新しいボールを取り出し、里田に放って寄越《よこ》す。里田は反射的に左手を伸《の》ばしてボールを受け取った。それを見た尾沢が、今度はバッグから※キャッチャーミットを取り出す。

「②キャッチボール、しようぜ」

「はあ？」いきなり何を言い出すんだ？

「投げられないのか？」

「そんなことないけど……自主練も禁止なんだ」

「練習じゃないよ。ただのキャッチボールだ。アメリカだと、『プレー・キャッチ』って言うんだぜ。つまり、遊びだ」

「そんなの、知らねえよ」

「投げてないと、感覚が鈍《にぶ》るぞ」

何でお前と……と思いながら、里田は立ち上がり、自分のロッカーか

問七　本文の後に続く、次の文章の□にあてはまることばを自分で考えて、10字以内で解答らんに記しなさい。

　かなり以前、わたしがまだ大学に籍《せき》を置いていた頃《ころ》でしたが、おもしろい話を耳にしたことがあります。出所は不明ですが、かなり広く知られていた話でした。ある日本の商社員が、どこか遠い南の国に行って、けんめいに働いていたら、現地の人から「なぜ毎日そんなにあくせくと働くのか」と尋《たず》ねられたという話です。それに対して、「よい成績を残し、昇進《しょうしん》して、お金を貯《た》めるためだ」と答えると、「お金を貯めてどうするのか」と尋ねられます。「退職後、どこか風景の美しいところに土地を買って、別荘《べっそう》でも建てる」と答えますと、さらに「そうしてどうするのか」と問われます。「そこでハンモックでもつってゆっくり昼寝《ひるね》をする」と答えると、現地の人が、「われわれは□」と答えたという笑い話です。

　わたしたちであれば、「何のために働くのか」という問いを出されたとき、どう答えるでしょうか。みなさんもぜひ自分自身の問題として考えてみてください。

　この問いや、「何をめざして生きていけばよいのか」という問いは、あらためて考えてみると、なかなかむずかしい問いで簡単には答を見つけることができません。ただ、誰《だれ》であれ、自分の人生が意味のあるものであることを願うのではないでしょうか。人生を終えるときに、自分の人生は生きるかいのあったものだと言えたら、どんなによいでしょう。それは容易ではないかもしれませんが、できればそういう人生を歩んでみたいと思います。

二

次の文章を読んで、後の問いに答えなさい。（問題は問一から問六までであります）

里田が所属する成南高校野球部は甲子園《こうしえん》出場を目指していたが、試合の帰りに選手・監督《かんとく》を乗せたマイクロバスが交通事故を起こし、多くの重傷者が出た。ピッチャーである里田は軽傷で済んだが、チームとして甲子園予選に出ることは絶望的となってしまった。そこへ中学時代にチームメートだった尾沢が、自分の所属する鳥屋野高校と里田の成南高校の連合チームを作ることを提案してきた。里田は断ったが尾沢は諦《あきら》めず、成南高校キャプテンの石川に接触《せっしょく》し、説得を試みた。鳥屋野高校は県内の野球強豪校《きょうごうこう》だったものの、前年に発覚した監督の不祥事《ふしょうじ》をきっかけに多くの部員が辞《や》め、チームとして成立しなくなっていたのだった。

①石川の野郎《やろう》――いや、黒幕は尾沢だな。尾沢が石川に頼《たの》みこんだに違《ちが》いない。

　石川と電話で話した後、里田は久しぶりに学校へ向かった。野球部は当然、活動停止。ようやく普通《ふつう》に話せるようになった※猪狩の指示もあり、当面は自主練も含《ふく》めて練習中止が決まっていた。しょうがない。いくら監督がベッドから動けなくても、命令は絶対である。

　自転車は普通に漕《こ》げた。右足首にはまだ鈍《にぶ》い痛みが残っていて、何だか硬《かた》くなってしまった感じがしているが、歩いたり自転車を漕いだりする分には問題ない。地元のかかりつけの整形外科医《げかい》にも相談して、「重大な怪我《けが》はない」という※セカンドオピニオンも得ていた。

　だから何なんだ、と思うけど。自分の体が万全《ばんぜん》でも、試合ができなければ何の意味がある？

　そうやって悶々《もんもん》としている時に、石川から電話がかかってきたのだっ

たちはここで立ちどまって考えなければならないと思います。

⒀　先ほど『君たちはどう生きるか』という本との関わりで、大きな視点から見ることが大切なのだということを言いましたが、たとえば欲望に振《ふ》りまわされている自分を見つめ直すこともその一つだと言えるでしょう。差別や偏見《へんけん》で苦しむ人々や、内戦などのために生きる術《すべ》を失ったり、命を落としたりした人々のことを考えることもとても大切なことです。それも大きな視点から見ることの一例になるでしょう。

⒁　このような問題について考えるときに浮《う》かびあがってくるのは、そもそもわたしたちは何のために生きているのか、という根本の問いです。わたしたちは何をめざして生きているのでしょうか。あるいは何をめざして生きていけばよいのでしょうか。

（藤田正勝『はじめての哲学』による）

問一　問題文を４つの意味段落に区切った場合、どのようになりますか。最も適当なものを次の中から選び、記号で答えなさい。

ア　⑴⑵⑶――⑷⑸⑹⑺――⑻⑼⑽⑾――⑿⒀⒁
イ　⑴⑵――⑶⑷⑸⑹⑺⑻⑼⑽――⑾⑿――⒀⒁
ウ　⑴⑵⑶⑷⑸――⑹⑺⑻――⑼⑽⑾――⑿⒀⒁
エ　⑴――⑵⑶⑷⑸⑹⑺――⑻⑼⑽⑾⑿⒀――⒁

問二　――線①とありますが、「作者」はなぜ「問題」にしたのですか。⑷段落よりあとの本文中から解答らんに合うように35字以上40字以内で抜《ぬ》き出し、記しなさい。

問三　――線②とありますが、叔父さんはなぜ「コペル君」の語ったことを大切だと考えたのですか。次の□に入ることばを本文中から５字で抜《ぬ》き出しなさい。

コペル君が□からものごとを見ているため。

問四　――線③とありますが、なぜですか。その理由として最も適当なものを次の中から選び、記号で答えなさい。

ア　生きる意欲として自分をより成長させるエネルギーとなっていくから。
イ　自分の能力を高め他者に決して負けない競争力を身につけられるから。
ウ　厳しい現実社会を生き抜く力としてすべてを手に入れる源となるから。
エ　生きようとする意欲に満ちることが他者をいつくしむ余裕になるから。

問五　――線④とありますが、「大きな落とし穴が待ちうけてい」るとはどのようなことですか。35字以上40字以内で解答らんに合うように記しなさい。

問六　次のア～オについて、本文の内容に合うものには○、合わないものには×をそれぞれ記しなさい。

ア　私たちはふだんすべてのものごとを自分を中心に見ている。
イ　決して自分を中心にものごとを見ないようにしなければならない。
ウ　生きる意欲はより良いものを求める向上心として私たちを支えている。
エ　世界規模で行われる利益獲得という欲望追求が貧困や飢餓を生み出している。
オ　「どのように生きるか」という問題に私たちはすぐにも答えを出すべきである。

(6) この「どのように生きるか」という問いは、哲学《てつがく》にとっても非常に大きな問題の一つです。そしてむずかしい問題です。簡単に答には行きあたりません。

(7) 先ほど、自分を中心にしてものごとを見ているだけでは、その本質が見えなくなってしまうと言いましたが、③もちろん、自分を中心にしてものごとを見ること自体が悪いわけではありません。それは非常に大切なことです。動物の子であれ、人間の子であれ、赤《あか》ん坊《ぼう》は生まれてすぐに母親のお乳を求めます。生きようとする意欲に満ちています。この自分のなかからわきあがってくる意欲がわたしたちの成長を支えています。少し大きくなれば、子どもは言葉を覚えることにとても大きな興味を示します。小学校に入学したときのことを覚えているでしょうか。子どもはそこで学ぶものに大きな関心を示し、次々に吸収し、自分の世界を広げていきます。やがてスポーツでも音楽でも、少しでもうまくなりたい、少しでも力をつけたいと考えるようになります。このよりよいものをめざす向上心がわたしたちを支えています。

(8) わたしたちはわたしたちのなかにある生きる意欲に衝《つ》き動かされ、さまざまなことに取り組みます。さまざまなことにチャレンジし、自分の可能性を実現し、自分の世界を広げていきます。それは社会に出てからも変わりません。芸術の道に進んだ人は、自分の作品を通して、できるだけ多くの人に感動を与《あた》えたいと思うでしょう。農業に携《たずさ》わる人は、より品質の高いものを消費者に届けたいと努力しますし、会社に入って営業に携わる人はより多くの製品を販売《はんばい》して成績をあげたいと考えます。このようにして自分自身が、そして家族が豊かな生活を送れるようにがんばります。また自分の作品や仕事を通して社会に貢献《こうけん》したいと考えます。

(9) ④このように日々努力することはとても尊いことです。しかしここに一つの大きな落とし穴が待ちうけています。わたしたちの生きる意欲が、欲望に変わってしまう可能性があるのです。生きる上でさしあたって必要でないものでも、目の前にあればそれを手に入れたい、それだけでなく、できるだけ多くのものを手に入れたいと思うようになっていきます。欲望の特徴《とくちょう》は、いったんその対象になっているものを手に入れても、すぐにより多くのものを、より大きなものを追い求めようとする点にあります。欲望はいったん刺激《しげき》されると、かぎりなく大きくなっていきます。わたしたちは欲望の連鎖《れんさ》のなかに簡単にはまり込《こ》んでしまうのです。

(10) 欲望の連鎖のなかにはまり込んでしまうと、頭のなかが欲望追求のことでいっぱいになって、自分自身の中身が空っぽになってしまいますし、他の人を顧《かえり》みる余裕《よゆう》もなくなってしまいます。要するに欲望の奴隷《どれい》になってしまうのです。自分を（あるいは自分だけを）中心にしてものごとを見ることの負の面がここに現れてきます。

(11) それはわたし一人だけの問題ではありません。現代はグローバル化の時代です。欲望の追求が世界規模でなされています。なりふりかまわない利益追求で富を得る人とそうでない人のあいだに格差が生まれています。あるいは利益の獲得《かくとく》をめぐって対立するグループのあいだに争いが生まれたりしています。自分の利益を守るために、自分のグループ以外の人たちを非難したり、排斥《はいせき》したり、あるいは攻撃《こうげき》したりすることも多くなっています。そのような対立や争いの結果、世界のあちこちで貧《ひん》困《こん》や飢餓《きが》、迫害《はくがい》などで苦しむ人が増えています。

(12) いま世界ではそういったことが大きな問題になっています。わたし

【国　語】（五〇分）〈満点：一〇〇点〉

【注意】　1　設問の関係で、原文とは異なるところがあります。

2　句読点（、や。）その他の記号（「や〃など）は1字分として数えます。

一　次の文章を読んで、後の問いに答えなさい。（問題は**問一**から**問七**までありります）

(1)　吉野源三郎《よしのげんざぶろう》という名前をご存知《ぞんじ》でしょうか。戦後、雑誌編集者・評論家として活躍《かつやく》し、平和運動にも力を尽《つ》くした人ですが、その吉野が一九三七年に少年少女向けに『君たちはどう生きるか』という本を発表しています。この本は当時から、そしていまに至るまでたいへんよく読まれており、手にされた方も多いのではないでしょうか。

(2)　これはコペル君というあだ名の中学生の物語です。①この本のなかで作者がとくに問題にしたのは、自分を中心としてものごとを考えたり、判断したりする自己中心的なものの見方です。わたしたちはふだん、たとえばお肉は好物で毎日でも食べたいが、野菜は口にしたくないとか、いつも楽しく話しかけてくれるあのクラスメートは好きだが、わたしのやることにいつも文句を言ってくるあの子とはもう顔もあわせたくないし、口もききたくないとか、自分を中心にすべてのことを見ています。地理にしても、わたしたちは自分の家を中心に、身近な周りの家々、住んでいる町や市などを同心円的に配置し、学校などの自分にとって必要な場所を結びつけた地図を頭のなかに入れています。

(3)　この小説に登場する②コペル君の叔父《おじ》さんは、コペル君があるときデパートの屋上から霧雨《きりさめ》の降る町並み、道路の上を走る車や歩行者を眺《なが》めながら、世の中を大きな海に喩《たと》えれば、人間というのは一つの「水の分子」かもしれない、と語ったことをたいへん大切なことだと考え、ノートにコペル君へのメッセージを書き記します。かいつまんで言うと、自分を中心にして、自分の目に映るものだけを見ていては、ものごとの本質が見えなくなってしまう、大きな真理はそういう人の目には決して映らない、というのがそのメッセージです。

(4)　コペル君の経験に即《そく》して言えば、大きな海から自分を（一つの水の分子として）見つめ直すと、自分のいままで見えていなかった面が見えてくるということでしょう。それができたコペル君に、叔父さんはその大切さを強調したかったのだと思います。自分の思っていることや考えていること、あるいは自分の存在そのものを自分の視点からだけではなく、大きな視点から見ることがわたしたちにとって何より大切なのだというのは、作者である吉野自身の考えであったとも言えます。

(5)　その「大きな視点から見る」というのは、具体的に言うと、どういうことを指すのでしょうか。おそらくそれは、単により多くのことを知るということではないと思います。また、ただ詳《くわ》しく知ればよいということでもないと思います。他の人の立場に立って考えるということでもありますし、人間全体のことを（場合によっては地球全体のことを）考えて、どういう未来を作っていったらよいかを考えることでもあると思われます。したがってそれは知識の問題でもありますが、それにとどまらず、自分の生き方そのものにも関わっています。よりよい生き方や、よりよい社会のあり方について深く考え、その実現をめざして努力するということも含《ふく》めて、吉野は「君たちはどう生きるか」と問いかけたのだと思います。

MEMO

大切なことはメモしておこうネ！

2022年度

国学院大学久我山中学校入試問題（ST第2回）

【算　数】（60分）　＜満点：150点＞

【注意】 1. 分度器・コンパスは使用しないでください。

2. 円周率は3.14とします。

【１】 次の □ にあてはまる数を答えなさい。

(1) あるクラブの男子と女子の人数の比は８：５でした。このクラブに女子が６人加わると，男子と女子の人数の比は４：３になりました。男子は □ 人います。

(2) ２時から３時の間で時計の長針と短針のつくる角度が45°になる時刻のうち，右の図のようになる時刻は２時 □ 分です。

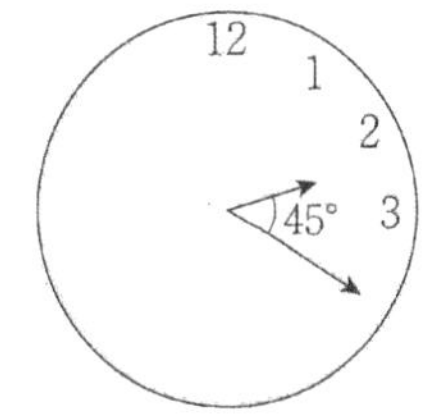

(3) 仕入れ値が2700円の品物に，仕入れ値の □ %の利益を見《み》込《こ》んで定価をつけたところ，3375円になりました。

(4) ある仕事をするのに，高校生３人ではちょうど９日かかり，中学生４人ではちょうど12日かかります。この仕事を高校生２人と中学生２人ですると □ 日目に終わります。

(5) １より大きい整数 a，b について，a ◎ b ＝ $\underbrace{a \times a \times a \times \cdots \times a \times a}_{b\text{個}}$ と表します。

例えば，３◎４＝３×３×３×３＝81です。

① ２◎ □ ＝16

② （ □ ◎２）◎３＝46656

【２】 次の問いに答えなさい。

(1) ４で割ると３余り，５で割ると２余り，６で割ると５余る整数のうち，もっとも小さい整数はいくつですか。

(2) 40人の生徒が算数の問題Ａ，Ｂを解いたところ，Ａの正解者は生徒全体の80%，Ｂの正解者は生徒全体の45%でした。Ａ，Ｂの両方が不正解だった生徒が３人のとき，Ａ，Ｂの両方が正解だった生徒は何人ですか。

(3) 下の図のように，同じ長方形の紙を一定の長さののりしろでつなげてテープを作ります。長方形の紙を９枚つなげるとテープの長さが70cm，25枚つなげると190cmになりました。19枚つなげるとテープの長さは何cmになりますか。

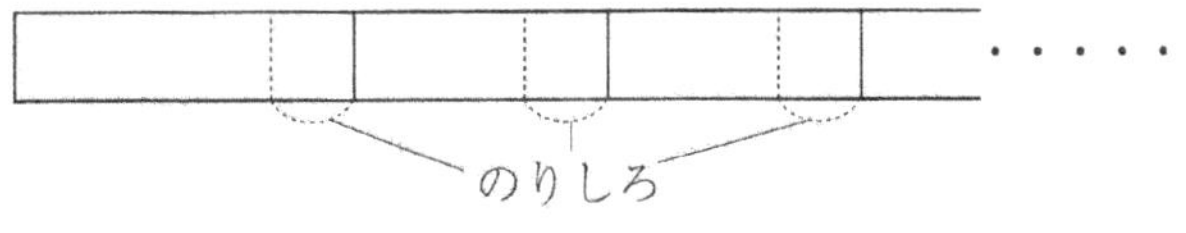

(4)　１個の値段が20円，50円，70円の３種類の商品があります。合計金額が320円になるように，２種類の商品を選んで買います。買い方は全部で何通りありますか。

(5)　電車Ｓが360mの鉄橋を渡《わた》り始めてから渡り終わるまでに16秒かかりました。また，1560mのトンネルを通過するとき，トンネルにＳが完全に入っている時間は32秒でした。

①　Ｓの速さは秒速何mですか。

②　Ｓの前方に，長さ220mの電車Ｔが秒速15mでＳと同じ方向に走っています。ＳがＴに追いついてから完全に追い越《こ》すまでに何秒かかりますか。

(6)　右の図で，同じ印の角度がそれぞれ等しいとき，㋐の角の大きさは何度ですか。

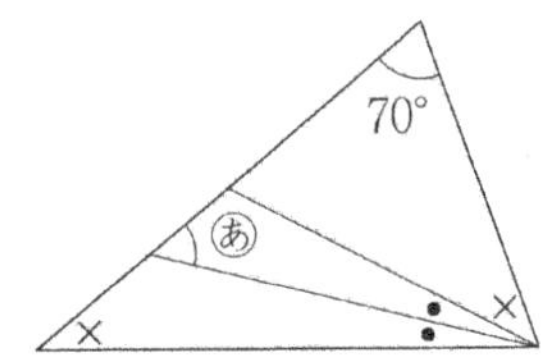

(7)　右の図は１辺が20cmの立方体で，点Ｐ，Ｑはそれぞれ辺ＡＢ，ＢＣの真ん中の点です。４点Ｐ，Ｅ，Ｇ，Ｑを通る平面でこの立方体を切ったとき，２つに分けられた立体の表面積の差は何cm^2ですか。

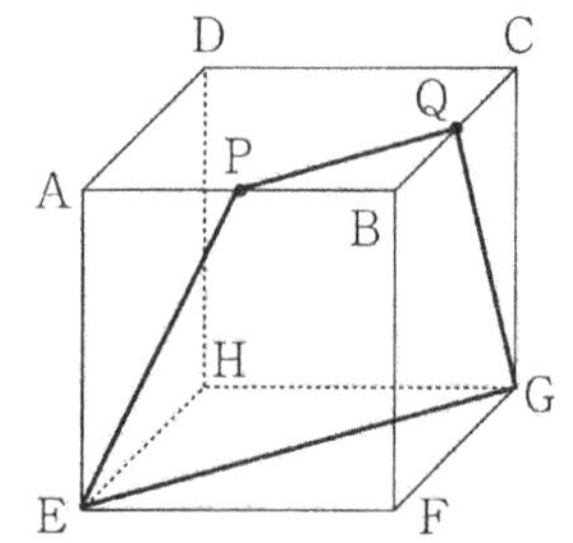

【３】　aは１より大きい整数とします。１からaまでの連続したa個の整数を１個ずつかけた数を［a］で表します。例えば，$1\times2\times3\times4\times5=120$なので，［5］$=120$となります。このとき，次の問いに答えなさい。

(1)　$\dfrac{[4]}{3}$を計算するといくつですか。

(2)　次のうち，計算すると整数にならないものをすべて選び記号で答えなさい。

ア．$\dfrac{[5]+4}{4}$　　イ．$\dfrac{[4]+5}{5}$　　ウ．$\dfrac{[7]+15}{5}$　　エ．$\dfrac{[5]+14}{7}$　　オ．$\dfrac{[4]+8}{8}$

(3)　bは１より大きい整数とします。$\dfrac{[b]+11}{11}$を計算すると整数にならないようなbは何個かあります。そのうちもっとも大きいbを答えなさい。

(4)　cは１より大きい整数とします。$\dfrac{[14]+c}{c}$を計算すると整数にならないようなcは何個かあります。そのうちもっとも小さいcを答えなさい。

(5)　d，eは２桁《けた》の整数とします。$\dfrac{[d]+e}{e}$を計算すると整数にならないようなd，eは何組かあります。そのうち［d］$+e$を計算してもっとも大きくなるときのd，eの組を答えなさい。

【４】 右の図のように，２つの直方体を組み合わせた形の空《から》の水そうがあります。この水そうに上から毎秒150cm^3の割合で満水になるまで水を入れ続けます。また，底面には排水《はいすい》弁がついていて，底面から20cmの高さのところには，底面に平行な板があります。

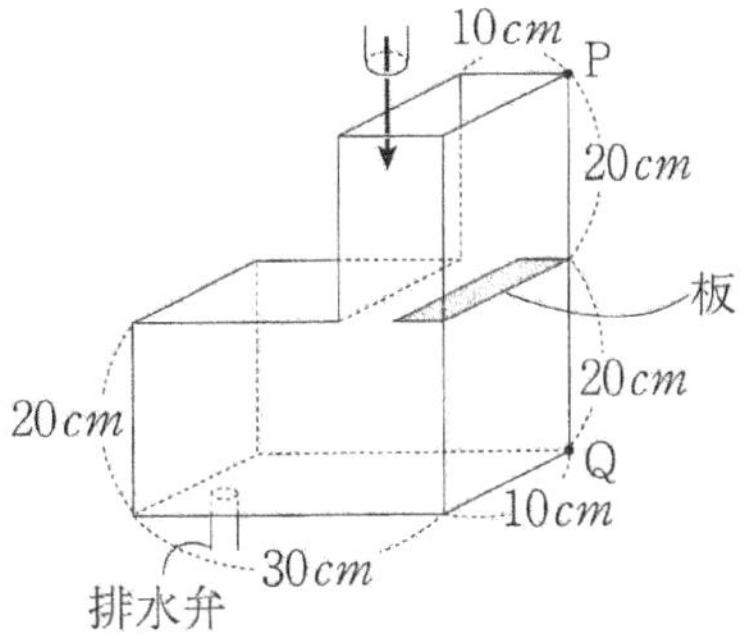

板は毎秒１cmの割合で底面に平行に，上下に動き続けます。板が上に動くときは水は排出《はいしゅつ》されませんが，板が下に動くときは排水弁から毎秒90cm^3の割合で水が排出されます。

板は点Ｐや点Ｑに着くとすぐに向きを変えて動きます。また，板は水面と同じ高さになるとすぐに向きを変えて動きます。

水を入れ始めると同時に板は上に動き始め，Ｐに着くとすぐに下に動きました。板の厚みは考えないものとして，次の問いに答えなさい。ただし，(1)，(2)，(4)は答えのみ，(3)，(5)，(6)は途中《とちゅう》の考え方も書きなさい。

(1) 板がはじめてＰに着くときの水面の高さは何cmですか。

(2) 板と水面がはじめて同じ高さになるのは，水を入れ始めてから何秒後ですか。

(3) 水面の高さが20cmになるのは，水を入れ始めてから何秒後ですか。

(4) 水面の高さが20cmになるとき，底面からの板の高さは何cmですか。

(5) 板と水面が２回目に同じ高さになるのは，水を入れ始めてから何秒後ですか。

(6) 水そうが満水になるのは，水を入れ始めてから何秒後ですか。

② 誠意
ア 延期　イ 安否　ウ 郷里　エ 育児　オ 精密
カ 食欲

問三 次の各文の中から、ことばの使い方の正しいものを一つ選び、記号で答えなさい。
ア 今日の演奏は言語道断のできばえだったね。
イ 絶体絶命のチャンスをのがさないようにしよう。
ウ 父は出張で日本中を右往左往している。
エ 定年後は晴耕雨読の毎日を送りたいものだ。

問四 次の□に入る漢数字の中で、一番大きい数字を漢字で答えなさい。
石の上にも□年　□転び□起き　□寸の虫にも□分の魂

問五 次の空らんに入ることばのうち、三つは同じグループになることができます。残る一つを答えなさい。
【　】役者（芸が未熟で下手な俳優のこと。）
大黒【　】（家や団体の中心になって支えている人のこと。）
雨後の【　】（似たようなものがぞくぞくと出てくること。）
【　】に塩（元気をなくしているさま。）

問六 次の句と同じ季節をよんだものを、ア～エから一つ選び、記号で答えなさい。
桐一葉《きりひとは》日当たりながら落ちにけり（虚子）
ア 咳《せき》の子のなぞなぞあそびきりもなや（汀女）
イ 名月を取ってくれろと泣く子かな（一茶）
ウ ゆさゆさと大枝ゆする桜かな（鬼城）
エ 五月雨をあつめて早し最上川（芭蕉）

屋も、吉乃の青いビニールシートも、夏の日差しの中にじわじわと溶《と》けていく。

手のひらで叩《たた》いて目覚まし時計を止めた。薄目《うすめ》を開けて時間を確認《かくにん》する。八時一分。ふぅ、と息が漏《も》れた。夏休み中も平日は八時に起きるよう、母親に言われていた。今年は終業式が金曜だったから、月曜の今日こそが、夏休みの初日のような気持ちだ。

ベッドから起き上がり、両手を挙げて伸《の》びをした。なんだか身体が軽い。いい夢を見たのだろうか。頭の中も不思議にすっきりしていた。カーテンを一息に開ける。太陽はすでに高く昇《のぼ》っている。今日も暑くなりそうだ。

（奥田亜希子「クレイジー・フォー・ラビット」による）

問一 ――線①とありますが、「睦月」はだまされた人たちのことをどのように考えているのですか。文中から5字で抜き出して答えなさい。

問二 ――線②とありますが、「愛衣」が友だちづきあいにおいて「了解」しているのはどのようなことですか。その内容が記されている35字以上40字以内の一文を、文中から抜き出し、はじめの5字を記しなさい。

問三 □ に共通して入る語を、文中の「愛衣」の会話文から漢字2字で抜き出して答えなさい。

問四 ――線③とありますが、愛衣が吉乃の絵に感じているのはどのような感覚ですか。解答らんに合うように、文中から10字で抜き出して答えなさい。

問五 ――線④とありますが、「愛衣」が心の奥底で、実は信じている「本物の友だち」とはどのようなものですか。「友だちごっこ」ということばを必ず用いて、45字以上50字以内で答えなさい。

問六 次のア～オについて、本文の内容に合うものには○、合わないものには×をそれぞれ記しなさい。

ア 愛衣は夏休みに行われた美術部の緑地公園での写生会に、友だちと一緒《いっしょ》に参加した。

イ 愛衣は日ごろ思っていることを夢の中で吉乃に話して、すっきりと目覚めることができた。

ウ パソコンが家にない愛衣は、睦月が話すインターネットの話を半分も理解することができなかった。

エ 睦月はいまだにキャラクターの真似をしたり、オリジナルの必殺技を考えたりするのが好きである。

オ 睦月の従兄弟の兄ちゃんは情報が氾濫するようになれば、インターネットが盛んになると言っている。

三

次の文章を読んで、後の問いに答えなさい。〈問題は**問一**から**問六**までであります。〉

問一 次の①～⑥について、――線部のカタカナを漢字に直しなさい。

① 合格をカクシンする。

② 検査前に食事をとることはゲンキンです。

③ 美しいキヌ織りのスカーフ。

④ 突然の客のライホウにあわてる。

⑤ アタタかいミルクを飲む。

⑥ 二人の距離がチヂまる。

問二 次の熟語の構成の仕方と同じものを、ア～カの中からそれぞれ選び、記号で答えなさい。

① 興亡

当たり前？　本当にそうだろうか。胸に芽生えかけた疑問を引《ひ》っこ抜《ぬ》き、愛衣はリュックサックから、カエルのイラストが全面にプリントされたレジャーシートを取り出した。小学校の低学年のときに買ってもらったもので、子どもじみているとは思ったが、それをからかう吉乃でないことは分かっていた。

「わーっ、懐《なつ》かしい」

「私、このキャラクターが好きだったんだ」

「可愛《かわい》いよね。私はかたつむりの子がお気に入りだったよ」

ずっと、吉乃とこういう話がしたかった。そんなふうに思った瞬間《しゅんかん》、目に熱いものがこみ上げてきて、愛衣の胸はまたもざわめいた。果たして自分と吉乃は、これほど屈託《くったく》なく話せる間柄《あいだがら》だっただろうか。なにかがおかしい。スケッチの用意をしているあいだにも、嫌な予感はますます大きくなっていく。そもそも自分は、写生会を欠席しようと考えていたはずだった。

「愛衣ちゃん、どうしたの？　体調がよくないの？」

これは夢だ。

吉乃に顔を覗き込まれたとき、愛衣はすべてを悟《さと》った。だとすれば、終わりは間もなくやって来る。吉乃の隣にいられる時間は、決して長くない。心臓の鼓動《こどう》は急激に速くなり、口の中は全力疾走《しっそう》したあとのように乾《かわ》き始めた。今までにこっそり見てきた吉乃の絵が、脳裏に浮《う》かんでは消えていく。家庭科室のやかんにティッシュペーパーの箱、ジュースのペットボトルや、ジャムの空《あ》き瓶《びん》。食品サンプルの果物に、花壇《かだん》のレンガ、そして、花瓶――。

「大丈夫《だいじょうぶ》？　小和田先生を呼んでこようか？」

「ううん、平気。ありがとう」

愛衣は首を横に振り、胸の中で呟《つぶや》いた。

④たぶん私たちは、本物の友だちになれるよ。

この根拠《こんきょ》のない予感を、自分はいつになったら捨てられるのだろう。去年の四月に美術室で会ったときから、仲良くなれたらいいな、と思っていたこと。なのにチャンスが見つからないこと。吉乃の話を聞いてみたいと、吉乃なら自分のどんな話も真剣《しんけん》に聞いてくれたはずだと、どうしようもなく思ってしまう瞬間があること。吉乃の友だちが羨《うらや》ましいこと。

口にすれば、夢の中で気持ち悪がられることは分かっている。だから言わない。遠くでベルが鳴り始めた。外の世界に朝が来たようだ。愛衣は身体ごと吉乃に向き直った。

「私ね、新藤さんの絵が好き」

「えっ」

吉乃の目が丸くなる。愛衣は必死に、新藤さんの絵が好きなの、と繰《く》り返《かえ》した。吉乃の作品を眺《なが》めていると、自分の感情に命が宿るのを感じる。絵に心が動かされるというのは、大人が子どもに芸術を教育したいときの単なる常套句《じょうとうく》だと、ずっと思っていた。だが、違った。あの言葉は、嘘でも誇張《こちょう》でもなかった。そのことを、愛衣は吉乃の絵に出会って知った。

「本当に、すごくすごく素敵《すてき》だと思う」

「ありがとう、大島さん」

照れたように微笑《ほほえ》んで、吉乃が頷《うなず》く。この顔を、網膜《もうまく》に、脳に焼きつけておきたい。愛衣は願う。しかし、緑地公園の木々も、ぼろぼろの東

そのために友だち同士で支え合ってるんだよ」

愛衣は問題集の山を崩《くず》さないように階段を上り、睦月の横に並んだ。

睦月は「夏休みの友」の題字を凝視《ぎょうし》したまま、全身の動きを止めていた。早く行こうよ、と愛衣に声をかけられて、やっと顔が前を向く。白目がわずかに充血《じゅうけつ》していた。

「俺は、そんなのは嫌だ」

「田中くん」

「俺は、本物の友だちしかいらない」

そう吐《は》き捨《す》て、睦月は駆《か》け出《だ》した。徒競走でスタートを切るような勢いに、愛衣は追いかけることもできない。汗《あせ》でシャツの透《す》けた背中が踊《おど》り場《ば》を曲がったとき、蟬《せみ》の声が一層大きくなったような気がした。

芝生《しばふ》の緑がプールの水面のように輝《かがや》いている。木漏《こも》れ日《び》もペーパーナイフのように鋭《するど》くて、愛衣は目をすがめつつ、アスファルトで固められた小道を進んだ。ここはどこだろう。右手の奥《おく》には、遊具に群がる子どもたち。左手の木陰《こかげ》では、数組のカップルがレジャーシートの上でじゃれ合っている。もしや、自分だけがひとりぼっちなのか。愛衣が不安を覚えたとき、見覚えのある時計台が目に飛《と》び込《こ》んできた。

「あっ、緑地公園」

そうだ、写生会に参加したのだと、愛衣はようやく思い出した。いつの間にか、手には画板を持っている。でも、どうやってここまで来たのだろう。親に送《おく》り迎《むか》えを頼《たの》んだ覚えがない。バスに乗った記憶《きおく》もない。なにもかも曖昧《あいまい》なまま、愛衣は先を急いだ。誰かを探しているような気がしている。自分はその人に会わなければならない。なんとしても。

懸命に足を動かしても、進んでいる実感は得られなかった。水筒《すいとう》の肩《かた》紐《ひも》は剝き出しの腕を擦《こす》り、絵の具セットや弁当を詰《つ》めたリュックサックは重い。くじけそうになりながら、それでも休まず歩き続けて、やっと目的地だと思える場所に到着《とうちゃく》した。工事現場で使われているような真っ青なシートの上に、少女が体育座りをしている。愛衣は彼女《かのじょ》に向かって、

「吉乃ちゃーん」

と呼びかけた。

「あっ、愛衣ちゃーん」

雲ひとつない快晴のような笑顔《えがお》で、吉乃はぶんぶんと手を振《ふ》った。愛衣は全速力で吉乃のもとに駆《か》けつけて、彼女の画板を覗《のぞ》き込《こ》む。③途端《とたん》に、心臓が小さくつねられたような気がした。吉乃の画用紙には、古びた東屋《あずまや》が描《えが》かれていた。

「これ描いてるの？」

愛衣は吉乃の正面の東屋を指差した。何十年前に建てられたものなのか、木材は朽《く》ちかけ、全体的に苔《こけ》むしている。屋根には穴が空き、そこから差《さ》し込《こ》む光はまるで糸のようだ。愛衣は吉乃の画用紙に視線を戻《もど》した。まだ細部には着手していないのに、柱の湿《しめ》った匂いが鼻孔《びこう》まで立ち上ってくるみたいだった。

「こういう寂《さび》しいものが好きなんだよね」

小声で言うと、吉乃はふたたび笑顔になって、ねえねえ、愛衣ちゃんも一緒に描こうよ、と隣の芝生を指差した。

「いいの？」

「もちろん。当たり前じゃない」

本当でなにが嘘か、真実を見抜く力のない奴《やつ》は、情報の波に飲《の》み込《こ》まれて死ぬって。つまり、今回の偽写真《にせしゃしん》は、未来の敗者をあぶり出すための実験みたいなものかな。おっかしかったあ。あいつら、全然疑おうとしないんだもん。俺は、負け犬には絶対に頭を下げたくないね」

　愛衣の家にパソコンはない。だからなのか、愛衣には睦月が言っていることの半分も理解できなかった。ひょっとして、睦月自身もよく分かっていないのではないかと思う。ただ音を発しているだけに聞こえる単語がいくつもあった。

「私はインターネットのことは全然分からないけど、でも、真実にそれほど価値はないと思うよ」

　自分の体質を羨《うらや》ましがられたような気がして、むっとした。愛衣にとって、真実とは知らなければよかったこととイコールだ。隠《かく》しごとを嗅《か》ぎつけられる能力に感謝したことはほとんどない。愛衣の言葉に、あー、だからか、と睦月は頷《うなず》いた。

「それ、どういう意味？　田中くんはなにが言いたいの？」

「だから大島さんは、平気な顔で友だちごっこができるんだなあと思って」

　愛衣は目を瞬《またた》いた。友だちごっこという言葉に心当たりはなかった。愛衣の沈黙《ちんもく》を、図星を突《つ》かれたショックによるものと解釈《かいしゃく》したようだ。睦月は勝《か》ち誇《ほこ》ったように続けた。

「大島さんは、本心では原田仁美のことを見下してるよね。だけど、ひとりぼっちになるのが嫌《いや》だから、一生懸命《いっしょうけんめい》、仲がいいふりをしている。そうでしょう？」

「なんだ、そんなこと……」

　愛衣はゆるゆると息を吐《は》いた。腕《うで》の力が抜《ぬ》けて、問題集の束を落としそうになる。慌《あわ》ててきつく抱《かか》え直した。

「そんなこと、私だけじゃなくて、みんなやってるよ」

　愛衣が孤立《こりつ》を恐《おそ》れて仁美と共にいるように、仁美も同じ動機から、愛衣と一緒《いっしょ》にいる道を選んでいる。仁美が本当に仲良くなりたいのは和津で、しかし和津は、部活の暇《ひま》つぶしの相手程度にしか愛衣や仁美を捉《とら》えていない。②すべて暗黙《あんもく》の了解《りょうかい》だ。それでも、互《たが》いに好意がゼロならば、トイレや忘れものを取りに行くのに付き合ったり、手紙を交換《こうかん》したりはしない。友情は、好意と思惑《おもわく》とタイミングが重なる場所に、日々の努力で咲《さ》かせるものなのだ。

「あのね、田中くん。一生懸命、友だちごっこができる相手のことを、友だちって言うんだよ」

　大切なのは、表面を取《と》り繕《つくろ》いたいと思うことと、思われること。剝《む》き出《だ》しの□よりも、手の込《こ》んだ作りもののほうが愛情に近い。愛衣はそう考えている。睦月の目が、トランプゲームでいかさまを見つけたときのように光った。

「女子って、特にそんな感じだよな。□を全然見ようとしない。そんな上《うわ》っ面《つら》な友だちに、なんの意味があるの？」

　格好《かっこう》いいだけの言葉だな、と愛衣は口元を緩《ゆる》めた。心の一部を預け合える友だちを切望していたかつての自分が脳裏《のうり》をよぎり、今度は睦月が年下のように思えてくる。ほんの一瞬《いっしゅん》、あのぼさぼさ頭を撫《な》でてみたいと思ったが、フケを認めると同時に我に返り、髪に触《ふ》れる代わりに穏《おだ》やかな声音《こわね》で答えた。

「私たちは、平和に学校生活を送りたいの。無駄に傷つきたくないの。

ウ　著者があまり重要性をおかなかったところは、必ずといってよいほど読者の創造力を引き出すものである。

エ　主体的に本を読むという営みと自分の読書法を見つけるという営みは、同時に並び行われるものである。

二　次の文章を読んで、後の問いに答えなさい。〈問題は問一から問六まであります。〉

（本文までのあらすじ）

大島愛衣《あい》は中学二年生、友だちの仁美《ひとみ》と和津《かず》とともに美術部に所属する。部には絵の上手な同級生の新藤吉乃《しんどうよしの》がいるが、なかなか仲良くなれない。夏休みに近くの緑地公園に写生会に行く計画もあるが、それも行くかどうか決めかねている。

教室で愛衣の隣《となり》の席に座《すわ》るのは、空気の読めない男子の田中睦月《むつき》。ある日、睦月は報道されていない犯罪者の写真を持っていると嘘《うそ》をつき、クラスの人気者になる。しかし愛衣はその嘘を見抜《みぬ》いてしまう。実は、愛衣には嘘や秘密の「匂《にお》い」を感じ取る特殊《とくしゅ》な能力があったのだ。翌日、本物の写真が出回り、睦月の嘘は発覚してしまう。睦月は詐欺師《さぎし》扱《あつか》いを受け、みんなから謝罪を要求される。しかし睦月は絶対に謝《あやま》らなかった。

その日の帰りの会で担任の先生は、自分が職員室に忘れた夏休みの問題集を、日直の愛衣と睦月に取りに行くように命じた。

愛衣は衝動的《しょうどうてき》に、

「あれ、誰《だれ》の写真なの？」

と、尋《たず》ねた。

「従兄弟《いとこ》だけど」

睦月は階段をみっつ上がったところで振《ふ》り返《かえ》った。

「従兄弟？」

「もう大学生だけど。うちの隣に住んでる」

前髪《まえがみ》の隙間《すきま》から覗《のぞ》く睦月の目は、虹彩《こうさい》の色が明るかった。

「え、なに？　大島さんも俺《おれ》に謝ってほしいの？　でも、無駄《むだ》だよ。①謝るくらいなら、俺はやらない。謝るふりもしない」

愛衣は無言で笑う睦月を見上げた。階段で底上げされていることは分かっていたが、普段《ふだん》よりも頭の位置が高いだけで、睦月が急に大人びたように感じられる。笑い声が収まるのを待って、愛衣は、

「別に謝ってほしいわけじゃないよ。ただ理由を知りたかっただけ」

と答えた。

「なんて言ったらいいのかな。真実を見抜ける人間が果たしてうちの学校にどのくらいいるのか、テストしてみようと思ったんだよね」

「テスト？　なにそれ」

ゲームや漫画《まんが》に出てくるキャラクターの真似《まね》でもしているのかと、愛衣は眉《まゆ》をひそめた。整髪料《せいはつりょう》で髪《かみ》を整えているような男子も、女子のいないところでは、いまだにオリジナルの必殺技《ひっさつわざ》を考えて遊んでいると聞いたことがある。男子ってまじで馬鹿《ばか》だよね、と女子の一部に囁《ささや》かれているのは、こういうところが原因かもしれない。あー、ちょっと難しかったよね、と睦月は哀《あわ》れむような目で首を傾《かたむ》けて、

「従兄弟の兄ちゃんが言ってたんだ。インターネットがこれからもっと盛んになれば、情報が氾濫《はんらん》する時代がやって来るって。その中のなにが

る。もちろん著者の真意を理解するということはあらゆる場合に必要なことであり、それにはできるだけ客観的に読まなければならず、そしてそれには繰り返して読むということが必要な方法である。自分の考えで勝手に読むのは読まないのと同じである。ひとはそれから何物かを学ぼうという態度で書物に対しなければならぬ。理解は批評の前提として必要である。かようにして客観的に読むということは大切であるが、しかし書物に対しては単に受動的であることは好くない。発見的に読むということが最も重要なことである。発見的に読むには自分自身に何か問題をもって書物に対しなければならぬ。そして読書に際しても自分で絶えず考えながら読むようにしなければならぬ。④読書はその場合著者と自分との間のXになる。このXのうちに読書の真の楽しみが見出されねばならぬ。自分で考えることをしないで著者に代《かわ》って考えて貰《もら》うために読書するというのは好くない。もとより自分自身だけで何でも考えることができるものであるならば、読書の必要も存在しないであろう。読書は思索のためのものでなければならず、むしろ読書そのものに思索が結び附《つ》かなければならない。⑤悉《ことごと》く書を信ずれば書なきに如《し》かずと古人も云った。批評的に読むということは自分で思索しながら読むということであり、自分で思索しながら読むということは単に批判的に読むということにのみ止《とど》まらないで、発見的に読むということでなければならぬ。しかも発見的に読むためには既《すで》に云ったように自分自身の読書法を身につけることが必要である。そしてこの読書法そのものも自分が要求をもって読書することによっておのずから発見されるものである。

（三木清「読書と人生」による）

※注　皮相…うわべ。表面的。　文庫…書庫。　予料…予測。

問一　——線①の□に入ることばを、文中から7字で抜《ぬ》き出《だ》しなさい。

問二　——線②とありますが、「本に対するこの感覚」とはどのような感覚ですか。次の文の□に入ることばを文中から7字で抜き出しなさい。

多くの中から自分に役立つ本を、いいかえると□を選ぶことができるような感覚。

問三　——線③は、どのような読書の仕方をさすのですか。「部分」ということばを必ず用いて、解答らんに合うように35字以上40字以内で答えなさい。

問四　——線④における二つのXには、同じことばが入ります。次のア～エの中から、最も適当なものを選びなさい。

ア　対立　イ　契約《けいやく》　ウ　対話　エ　調和

問五　——線⑤とありますが、「書なきに如かず」とは、書物がない状《じょう》況《きょう》よりもよくないという意味です。では「悉く書を信」じるとは、どのようなことをさすのですか。次の文の□に入ることばを文中から10字で抜き出しなさい。

書物に対して□。

問六　次のア～エの中から、本文の内容に合うものを一つ選び、記号で答えなさい。

ア　本を正しく読むための読書習慣を得るには、今日の忙しい生活を根本から変える努力が必要である。

イ　すべての書物を同じ調子で読むのは間違いであり、古典も含《ふく》めてむしろ走り読みの方がよい場合もある。

的な知識も教養も得ることができぬ。自分の身につけようとする書物は緩やかに、どこまでも緩やかに、そして初めから終りまで読まなければならぬ。途中《とちゅう》で気が変《かわ》ることは好くない。最後まで読むことによって最初に書いてあったことの意味も真に理解することができるのである。他の仕事においてと同様、一冊の本にかじりついて読み通すということは読書の能率をあげる所以《ゆえん》である。

③緩やかに読むということはその真の意味においては繰《く》り返《かえ》して読むということである。ぜひ読まねばならぬ本は繰り返して読まなければならぬ。繰り返して読むということは老人の楽しみであると云われるであろう。老人は新刊書を好まないで、昔読んだ本を繰り返して読むことを好むのが普通である。しかし繰り返して読むことは青年にとってもまた楽しみであり、有益でなければならない。繰り返して読むことは先ずよく理解するために必要である。左右を比較《ひかく》し前後を関係づけることによってよく理解することができる。よく理解するためには精読しなければならないのであって、精読は古来つねに読書の規則とされている。よく理解するためには全体を知っていなければならず、すべての部分は全体に関係づけられ、全体から理解されることによって、初めて真に理解されるのであり、そのためには繰り返して読むことが必要である。ひとは初めから全体を※予料しながら読んでゆくのであるが、全体は読み終ったとき初めて現実的になるのであって、かくして飜《ひるがえ》って再び読み返すことが要求されるのである。尤《もっと》も我々は必ずしもつねに直《す》ぐ繰り返して読まねばならぬわけではない。読んでみて結局分らなかったものはそのままにしておいて、暫《しば》らく時を経て自分の知識や思索《しさく》が進んだ時に再び取り出して読むようにするのも好い。以前に読んだことのある本を繰り返して読んでみるということは楽しいものである。その当時の記憶《きおく》が甦《よみがえ》ってくるということもあろうし、また思わぬ誤解をしていたことを見出すということもあろうし、また新しい発見をするということもあるであろう。繰り返して読むということの楽しみは、その本と友達になるということの楽しみである。緩やかに読むことは大切であるが、最初から緩やかに読まねばならぬものは古典のように価値の定まった本であって、新しい本を手にした場合にはむしろ最初は一度速く読んでみてその内容の大体を摑《つか》み、それから再び繰り返して今度は緩やかに読むようにするのも好い。緩やかに読むということは本質的には繰り返して読むということである。

繰り返して読むことは細部を味わうために必要である。一冊の本の全体の意味を摑むだけならば緩やかに読む必要もないのであって、繰り返して緩やかに読むことは寧《むし》ろその部分部分を味わって読むために要求されることである。とりわけ古典的な書物には一見無駄《むだ》に思われるようなところのあるものである。全く無駄のないような書物は善い書物ではない。一見無駄に思われるような部分からひとは思《おも》い掛《が》けぬ真理を発見するに至ることがある。今日の多くの著述家とは違《ちが》って昔の人は彼自身極《きわ》めて緩やかに、自然に書いたということを考えねばならぬ。彼等《かれら》の書物を味わうために我々もまた緩やかに読まねばならず、繰り返して細部に亙《わた》って吟味《ぎんみ》しつつ読まねばならぬ。著者がさほど重要性をおかなかったところに読者が自分自身にとって重要な意味を発見するということは可能である。繰り返して読むことは読書において発見的であるために特に要求されている。

かように発見的であるということは読書において何よりも大切であ

【国　語】（五〇分）〈満点：一〇〇点〉

【注意】 1　設問の関係で、原文とは異なるところがあります。
2　句読点（、や。）その他の記号（「や〃など）は1字分として数えます。

一　次の文章を読んで、後の問いに答えなさい。〈問題は**問一**から**問六**までであります。〉

　善いものを読むということと共に正しく読むということが大切である。正しく読まなければ善いものの価値も分《わか》らないであろう。正しく読むということは何よりも自分自身で読むということである。マルクス・アウレリウスは彼《かれ》の師について感謝をもって書いている。「ルスティクスは私に、私の読むものを精密に読むこと、※皮相な知識で満足しないこと、また軽薄《けいはく》な批判者が云《い》うことに直ちに同意しないことを教えた」。正しく読むことは自分の見識に従って読むことである。

　①正しく読もうというには先《ま》ずその本を［　　］ようにしなければならぬ。借りた本や図書館の本からひとは何等《なんら》根本的なものを学ぶことができぬ。高価な大部の全集とか辞典のようなものは図書館によるのほかないにしても、図書館は普通《ふつう》はただ一寸《ちょっと》見たいもの、その時の調べ物にだけ必要なもの、多数の専門文献《ぶんけん》のために利用されるのであって、一般《いっぱん》的《てき》教養に欠くことのできぬもの、専門書にしても基礎的《きそてき》なものはなるべく自分で所有するようにするが好《よ》い。しかしただ手当《てあた》り次第《しだい》に本を買うことは避《さ》けねばならず、本を買うにも研究が必要であり、自分の個性に基《もと》いた選択《せんたく》が必要である。その人の※文庫を見れば、その人がどのような人であるかが分る。ただ沢山《たくさん》持っているというだけでは何にもならぬ。自分に役立つ本を揃《そろ》えることが必要である。ただ善い本を揃えるというのでも足りない、すべての善い本が自分に適した本であるのではない。各人は自分に適した読書法を見出《みいだ》さればならぬように、自分自身の個性のある文庫を備えるようにしなければならぬ。何を読むべきかについて、ひとは本に対する或《あ》る感覚を養うことが大切である。古本屋は自分の立場からであるにしても自分の決して読まない本に対して特殊《とくしゅ》な価値の感覚を有している。一つの本を見たとき読書家にも何かそれに類似《るいじ》の感覚がなければならぬ、さもなければ彼は読書において真に発見的であることができぬ。②しかも本に対するこの感覚は本に親しむことによって得られるのである。

　正しく読むためには緩《ゆる》やかに読まねばならぬ。決して急いではならない。その本から学ぶためにも、その本を批評するためにも、その本を楽しむためにも、緩やかに読むことが大切である。然《しか》るに緩やかに読むということは今日の人には次第《しだい》に稀《まれ》な習慣である。生活が忙《いそが》しくなり、書物の出版が多くなった今日においては、新聞や雑誌、映画やラジオなどの影響《えいきょう》が深くなった今日においては、その習慣を得ることは困難になっている。自分で写本して読んだ昔の人には緩やかに読むという善い習慣があった。しかし今日においてもこの習慣を養うことは必要であり、特に学生の時代に努力されねばならぬ。勿論《もちろん》すべての本を緩やかに読まねばならぬというのではない。或る本はむしろ走り読みするのが好《よ》く、また或る本はその序文だけ読めば済み、更《さら》に或る本はその存在を知っているだけで十分である。そのような本が全く不必要な本であるというのでもない。すべての書物を同じ調子で読もうとすることは間違《まちが》っている。しかし様々な本をただ走り読みしたり、拾い読みしたりするのでは根本

第1回

2022年度

解　答　と　解　説

《2022年度の配点は解答欄に掲載してあります。》

＜算数解答＞

【1】 (1)　2024　(2)　40問　(3)　2000円　(4)　14　(5)　8%　(6)　4個

【2】 (1)　76　(2)　38才　(3)　7分　(4)　488個　(5)　①　30点　②　3回

(6)　$3\frac{1}{3}\text{cm}^2$　(7)　$1\frac{2}{3}$cm

【3】 (1)　①　12cm^2　②　16.56cm^2　③　13.14cm^2　(2)　18.28cm^2　(3)　8通り

(4)　解説参照　(5)　$\boxed{ウ}\rightarrow\boxed{ア}\rightarrow\boxed{ウ}$

【4】 (1)　$5\frac{1}{3}$km　(2)　12km　(3)　10分　(4)　70kg　(5)　11時12分

(6)　9時$6\frac{2}{7}$分　(7)　2日目が$6\frac{2}{7}$分早い

○推定配点○

【1】　各5点×6　【2】　各6点×8

【3】　(1)　各4点×3　(4)　8点　他　各5点×3

【4】　(6)・(7)　各6点×2　他　各5点×5　計150点

＜算数解説＞

【1】 (数の性質，相当算，倍数算，規則性，濃度，差集め算)

基本 (1)　2022÷11＝183余り9，2022に近い11の倍数は，11×183＝2013，11×184＝2024，よって求める答えは2024である。

重要 (2)　今日は残りの$\frac{2}{5}$より7問多く解いて11問残っているので，残りは$(11+7)\div\left(1-\frac{2}{5}\right)=18\div\frac{3}{5}=18\times\frac{5}{3}=30$，全体は$30\div\left(1-\frac{1}{4}\right)=30\div\frac{3}{4}=30\times\frac{4}{3}=40$(問)

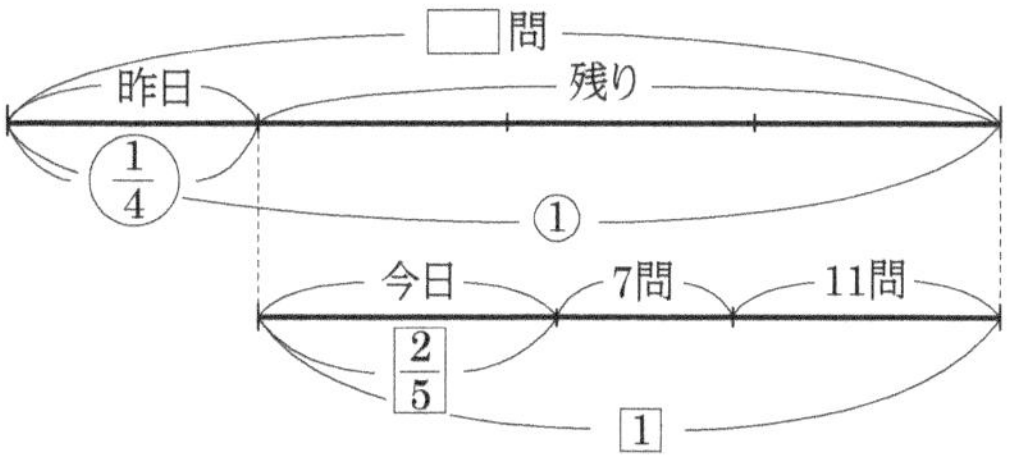

重要 (3)　はじめ太郎君の所持金は次郎君の所持金の4倍だったので金額の比は④：①，2人が父から1000円ずつもらうと，太郎君の所持金は次郎君の所持金の2倍になる。金額の比は$\boxed{2}$：$\boxed{1}$，差は変わらないので④－①＝③，$\boxed{2}-\boxed{1}=\boxed{1}$，$\boxed{1}$＝③，③－①＝②，②＝1000円，④＝1000×2＝2000(円)

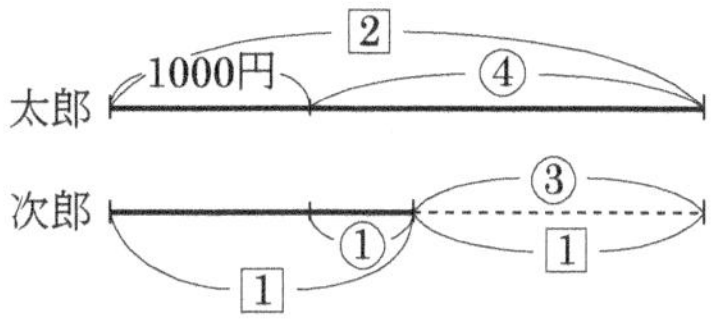

重要 (4)　分母が変わるところで区切る。するとそれぞれの和は，$\frac{1}{2}$，$\frac{4}{4}$，$\frac{9}{6}$，$\frac{16}{8}$，$\frac{25}{10}$，$\frac{36}{12}$，$\frac{49}{14}$，$\left(\frac{1}{2}+\frac{7}{2}\right)\times7\div2=14$

(5)　食塩水Sは食塩と水の重さの比が1：9より，濃度は1÷(1＋9)×100＝10(%)，食塩水Tは比が1：19なので濃度は1÷(1＋19)×100＝5(%)，これらを3：2の割合で混ぜると，(300×0.1＋200×0.05)÷(300＋200)×100＝8(%)

(6)　ケーキは箱代を除いた2000－160＝1840(円)まで買うことができる。150円のケーキを10個買うと，150×10＝1500(円)，1840－1500＝340(円)余裕があるので，340÷(220－150)＝4余り60より，220円のケーキは4個買うことができる。

【2】 (数の性質，年令算，つるかめ算，図形の性質，平面図形・面積，水位)

(1)　aは2桁の整数で19の倍数なので，19，38，57，76，95のいずれかである。またa×a×a×a－a×a×a＝a×a×a×(a－1)より，aは偶数でa－1が5の倍数，つまり一の位が6になる場合を考える。よって求める答えは76である。

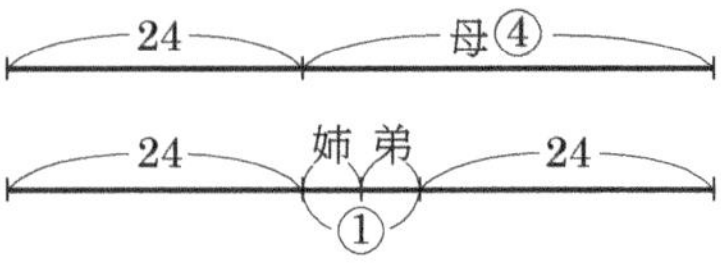

(2)　6年前と18年後の関係を線分図にする。右図参照。④－①＝③，6＋18＝24，③＝24，①＝24÷③＝8，現在の母の年令は8×④＋6＝38(才)

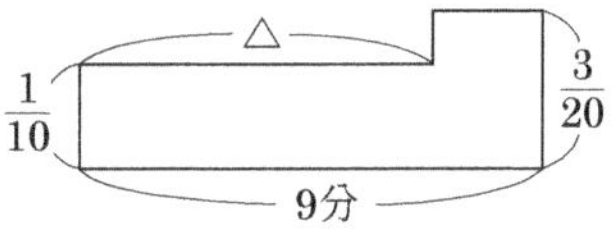

(3)　全体を1とすると，通常の再生速度では1分あたり1÷10＝$\frac{1}{10}$再生できる。再生速度を1.5倍にすると動画を見るのにかかる時間は10×$\frac{2}{3}$＝$\frac{20}{3}$(分)，1分あたり1÷$\frac{20}{3}$＝$\frac{3}{20}$再生できる。通常の1.5倍で9分再生すると，$\frac{3}{20}\times 9=\frac{27}{20}$，$\frac{27}{20}-1=\frac{7}{20}$，$\frac{7}{20}\div\left(\frac{3}{20}-\frac{1}{10}\right)=\frac{7}{20}\div\frac{1}{20}=\frac{7}{20}\times 20=$7(分)

重要　(4)　10÷1＝10，小さな立方体は1辺に10個ずつ並べて大きな立方体を作る。色が塗られていない立方体は表面に面していない。10－1×2＝8，8×8×8＝512，色が塗られているのは，1000－512＝488(個)

(5)　①　兄が3回勝ったということは，妹は2回勝って3回負けた。30＋3×2－2×3＝30(点)，よって，求める答えは30点である。　②　10回全部勝った場合，30＋3×10＝60，9回勝って1回負けると，30＋3×9－2×1＝55，5点少なくなる。45点ということは，妹の負けた回数は(60－45)÷5＝3(回)，よって，兄が勝ったのは3回である。

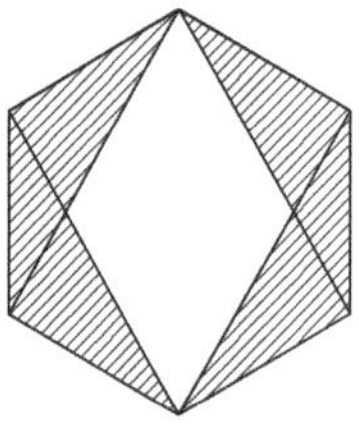

(6)　補助線を引くと，白い部分は正六角形の半分の台形の$\frac{4}{1+2+2+4}$になる。斜線部分は$1-\frac{4}{9}=\frac{5}{9}$，面積は$6\times\frac{5}{9}=3\frac{1}{3}$($cm^2$)

(7)　容器Bには5×5＝25(cm^2)から入るから同じ時間に入る水の体積は，25×10＝250(cm^3)，水面の高さは250÷(15×10)＝$\frac{5}{3}=1\frac{2}{3}$(cm)，よって求める答えは，$1\frac{2}{3}$cmである。

【3】 (平面図形の応用)

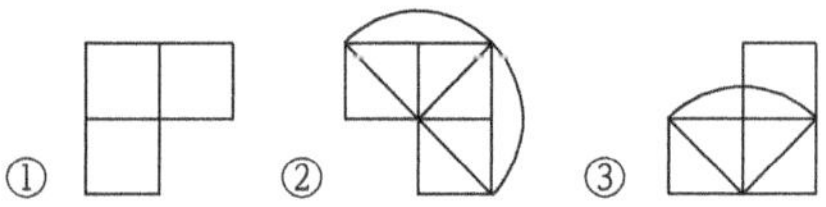

(1)　①　図を書いて考える。1辺2cmの正方形3つ分になる。2×2×3＝12(cm^2)

②　図を書いて考える。正方形の対角線を半径とする半円と1辺2cmの正方形の半分が2つ分。$8\times 3.14\times\frac{1}{2}+2\times 2\div 2\times 2=12.56+4=16.56$($cm^2$)

③　図を書いて考える。正方形の対角線を半径とする中心角45度のおうぎ形と1辺2cmの正方形2個半の和。$8\times 3.14\times\frac{45}{360}+2\times 2\times 2\frac{1}{2}=3.14+10=13.14$($cm^2$)

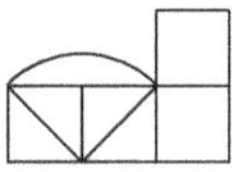

重要　(2)　図を書いて考える。正方形の対角線を半径とする中心角90度のおうぎ形と1辺2cmの正方形が2つと正方形の半分が2つ分。$8\times 3.14\times\frac{90}{360}+2\times 2\times\left(2+\frac{1}{2}\times 2\right)=6.28+12=18.28$($cm^2$)

(3)　16÷(2×2)＝4より，面積が16cm^2になるのは正方形4つの場合，㋐か㋑のどちらかを引いた場合。カードの引き方は2×2×2＝8(通り)

(4)　小数点以下から正方形の対角線を半径とする中心角45度のおうぎ形と1辺2cmの正方形又は正方形の半分の直角二等辺三角形の組み合わせと考えられる。$17.14-8\times3.14\times\frac{45}{360}=14$，$14\div4=3.5$，よって求める答えはア→ウ→ア，イ→ウ→ア，ウ→ア→ア，ウ→ア→イ，である。

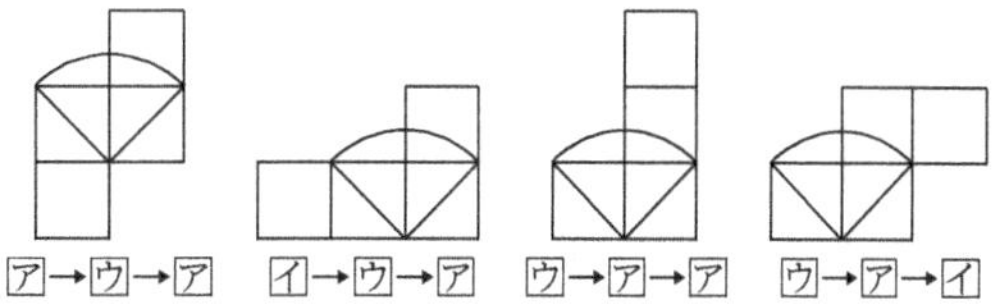

や難　(5)　小数点以下が42になっているので，正方形の対角線を半径とする中心角135度のおうぎ形と1辺2cmの正方形や正方形の半分の直角二等辺三角形の組み合わせと考えられる。$15.42-8\times3.14\times\frac{135}{360}=6$より，(3)の場合より面積が小さいので，回転して図形が重なることが考えられる。右図参照。よって求める答えはウ→ア→ウである。

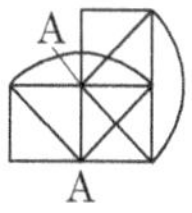

【4】 (速さの応用)

重要　(1)　ドローンは4km進むのに，$4\div30=\frac{2}{15}$(時間)かかる。自動車も同じ時間かかるので道路の道のりは$40\times\frac{2}{15}=\frac{16}{3}=5\frac{1}{3}$(km)

(2)　ドローンは直線ルートを片道進むのに$6\div30=\frac{1}{5}$(時間)かかる。3往復するのにかかる時間は，$\frac{1}{5}\times2\times3=\frac{6}{5}$(時間)，$\frac{6}{5}$時間$\times60=72$(分)，自動車は同じ時間で2往復するので，片道にかかる時間は，$72\div2\div2=18$(分)，$18\div60=\frac{3}{10}$(時間)，道路の道のりは$40\times\frac{3}{10}=12$(km)

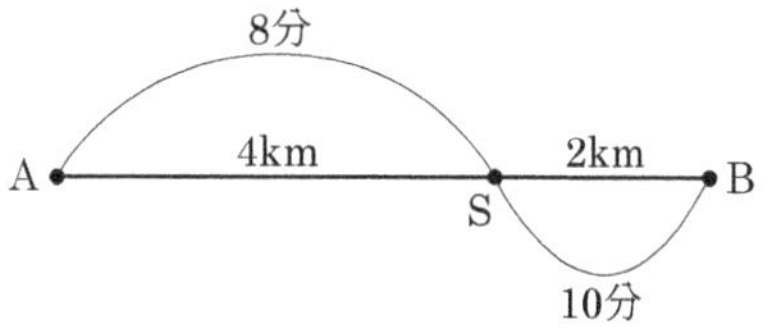

(3)　18(分)$-\frac{2}{15}$(時間)$\times60=10$(分)

(4)　ドローンで運ぶと片道12分，自動車では片道18分かかる。100分後までに，ドローンは12，36，60，84分後，自動車は18，54，90分後にBに着く。$10\times7=70$(kg)

(5)　ドローンは(4)の後，108，132分後，自動車は126分後にBに着くので，100kgになるのは132分後。$132\div60=2$余り12，9時＋2時間12分＝11時12分

や難　(6)　自動車がAからSまで進むのに8分かかり，ドローンがBからSへ進むのに$12-8=4$(分)かかる。4分後自動車は$40\times\frac{1}{15}=\frac{8}{3}$(km)進んでいる。1回目に出会うまでの距離は$\frac{16}{3}-\frac{8}{3}=\frac{8}{3}$(km)，出会うまでにかかる時間は$\frac{8}{3}\div(30+40)=\frac{4}{105}$(時間)，$\frac{4}{105}$時間$\times60=\frac{16}{7}=2\frac{2}{7}$(分)，9時＋4分＋$2\frac{2}{7}$分＝9時$6\frac{2}{7}$分，よって求める答えは，9時$6\frac{2}{7}$分である。

や難　(7)　Bに最初の10kgの荷物が着くのは$6\frac{2}{7}\times2=12\frac{4}{7}$(分後)，100kgの荷物を運び終えるのに$12\frac{4}{7}\times10=\frac{880}{7}=125\frac{5}{7}$(分)かかる。$125\frac{5}{7}\div60=2$余り$5\frac{5}{7}$，運び終えるのに2時間$5\frac{5}{7}$分かかる。$132-125\frac{5}{7}=6\frac{2}{7}$(分)，求める答えは「2日目が$6\frac{2}{7}$分早い」である。

★ワンポイントアドバイス★

基礎的な問題を丁寧に取り組むよう日頃から練習すると同時に，応用的な問題に取り組むことが大切である。応用的な問題では，情報を整理してわかりやすくすることや，途中式をわかりやすく書くことを意識して取り組むとよいだろう。

＜国語解答＞

一　問一　ウ　問二　自分を中心にしてものごとを見ているだけでは，その本質が見えなくなってしまう(と考えたから。)　問三　大きな視点　問四　ア　問五　(例)　生きる意欲が欲望の連鎖に変わり，他の人を顧みることができずに欲望の奴隷となる(可能性があるということ。)　問六　ア　○　イ　×　ウ　○　エ　○　オ　×
問七　(例)　始めから[すでに]そうしている

二　問一　イ　問二　ア　問三　A　ウ　B　ア　C　イ　問四　(例)　自分も試合ができずにいる。　問五　(例)　プレーできる者もできない者も一つのチームとして心を一つにして甲子園へ行くべきだということ。
問六　ア　○　イ　×　ウ　○　エ　×　オ　×

三　問一　①　専門　②　看護　③　冷蔵　④　警備　⑤　盛(り)　⑥　染(まる)
問二　①　オ　②　ウ　問三　イ　問四　九　問五　足　問六　エ

○推定配点○
一　問二　5点　問五　10点　問六　各1点×5　問七　6点　他　各3点×3
二　問四　5点　問五　10点　問六　各1点×5　他　各3点×5
三　問一　各3点×6　他　各2点×6　計100点

＜国語解説＞

一　**(論説文－要旨・大意の読み取り，論理展開・段落構成の読み取り，文章の細部の読み取り，記述力・表現力)**

基本　問一　(1)～(5)は，『君たちはどう生きるか』という本の紹介。(6)～(8)は，「どのように生きるか」という問いの意味と意欲的に生きることについての筆者の考え。(9)～(11)は，意欲的に生きることの問題点。(12)～(14)は，まとめとしての「どう生きるか」という問いの重要性についての筆者の訴え。(6)「この」，(9)「このように」，(12)「そういったこと」という指示語を使って，前の意味段落の内容を指していることにも注目する。

問二　ここで言う「問題」とは，考えなければならない，よくない点ということ。(4)段落よりあとを読んでいくと，「先ほど，自分を中心にしてものごとを見ているだけでは，その本質が見えなくなってしまうと言いましたが」とあるのが見つかる。「自分を中心にしてものごとを見ているだけでは，その本質が見えなくなってしまう」と考えたから問題だというのである。

問三　「大切」という言葉を手がかりにして読んでいくと，「それ(＝大きな視点から見ること)ができたコペル君に，叔父さんはその大切さを強調したかった」とあり，さらに「大きな視点から見ることがわたしたちにとって何より大切なのだ」とある。

問四　大切な理由を，動物や人間の赤ん坊を例にして説明している。「赤ん坊は……生きようとする意欲に満ちています。この自分のなかからわきあがってくる意欲がわたしたちの成長を支えています」とある。自分を中心にした生きようとする意欲が，成長のエネルギーなのである。

重要　問五　「落とし穴」とは，気がつかないままにおちいってしまう状態のこと。どのようなことかは，(9)・(10)段落で説明している。(9)段落では，まず，「わたしたちの生きる意欲が，欲望に変わってしまう可能性があるのです」とある。そして，欲望の特徴として「欲望はいったん刺激されると，かぎりなく大きくなっていきます。わたしたちは欲望の連鎖のなかに簡単にはまり込んでしまうのです」とある。さらに(10)段落で「欲望の連鎖のなかにはまり込んでしまうと……

他の人を顧みる余裕もなくなってしまいます。要するに欲望の奴隷になってしまうのです」と述べている。これらの解答の要素を,「落とし穴とはどういうことか」という視点でまとめればよい。

やや難 問六　ア　(2)段落に「わたしたちはふだん，たとえばお肉は……自分を中心にすべてのことを見ています」とあり，合う。　イ　(7)段落に「自分を中心にしてものごとを見ること自体が悪いわけではありません」とあり，合わない。　ウ　(7)段落には，生きる意欲がわたしたちの成長を支えていると述べ,「よりよいものをめざす向上心がわたしたちを支えています」とあり，合う。　エ　(11)段落に,「欲望の追求が世界規模でなされています」と述べている。さらに，欲望の追求による「対立や争いの結果，世界のあちこちで貧困や飢餓，迫害などで苦しむ人が増えています」とあり，合う。　オ　(6)段落に,「『どのように生きるか』という問いは……簡単に答には行きあたりません」とあり，合わない。

重要 問七　空欄のあとに「笑い話です」とあるので，空欄にはオチとなることばが入る。日本の商社員は,「何のために働くのか」という問いに対して，けんめいに働いたあとに，その努力やよい結果を挙げたごほうびのようなものとして「ハンモックでもつってゆっくり昼寝をする」と答えている。現地の人の答えは，この日本の商社員の考え方をひっくり返すようなものでなければ，オチにならないし，笑い話にならない。そこで，解答例のように「われわれは始めからそうしている」という言葉が入る。日本人は，将来に楽をするために働くと考えるが，現地の人たちはいま楽をしているのである。日本人は働くことと楽をすることを原因と結果のように結び付けて考えているが，現地の人は結び付けて考えていない。この考え方の大きな違いが笑いを生むのである。

二　(小説－心情・情景の読み取り，文章の細部の読み取り，空欄補充の問題)

基本 問一　「石川の野郎」と思ったのは,「勝手なこと言いやがって」と感じたからである。しかし「石川の言葉は重い」とも感じている。里田と石川の関係は，里田が「自分の人生において，一番信頼できる人間の一人」とあるように「信頼関係」で結ばれているからである。そして，尾沢に対しては「尾沢は，そこへ無理矢理割りこんできたようにしか思えない」とある。このような里田の心情を説明しているのはイ。ア「石川を二度と信じまい」，ウ「石川のことも許せない」，エ「石川の情けなさを苦々しく思っている」というような石川に対する心情は描かれていない。

問二　【中略】のあとに里田と尾沢の関係について「お互いに言いたいことが言い合える仲だったからこそ，長くバッテリーを組めたのだろう」とある。そして，里田と尾沢の会話の内容を読んでいく。すると，尾沢は石川との会話をあっさり認めたうえで，里田の速球を褒め，それを糸口として「甲子園に行きたくないか？」と本題に入っていき,「今の俺たちが手を組めば，甲子園は夢じゃない」と，鳥屋野高校と城南高校の連合チームを組むよう説得を試みている。エは紛らわしいが，尾沢の目的は里田に鳥屋野高校と城南高校の連合チームを組むことを認めさせることであり，自分のことを信用するよう仕向けることではない。

やや難 問三　【A】　問一・問二と関連させて，里田の心情をとらえる。里田と尾沢の関係について説明したあとで，しかし，今の里田としてはどうかというつながりでウが選べる。　【B】　直前の「終わりたくない」とつながるものを選ぶ。甲子園に行くことを「旅」ととらえれば，アが選べる。【C】「俺が連れて行ってやる」と言っていた尾沢が里田に向かって,「お前の力で，甲子園に連れて行ってくれ」と言い出している。言い分が逆になったので「こいつ，本当に行けると思っているのか？」と，尾沢の真意がわからなくなっている。

問四　尾沢がなぜ「暇だった」のかを考える。あらすじに尾沢の鳥屋野高校について「多くの部員が辞め，チームとして成立しなくなっていたのだった」とある。つまり，尾沢は「自分も試合ができずにいる」のである。

重要 問五 「We're the One」については，文章の前半に「俺たちは一つ」とある。この「一つ」の意味は「一つのチーム」ということである。そして，傍線部の「We're the One，だろう」の前では，事故で大怪我をしてプレーできない選手がいること，そうであっても尾沢は「皆で甲子園に行けばいいじゃないか」と言っていることが描かれている。尾沢が「We're the One」ということばに込めた思いは，プレーできる者もできない者も「一つのチーム」として「心を一つにして」甲子園に行くべきだということである。

やや難 問六 ア サッカー部が練習する声を聞いて，里田は「あいつら，元気だよなあ。元気でいいな」と言っており，合う。 イ 尾沢と里田の関係については，「お互いに言いたいことが言い合える仲」とあり，合わない。 ウ 尾沢は里田に対して「俺の分析シート，ちゃんと読んだか」と言い，さらに「『俺にも夢を見せてくれよ』尾沢がすがるように言った」とあるように，心情に訴えていて，合う。 エ 里田は自分の投球について，「お，今のはいいボールだった」や「棒球になってしまう」，「ど真ん中に飛び込んだ」など冷静にとらえており，合わない。 オ 「六割だ」と言う里田に対して尾沢は「お前が十割の力を出したら，誰も打てない」と言い，その言葉を里田は冷静に分析して「甲子園だ」と結論づけている。気休めではなく，合わない。

三 (ことばの意味，熟語の構成，ことわざ・慣用句，漢字の書き，俳句)

問一 ① 「専門」は，「門」を「問」と書く誤りが多い。「専門家には口出すな」という覚え方がある。「専」の訓は「もっぱ‐ら」。「専念」「専属」などの熟語がある。 ② 「看」は「手」と「目」の組み合わせ。「護」は，つくりの「隹」の形に気をつける。「看」には「看過」「看破」，「護」には「護衛」「警護」などの熟語がある。 ③ 「冷」の部首は「にすい」。さんずいと区別する。「冷」の訓は「つめ‐たい・ひ‐える・ひ‐や・ひ‐やす・ひ‐やかす・さ‐める・さ‐ます」。「冷凍」「冷酷」などの熟語がある。「蔵」の訓は「くら」。「貯蔵」「秘蔵」などの熟語がある。 ④ 「警」は「敬」と「言」の組み合わせ。「警戒」「警告」などの熟語がある。「備」の訓は「そな‐える・そな‐わる」。「配備」「守備」などの熟語がある。 ⑤ 「盛」は「成」と「皿」の組み合わせ。「さか‐る・さか‐ん」の訓もある。音は「セイ・ジョウ」。「盛装」「繁盛(ハンジョウ)」などの熟語がある。 ⑥ 「染」の訓は「そ‐める・そ‐まる・し‐みる・し‐み」。音は「セン」。「感染」「汚染」などの熟語がある。

基本 問二 ① 「尊敬」は，「尊ぶ」と「敬う」で似た意味の漢字の組み合わせ。オ「除去」は，「除く」と「去る」で，似た意味の漢字の組み合わせ。「去」には，取り除くという意味がある。

② 「洗面」は，「面(おもて)を洗う」で，上が動作，下が目的・対象を表す組み合わせ。ウ「納税」は，「税を納める」で，上が動作，下が目的・対象を表す組み合わせ。ア「宝庫」は「宝の庫(くら)」，カ「車窓」は「車の窓」で，上が下を修飾する組み合わせ。イ「収支」は「収入と支出」，エ「損益」は「損失と利益」で，反対の意味の漢字の組み合わせ。

やや難 問三 「竜頭蛇尾」は，頭は竜で尾は蛇の意味で，はじめは勢いがよいが，終わりは全く勢いがなくなること。イの文は，演説がはじめは勢いがあったが，終わりは勢いがなくなって終わったということ。ア「八方美人」は，だれからもよく思われるように立ち回る人。「誰からも好かれる」とあるのと合わない。ウ「電光石火」は，極めて短い時間や，動作がすばやいこと。「容体が悪化」することには使わない。エ「粉骨砕身」は，骨を粉にし，身をくだくの意味から力の限りを尽くすこと。たとえの表現なので「からだ中が粉骨砕身」とは言わない。

基本 問四 「桃栗三年柿八年」は，芽を出してから，桃と栗は三年，柿は八年たつと実がなるということ。「二足のわらじをはく」は，同じ人が，両立しないような二つの職業・立場を兼ねること。「九死に一生を得る」は，ほとんど死にそうな状態になりながらやっとのことで助かること。

問五　「耳にたこができる」は，同じことを繰り返し聞かされてうんざりする。「鼻であしらう」は，相手をばかにして，いいかげんな態度で応対する。「足が出る」は，支出額が予算額をこえる。「口がすべる」は，言ってはならないことをうっかり言ってしまう。「足」以外は，顔の一部分である。

問六　「閑かさや岩にしみ入る蝉の声」の季語は「蝉」で季節は「夏」。「炎天の遠き帆やわがこころの帆」の季語は「炎天」で季節は「夏」。「芋の露連山影を正しうす」の季語は「芋の露」または「露」で季節は「秋」。「菜の花や月は東に日は西に」の季語は「菜の花」で季節は「春」。「赤蜻蛉筑波に雲もなかりけり」の季語は「赤蜻蛉」で季節は「秋」。

★ワンポイントアドバイス★

論説文は，文章構成をとらえて，段落ごとの要点や段落どうしのつながりをつかんで筆者の考えや主張を読み取っていこう。小説は，行動や会話，様子などに表現されていることがらから人物の心情や思いをつかもう。また，場面に沿って心情の変化をとらえよう。

第2回

2022年度

解　答　と　解　説

《2022年度の配点は解答欄に掲載してあります。》

＜算数解答＞

【1】 (1)　48人　(2)　$19\frac{1}{11}$分　(3)　25％　(4)　9日目　(5)　①　4　②　6

【2】 (1)　47　(2)　13人　(3)　145cm　(4)　6通り　(5)　①　秒速40m
②　20秒　(6)　55度　(7)　700cm^2

【3】 (1)　8　(2)　イ，エ　(3)　10　(4)　17　(5)　d　96　e　97

【4】 (1)　10cm　(2)　45秒後　(3)　55秒後　(4)　25cm　(5)　65秒後
(6)　$73\frac{1}{3}$秒後

○推定配点○

【1】 各5点×6　【2】 各6点×8　【3】 (5)　各4点×2　他　各6点×4

【4】 (1)・(2)　各6点×2　他　各7点×4　計150点

＜算数解説＞

【1】 (比，時計算，売買算，仕事算，数の性質)

基本　(1)　⑧：⑤＋6＝$\boxed{4}$：$\boxed{3}$より，$\boxed{3}$＝⑥となる，6＝⑥－⑤＝①，⑧＝6×8＝48(人)

(2)　2時0分の長針と短針の作る小さい方の角は30×2＝60(度)，それから長針と短針が重なるまでに60度，それから45度。かかる時間は，1分間に長針と短針が近づく(離れる)角度は6－0.5＝5.5(度)より，60÷5.5＋45÷5.5＝(60＋45)÷5.5＝105÷$\frac{11}{2}$＝105×$\frac{2}{11}$＝$\frac{210}{11}$＝$19\frac{1}{11}$(分)

重要　(3)　利益を□％とすると，2700×(1＋□÷100)＝3375が成り立つ。3375÷2700＝1.25，□＝(1.25－1)×100＝25(％)

重要　(4)　全体の仕事量を1とすると，高校生3人の1日の仕事量は1÷9＝$\frac{1}{9}$，高校生1人の1日の仕事量は$\frac{1}{9}$÷3＝$\frac{1}{27}$，中学生4人の1日の仕事量は1÷12＝$\frac{1}{12}$，中学生1人の1日の仕事量は$\frac{1}{12}$÷4＝$\frac{1}{48}$，高校生2人と中学生2人が1日でする仕事量は$\frac{1}{27}$×2＋$\frac{1}{48}$×2＝$\frac{2}{27}$＋$\frac{1}{24}$＝$\frac{16}{216}$＋$\frac{9}{216}$＝$\frac{25}{216}$，1÷$\frac{25}{216}$＝$\frac{216}{25}$＝$8\frac{16}{25}$，8＋1＝9，よって求める答えは9日目である。

(5)　①　16を素因数分解すると，16＝2×2×2×2，よって求める答えは4である。

②　46656を素因数分解して，どんな整数3個の積か調べる。また，その整数が□×□になる。46656＝2×2×2×2×2×2×3×3×3×3×3×3＝36×36×36，36＝6×6，よって求める答えは6である。

【2】 (数の性質，集合算，規則性，場合の数，通過算，角度，立体図形・切断・表面積)

(1)　4で割ると3余る整数は，4の倍数－1の整数，6で割ると5余る整数は，6の倍数－1の整数，これらを同時に満たす整数は12の倍数－1の整数，11，23，35，47，59，…，また，5で割ると2余る整数は1の位が2又は7，よって求める答えは47である。

基本　(2)　問題文にある情報を整理して考える。次ページの図参照。40×0.8＝32，40×0.45＝18，40

－3＝37←どちらかに正解した人数，32＋18－37＝13←両方正解した人数，よって求める答えは13人である。

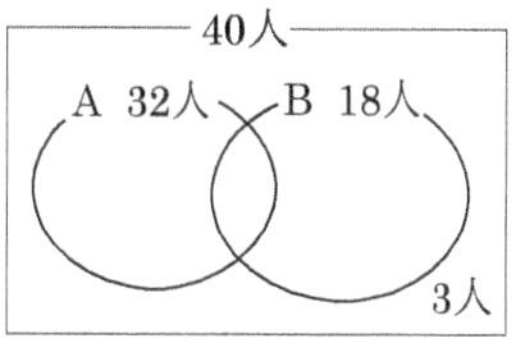

基本 (3)　9枚つなげると70cm，25枚つなげると190cmより，1枚つなげると(190－70)÷(25－9)＝120÷16＝7.5(cm)長くなる。よって19枚つなげると70＋7.5×(19－9)＝70＋7.5×10＝145(cm)

(4)　320円になる組み合わせを2種類の商品で考える。320÷70＝4余り40，70円の商品は最大4個までしか買えない。320－70＝250，250÷50＝5，320－70×2＝180，180÷20＝9，320－70×3＝110，50でも20でも割り切れない。320－70×4＝40，40÷20＝2，また320÷50＝6余り20，20÷20＝1，320－50×4＝120，120÷20＝6，320－50×2＝220，220÷20＝11，買い方は70円1個と50円5個，70円2個と20円9個，70円4個と20円2個，50円6個と20円1個，50円4個と20円6個，50円2個と20円11個の場合，求める答えは6通り。

(5)　①　条件を満たす図を書いて考える。右図参照。鉄橋とトンネルを続けてかくと，360＋1560＝1920(m)進むのに，16＋32＝48(秒)かかることがわかる。速さは1920÷48＝40(m/秒)

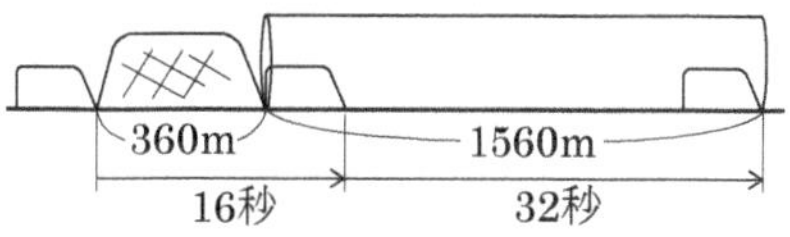

②　電車Sの長さは40×16－360＝280(m)，追い越しにかかる時間は(220＋280)÷(40－15)＝500÷25＝20(秒)

重要 (6)　一番外側の三角形の内角の和は，70°××●●＝180°，××●●＝180°－70°＝110°，(あ)は三角形の外角なので，隣の角以外の内角の和に等しい。●と×の和は110÷2＝55，よって求める答えは55度である。

(7)　表面積の差は等しい部分，切断面の等脚台形と底面の直角二等辺三角形以外で比べる。右図参照。20×20×2＋10×20÷2×2＋20×20－10×10÷2＝800＋200＋350＝1350，10×10÷2＋(10＋20)×20÷2×2＝650，1350－650＝700(cm^2)

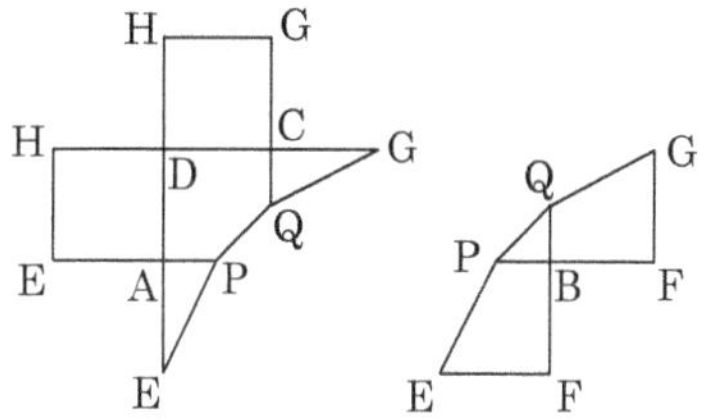

【3】 (演算記号)

重要 (1)　$\frac{[4]}{3}=\frac{1\times2\times3\times4}{3}=8$

(2)　整数になるのは，分母の数より[　]の中の数が大きい場合と積が分母の倍数になる場合。1×2×3×4÷8＝3，よって整数にならないのはイ，エである。

(3)　11は素数，11より小さい数で約数は1しかない。もっとも大きい整数bは10である。

(4)　cは14より大きい数。15＝3×5，16＝2×8より整数になる。求める答えは17である。

やや難 (5)　2桁の整数は10から99，大きい方から考える。整数にならない，つまりd＜eになる。99＝3×33，98＝2×49，e＝97，d＝96の場合がもっとも大きくなる。よって求める答えは，dは96，eは97である。

【4】 (水そうと水位の応用)

重要 (1)　上向きに動いた板がはじめてPに着くのは，20÷1＝20(秒)，20秒後までに入る水量は150×20＝3000，3000÷(30×10)＝10(cm)

(2)　(1)の後，水面は(150－90)÷(30×10)＝0.2(cm)ずつ上昇する。(20×2－10)÷(1＋0.2)＝25，20＋25＝45(秒後)

(3)　(2)の後，板は上昇する。水位は150÷(30×10)＝0.5(cm)ずつ上昇する。40－25＝15，20cmになるには，あと20－15＝5(cm)，つまり5÷0.5＝10(秒)かかる。45＋10＝55(秒後)

(4)　(3)の時，板の高さは15＋10＝25(cm)

(5)　(4)の後，150÷(10×10)＝1.5(cm)ずつ水面は上昇する。5cm上にある1cmずつ上昇する板に追いつくのは(25−20)÷(1.5−1)＝10(秒後)，求める答えは55＋10＝65(秒後)

やや難　(6)　(5)の時，板の高さは25＋10＝35(cm)，水そうがいっぱいになるまであと40−35＝5(cm)，(5)の後，板は下に動く。水面は(150−90)÷(10×10)＝0.6(cm)ずつ上昇する。$5\div0.6=5\times\frac{5}{3}=\frac{25}{3}=8\frac{1}{3}$，よって求める答えは$65+8\frac{1}{3}=73\frac{1}{3}$(秒後)

★ワンポイントアドバイス★

基礎的な問題を丁寧に取り組む練習をするのと同時に，応用的な問題に対応できる力をつけておくことが大切である。応用的な問題では考え方をわかりやすく必要なことを簡潔に書くことを意識して取り組むとよいだろう。

＜国語解答＞

一　問一　自分で所有する　問二　自分に適した本　問三　(例)　繰り返し読んで部分と全体を関連づけて理解し，細部にわたって吟味しつつ味わう(ような読書の仕方。)
問四　ウ　問五　単に受動的であること　問六　エ

二　問一　未来の敗者　問二　友情は，好　問三　真実　問四　自分の感情に命が宿る(ような感覚。)　問五　(例)　表面を取り繕って友だちごっこのように仲のいいふりでなく，自分のどんな話も真剣に聞いてくれる友だち。
問六　ア　×　イ　○　ウ　○　エ　×　オ　×

三　問一　①　確信　②　厳禁　③　絹　④　来訪　⑤　温(かい)　⑥　縮(まる)
問二　①　イ　②　カ　問三　エ　問四　八　問五　柱　問六　イ

○推定配点○
一　問三　10点　他　各5点×5　二　問五　10点　問六　各1点×5　他　各5点×4
三　問一　各2点×6　他　各3点×6　計100点

＜国語解説＞

一　(論説文－要旨・大意の読み取り，文章の細部の読み取り，空欄補充の問題)

基本　問一　続く部分に，借りた本や図書館の本からは根本的なものを学べないとある。だから，本は「なるべく自分で所有するようにするが好い」と述べている。

問二　「本を自分で所有するようにしなければならぬ」として，「自分の個性に基づいた選択が必要である」と述べている。そして，「自分に役立つ本を揃えることが必要である」としている。「自分に役立つ本」とは「自分に適した本」と言いかえることができる。

重要　問三　「緩やかに読むということはその真の意味においては繰り返して読むということである」とあるので，「緩やかに読む」＝「繰り返して読む」ということだから，「繰り返して読む」という言葉に注目して読んでいく。すると，「すべての部分は全体に関係づけられ，全体から理解されることによって，初めて真に理解されるのであり，そのためには繰り返して読むことが必要である」とあるのが見つかる。これは，説明の順序を入れかえると「繰り返して読んで部分と全体を関連づけて理解」すると言いかえられる。さらに，次の段落の初めには「繰り返して読むことは細部を味わうために必要である」とある。さらに，同じ段落の後半で「繰り返して細部に亙って吟味しつつ読まねばならぬ」と述べている。これらを使って，解答例のようにまとめる。

問四 「その場合」は，直前で説明している。発見的に読むには自分で絶えず考えながら読むようにしなければならないということである。考えながら読む場合に，著者と自分の間がどのような状態になり，どんな状態から読書の真の楽しみが見出されるのかを考える。すると，ウ「対話」が適当であると判断できる。ア「対立」やイ「契約」では楽しみは見出されない。エ「調和」では著者と同じ考えになってしまい，絶えず考えながら読むという状態にはならない。

問五 「悉く」は，全部，すべてという意味。書物に書いてあることをすべて信じるということは，発見的に読むということの反対である。同じ段落の前半に，「書物に対しては単に受動的であることは好くない。発見的に読むということが最も重要なことである」とある。書物に書いてあることをすべて信じるということは，単に受動的であることなのである。

やや難 問六 エの内容は，最後の段落に述べられている内容と合う。「主体的に本を読むという営み」は，「自分で思索しながら読むということ」であり「発見的に読むということ」である。そして「発見的に読むためには……自分自身の読書法を身につけることが必要である」と述べている。さらに，「読書法そのものも自分が要求をもって読書すること(＝主体的に本を読むという営み)によっておのずから発見される(＝同時に並び行われる)ものである」と述べている。 ア 「忙しい生活を根本から変える必要がある」とは述べていない。 イ 「最初から緩やかに読まねばならぬものは古典のように価値の定まった本であって」とあるのと合わない。ウ，このような内容は述べていない。

二 (小説－心情・情景の読み取り，文章の細部の読み取り，空欄補充の問題)

問一 「睦月」が謝罪を要求されているのは，犯罪者の写真を持っていると嘘をついたからである。「睦月」は，そのような嘘をついたことについて「今回の偽写真は，未来の敗者をあぶり出すための実験みたいなものかな」と言っている。「睦月」は，「情報が氾濫する時代がやって来る」と「真実を見抜く力のない奴(＝だまされた人たち)は，情報の波に飲み込まれて死ぬ」と考えており，それを「未来の敗者」と言っている。

基本 問二 「暗黙の了解」は，だまっていて何も言わなくても，事情や意味などをわかっていること。この場面では，愛衣もふくめて女子たちが友情についてどのようなものだと理解しているかを読み取る。すると，あとに「友情は，好意と思惑とタイミングが重なる場所に，日々の努力で咲かせるものなのだ」という一文が見つかる。

問三 「剥き出しの」〈何〉よりも，友情に関しては，表面を取り繕ったり手の込んだ作りものであったりしたほうが愛情に近く，大切で価値のあるものと愛衣が考えているのかを読み取る。すると，前の部分の会話で「でも，真実にそれほど価値はないと思うよ」とあるのが見つかる。愛衣と違って，田中くんは「真実」に価値があり，「真実」を見ることが重要だと考えている。

問四 吉乃の絵に，愛衣はどのようなものを感じているのかを読み取る。「心臓が小さくつねられた」というたとえの表現は，絵に心が動かされたという意味である。文章の終わりに，「吉乃の作品を眺めていると，自分の感情に命が宿るのを感じる」とある。そして，「絵に心が動かされるというのは……あの言葉は，嘘でも誇張でもなかった。そのことを，愛衣は吉乃の絵に出会って知った」とある。

重要 問五 「本物の友だち」と「友だちごっこ」は，反対の性質をもつものである。それぞれについて，文章中でどう説明しているかをまとめる。「友だちごっこ」については，「一生懸命，仲がいいふりをしている」「大切なのは，表面を取り繕いたいと思うことと，思われること」とある。そして，「本物の友だち」については，愛衣は自分と本物の友だちになれると思う「吉乃なら自分のどんな話も真剣に聞いてくれたはずだと，どうしようもなく思ってしまう瞬間がある」とある。これらの解答の要素をまとめる。比べる形でまとめるのだから，「～でなく，……」の形でまとめるとよい。

やや難　問六　ア「美術部の緑地公園での写生会」の描写は，愛衣の夢であるので合わない。　イ　最後の段落に，「いい夢を見たのだろうか。頭の中も不思議にすっきりしていた」とあり，合う。
ウ　文章の前半に「愛衣の家にパソコンはない。だからなのか，愛衣には睦月が言っていることの半分も理解できなかった」とあり，合う。　エ「キャラクターの真似でもしているのか」と愛衣が思っただけで，睦月がしているわけではない。また，睦月がオリジナルの必殺技を考えているとは描写していないので，合わない。　オ　インターネットが盛んになれば，情報が氾濫する時代がやってくると描写されている。原因と結果の関係が逆になっており，合わない。

三　(ことばの意味，四字熟語，漢字の書き，俳句)

問一　①「確信」は，確かであると信じて疑わないこと。「確」は「隹」の部分を正しく書く。また「信」を「心」と書くミスが多いので注意する。「確」の訓は「たし‐か・たし‐かめる」。「確証」「確保」などの熟語がある。「信」には「信頼」「迷信」などの熟語がある。　②「厳禁」は，ある行為などを厳しく禁じること。「厳」には「ゴン」の音もある。訓は「きび‐しい・おごそ‐か」。「荘厳(ソウゴン)」「厳密」などの熟語がある。「禁」は「解禁」「禁欲」などの熟語がある。　③「絹」の音は「ケン」。「絹糸(ケンシ・きぬいと)」「絹布」などの熟語がある。
④「来訪」は，人が訪ねてくること。「訪」の訓は「たず‐ねる・おとず‐れる」。「訪問」「探訪」などの熟語がある。　⑤「温かい」は「暖かい」との使い分けに注意する。「温」は，さわった感じがあたたかい，熱くも冷たくもなく気持ちがよいことを表す。「暖」は，気象や気温に使い，暑くも寒くもなく気分がよいことを表す。　⑥「縮」は「糸」と「宿」の組み合わせ。音は「シュク」。「縮小」「収縮」などの熟語がある。

やや難　問二　①「興亡」は，興りさかえることとほろびること。反対の意味の漢字の組み合わせ。イ「安否」は，無事であるかないかということ。　②「誠意」は，まじめに行おうとする気持ち。上の漢字が，「どんな」の意味で下の漢字を修飾している組み合わせ。　カ「食欲」は，食べたいという欲望。他の熟語の組み合わせは次のようになる。　ア「延期」は，予定した日時・期間などを延ばすこと。　エ「育児」は，乳幼児を育てること。「期を延ばす」，「児を育てる」と言いかえることができ，上の漢字が動作を表し，下の漢字が動作の対象や目的を表す組み合わせ。　ウ「郷里」は，生まれ育った土地。「故郷」と村を表す「里」。　オ「精密」は，細かいところまで巧みに作られている様子。「精」も「密」も細かいの意味。似た意味の漢字の組み合わせ。

問三「晴耕雨読」は，晴れた日は畑を耕し，雨の日は家にいて読書をすること。のんびりと気ままに生活する様子をいう。　ア「言語道断」は，あきれて批評・非難のことばも出ないほどであること。「できばえ」は，できあがったぐあいがよいこと。両者の使い方が合っていない。
イ「絶体絶命」は，追いつめられてどうすることもできないこと。「チャンス」とは意味が合わない。　ウ「右往左往」は，うろたえたりまごついたりして，行方が定まらないこと。「日本中」という広さを表すことばとは意味が合わない。

基本　問四「石の上にも三年」は，しんぼう強くがまんしてやれば，最後にはきっと成功するということ。「七転び八起き」は，何度の失敗にもめげず，そのたびに勇気をふるい起こして立ち上がること。「一寸の虫にも五分の魂」は，どんなに小さいもの，弱いものにもそれに応じた意地があるから，小さくてもばかにできないということ。一番大きい数字は「八」。

重要 問五　ことばは，「大根役者・大黒柱・雨後のたけのこ・青菜に塩」である。「柱」は食べ物ではない。

問六　「桐一葉日当たりながら落ちにけり」の季語は「桐一葉」で季節は「秋」。　ア　「咳の子のなぞなぞあそびきりもなや」の季語は「咳」で季節は「冬」。　イ　「名月を取ってくれろと泣く子かな」の季語は「名月」で季節は「秋」。　ウ　「ゆさゆさと大枝ゆする桜かな」の季語は「桜」で季節は「春」。　エ　「五月雨を集めて早し最上川」の季語は「五月雨」で季節は「夏」。

★ワンポイントアドバイス★

論説文は，話題についての筆者の考え方をとらえて，その考え方に沿って筆者がどのような主張を展開しているかを読み取っていこう。小説は，行動や会話，様子などに表現されていることがらから人物の心情や思いをつかもう。また，たとえの意味や表現の効果をとらえよう。

MEMO

大切なことはメモしておこうネ！

2021年度

入　試　問　題

2021年度

国学院大学久我山中学校入試問題（ＳＴ第１回）

【算　数】（60分）　＜満点：150点＞

【注意】　1．分度器・コンパスは使用しないでください。
　　　　　2．円周率は3.14とします。

【1】 次の □ にあてはまる数を答えなさい。

(1)　1，2，3，1，2，3，1，…のように，ある規則にしたがって整数を80個並べたとき，その80個の整数をすべて足すと □ になります。

(2)　時計の長針と短針が重なってから，次に重なるまで □ 分かかります。

(3)　ある仕事をするのにＡ君が１人で働くとちょうど10日，Ｂ君が１人で働くとちょうど16日かかります。この仕事を初めの２日間はＢ君だけで働き，３日目からは２人で働いたところ，２人で働き始めてから □ 日目に仕事が終わりました。

(4)　現在，母の年令は42才で，兄の年令は □ 才です。兄と弟の年令を足して２倍すると母の年令になり，弟の年令の３倍から３を引くと兄の年令になります。

(5)　都市Ａの時刻が午前９時のとき，都市Ｂの時刻は午前７時です。都市Ａから都市Ｂまでの距離《きょり》は3600kmあります。都市Ａを午前３時に時速900kmの飛行機で出発して都市Ｂに着くと，都市Ｂの時刻は午前 □ 時でした。ただし，地球の自転による距離の変化は考えないものとします。

(6)　太郎君がテストを □ 回受けたところ，太郎君のテストの点数の平均は81.3点でした。次のテストで100点をとったので，太郎君のテストの点数の平均は83点になりました。

(7)　２つの整数 a と b の積は2160で，a と b の最大公約数は６です。b が９の倍数のとき，a は □ です。ただし，a は b よりも大きい整数とします。

【2】 次の問いに答えなさい。

(1)　りんごを１箱に３個ずつ入れると，5個余りました。また，りんごを１箱に６個ずつ入れると，１個も入らない箱が10箱，２個だけ入っている箱が１箱ありました。箱は全部で何箱ありますか。

(2)　空《から》の水そうに満水になるまで水を入れます。毎分６Ｌの割合で水を入れると，毎分11Ｌの割合で水を入れるときよりも10分長くかかります。この水そうの容積は何Ｌですか。

(3)　800ｇの水に角砂糖を入れてよくかき混ぜて砂糖水を作ります。角砂糖１個の重さは５ｇです。角砂糖を１個ずつ入れるとすると，何個入れたときに砂糖水の濃度《のうど》が初めて８％以上になりますか。

(4)　体積１ cm^3 あたりの金属Ｓの重さは10.5ｇで，体積１ cm^3 あたりの金属Ｔの重さは９ｇです。金属Ｓと金属Ｔだけを使ってネックレスを作ると，体積は５ cm^3 で重さが48ｇになりました。金属Ｓは何ｇ使いましたか。

(5)　次のページの図のように，正方形の周りを長方形が矢印の方向に滑《すべ》らずに１周します。このときの点Ｐの通ったあとの長さは何cmですか。

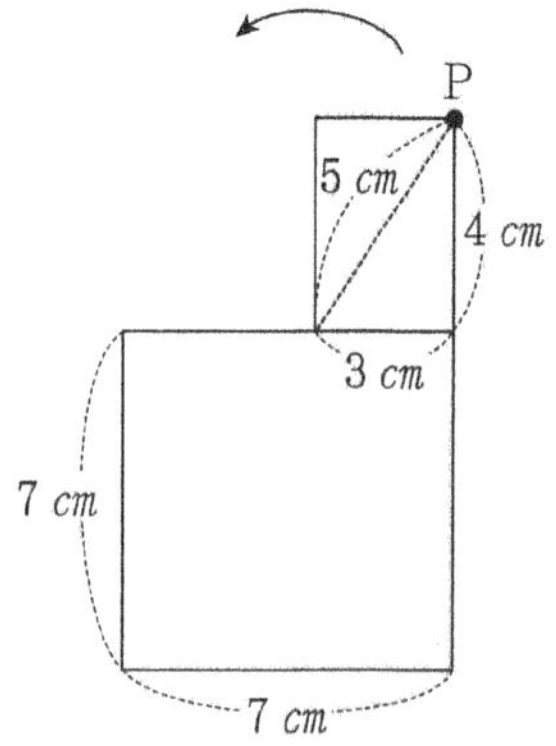

⑹　右の図のような，直方体から底面の直径が４cmの円柱の半分をくりぬいた立体があります。

①　この立体の体積は何cm^3ですか。

②　この立体の表面積は何cm^2ですか。

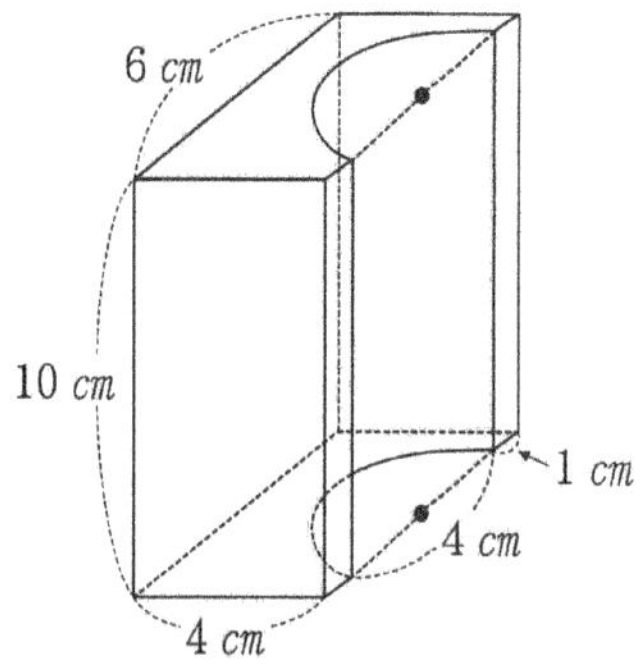

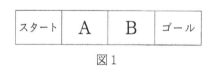

【３】　右の図１のように「スタート」，「A」，「B」，「ゴール」と書かれた４つのマスと，⚀，⚁，⚂ の目が２つずつあるサイコロがあります。コマをスタートにおいて，サイコロを振《ふ》り，出た目の数だけゴールの方向に進むゲームをします。ゲームが終了となるのは，ちょうどゴールに着くときだけです。ゴールまでのマスの数より大きい目が出たときは，その差だけマスを戻《もど》ります。ゲームが終了するまで何回でもサイコロを振ってゴールの方向に進みます。ゲームが終了することを「あがる」といいます。

スタート	A	B	ゴール

図１

例えば，⚁，⚂，⚀，⚀ の目が順に出ると，コマはスタート→B→A→B→ゴールと進み，４回目にあがります。これを（2，3，1，1）と表します。

また，２回目にあがる場合は，（1，2），（2，1）の２通りあります。

このとき，次の問いに答えなさい。

⑴　３回目にあがる場合は全部で４通りあります。それらをすべて答えなさい。

⑵　４回目にあがる場合は全部で何通りあるかを次のように考えます。

□ にあてはまる数を答えなさい。

１回目にあがらない場合は全部で［ア］通りあります。２回目にあがる場合は，1回目にあがらない場合のそれぞれに対して１通りずつあります。１回目も２回目もあがらない場合は，１回目にあがらない場合のそれぞれに対して２通りずつあります。

よって１回目も２回目もあがらない場合は全部で［イ］通りあります。３回目にあがる場合は，１回目も２回目もあがらない場合のそれぞれに対して１通りずつあります。１回目も２回目も

３回目もあがらない場合は，１回目も２回目もあがらない場合のそれぞれに対して２通りずつあります。

よって１回目も２回目も３回目もあがらない場合は全部で [ウ] 通りあります。したがって，４回目にあがる場合は全部で [エ] 通りあることが分かります。

(3)　10回目にあがる場合は全部で何通りありますか。

次に，下の図２のように「スタート」，「A」，「B」，「C」，「D」，「E」，「ゴール」と書かれた７つのマスと，⚀，⚁，⚂，⚃，⚄，⚅ の目が１つずつあるサイコロに変えて，同じルールでゲームをします。

スタート	A	B	C	D	E	ゴール

図２

(4)　２回目にあがる場合は全部で何通りありますか。

(5)　５回目にあがる場合は全部で何通りありますか。

【４】　右の図のように，１周700mの円形の歩道があります。太郎君は分速70mでA地点を出発して，時計回りに止まらずに歩き続けます。ロボットRは分速30mで太郎君と同時にA地点を出発して，時計回りに太郎君を追いかけて動き始めます。

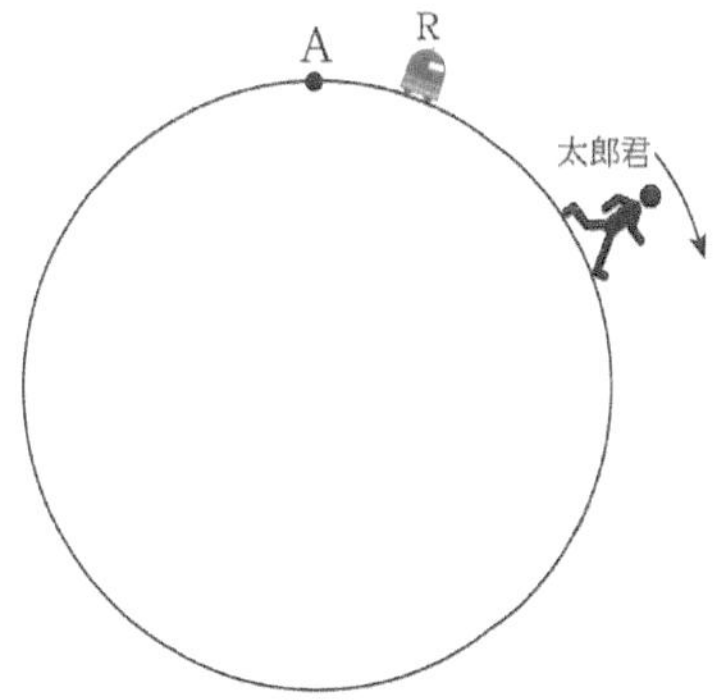

Rは太郎君との間の道のりが短い方に向かって動く機能があります。つまり，太郎君とRの間の道のりがちょうど半周になるとすぐに，Rは反対方向に同じ速さで動いて太郎君に近づきます。また，Rは太郎君に出会うと，データを記録するため３分間止まります。その後Rは，太郎君との間の道のりが短い方に向かって，同じ速さで再び動き始めます。Rはこの動きを繰《く》り返します。

次の問いに答えなさい。ただし，(6)は答えのみ，(1)～(5)は途中《とちゅう》の考え方も書きなさい。

(1)　太郎君とRの間の道のりが初めてちょうど半周になるのは，太郎君が出発してから何分何秒後ですか。

(2)　Rが太郎君と１回目に出会うのは，太郎君が出発してから何分何秒後ですか。

(3)　Rが太郎君と１回目に出会う地点は，A地点から時計回りに何mですか。

(4)　Rが太郎君と２回目に出会うのは，太郎君が出発してから何分何秒後ですか。

(5)　Rが太郎君と２回目に出会う地点は，A地点から時計回りに何mですか。

(6)　Rがこの動きを何回繰り返しても，歩道上で１度も通らない部分かあります。その部分の道のりは何mですか。

問四　次にあげる四字熟語のうち、１つには誤字が含《ふく》まれています。それを改め正しい漢字１字を答えなさい。

有名無実　半信半疑　利害徳失　弱肉強食

問五　次の [1] ～ [4] に入る語の組み合わせとして最も適当なものを後から選び、記号で答えなさい。

1　山口《やまぐち》も　紅《べに》をさしたる　[1] かな　（望一《もういち》）

※山口……山の登り口

2　水鳥の　胸に分けゆく　[2] かな　（浪化《ろうか》）

3　花咲《さ》かぬ　身をすぼめたる　[3] かな　（乙由《おつゆう》）

4　草の葉を　落つるより飛ぶ　[4] かな　（芭蕉《ばしょう》）

ア　1　紅葉　2　柳《やなぎ》　3　蛍《ほたる》　4　桜

イ　1　紅葉　2　桜　3　柳　4　蛍

ウ　1　柳　2　紅葉　3　桜　4　蛍

エ　1　紅葉　2　桜　3　蛍　4　柳

うな気がする。それが、わたしの詩を書く源泉にあり、よろこびとも、なっていたような気がする。自分のなかの他者に向かって書くというのは、自分のために書くというのと少し違《ちが》うように思う。たとえば日常のなにかひとつの現象に出会う。それを、詩に、書いてみようと思うとき、なぜ、自分がそのとき、そのような現象に出会ったのか、そしてなぜ、そのとき、自分の心が驚《おどろ》いたのか、わからないので、書いてみる。まず、最初に、我知らずして、新鮮《しんせん》な驚きがあるのである。そのことをして、自分のなかの他者の存在と、考えている。詩の言葉が誰《だれ》かに伝わるとき、それは、わたしの言葉であって、そのひとの言葉である。綺麗《きれい》ごとを言っているつもりはない。詠《よ》み人《びと》知らずの状態になることが、わたしの考える、詩のことばの最上の状態だ。自己のなかの他者性がひとつの出入り口となって、そこから、書かれた言葉が広がりを持ち、他者に伝わればうれしいことだが、そうなったとしても、結果だけのことで、そのこと自体は目的ではない。

また、ものやひと、なにものかと関係を結ぶとき、わたしは、一対一という関係こそが、関係の本質であると考える。倫理的《りんりてき》なことをいっているのではなくて、関係というものは、どんな場合も、一対一だというふうに思うのだ。恋人《こいびと》がたくさんいても、わたしと、それぞれの恋人の、一対一の関係がたくさんあるだけ。たとえばオーケストラの指揮者はたった一人で、団員は多数だが、【　　　　】というのが、オーケストラの構造ではないか。

それと同じように、詩を書くとき、わたしは、わたしという個人と、不特定多数の、顔の見えない読者という関係を想定したことがないように思う。よくわからないことだけれども、それが誰であるのか、特定の個人ではないけれども、一個という受取人に向かって、言葉を書く。少なくとも、最初は、自分のなかの他者へ向かって。

（小池昌代『詩についての小さなスケッチ』による）

四 次の問いに答えなさい。（問題は**問一**から**問五**まであります。）

問一 次の①～⑥について、——線部のカタカナを漢字に直しなさい。

① 首相《しゅしょう》がアジア各国をレキホウした。
② 体育の時間にテツボウを練習する。
③ 新たな大統領がシュウニンした。
④ 国の財政のカイカクに着手する。
⑤ 会議で的をイた発言をする。
⑥ 病気が治りショクヨクが回復する。

問二 次の①・②の□には、それぞれ同じ漢字１字が入ります。その漢字を答えなさい。

① □石　財□　子□
② □金　白□　□鉄

問三 （例）にならって次の①・②の A B に入れるのに適当な熟語を考え、その両方に共通する漢字１字をそれぞれ答えなさい。

（例）両親を心から A している。（尊敬）
目上の人には B を使う。（敬語）　解答……敬

① 店の A を書きかえる。
病気の母親を B する。

② 久しぶりに A に帰る。
B の念にかられる。

問二 ――線①とありますが、なぜ「申し出」たのですか。最も適当なものを次の中から選び、記号で答えなさい。

ア　以前から図書委員の仕事に対して興味を持っていたから。

イ　あまり忙《いそが》しくない自分が仕事をするべきだと思ったから。

ウ　「坂口くん」の役に立つことで彼《かれ》の気を引きたいから。

エ　図書委員の仕事を通じて「坂口くん」を知りたいから。

問三 ――線②とありますが、この時の心情として最も適当なものを次の中から選び、記号で答えなさい。

ア　「坂口くん」が悪いわけではないと言いたかったのに、まわりに流されて賛成してしまったことへの罪悪感。

イ　「坂口くん」に対する悪口をはっきりと否定することができないままに、本人とふたりになった気まずさ。

ウ　「坂口くん」が悪いとは思っているが、自分一人がそれを伝えざるを得ない状況《じょうきょう》に追《お》い込《こ》まれた焦《あせ》り。

エ　「坂口くん」への悪口を先生から注意してもらいたかったが、その前に解散してしまった悔《くや》しさ。

問四 ――線③とありますが、この時の心情として最も適当なものを次の中から選び、記号で答えなさい。

ア　「桃」がわざと自分に気づかないふりを続けていたことを知って、ひそかに腹を立てている。

イ　「桃」の存在に先に気づいていたのに、なかなか声をかけられなかった自分を恥《は》じている。

ウ　「桃」に好意を持っていたのは自分だけだと知って、その思いを諦《あきら》めようとしている。

エ　「桃」の鈍感《どんかん》さに自分に対する関心の薄さを感じて、おもしろくないと思っている。

問五 □ に入れるのに最も適当なことばを次の中から選び、記号で答えなさい。

ア　恥ずかしくなった

イ　ばからしくなった

ウ　憎《にく》らしくなった

エ　誇《ほこ》らしくなった

問六 本文についての説明として**ふさわしくない**ものを次の中から一つ選び、記号で答えなさい。

ア　登場人物のくだけた言葉遣《ことばづか》いで、彼らの高校生らしさが表現されている。

イ　登場人物の表情や動作が細かく描《えが》かれており、そこから心情がうかがわれる。

ウ　空の様子が変化していく様を描写《びょうしゃ》することで、読者に時間の経過を伝えている。

エ　きつい風や重いドアの存在で、屋上の場面の寒々しく重たい雰《ふん》囲《い》気《き》を表現している。

三　次の文章の【　】の部分には、どのようなことが記されていると考えられますか。文脈に照らし合わせて30字以上40字以内で答えなさい。

詩を書くとき、そのとき、わたしは、「読者」というもののことをはたして考えているのかどうか。少なくとも、最初は、自分のなかの他者に向かって、自分という他者に向かって、わたしは言葉を書いているよ

「桃はおとなしそうな顔して意外と腹黒だよな」

「頭の中に線が一本しか通ってない坂口くんに言われたくないよ」

「そんで実は性格もきつい」

　懐かしい話をしているうちに、青色と桃色が混ざった柔《やわ》らかな色合いの夕暮れに薄《うす》い月が出た。斜《なな》め下に小さく一番星が光っている。それでも坂口くんは帰るとは言わなかった。

「桃さあ、最初、全然俺に気づかなかったよな」

「最初？」

「高校に入学したとき」

「すぐ気づいたよ。廊下《ろうか》ですれちがったとき」

「あれ四回目だから」

　わたしはまばたきをした。

「俺はすぐ気づいて毎回振《ふ》り返《かえ》ってたのに、おまえは冷たい女だよ」

「そうなの？　そんなにすぐ気づいたの？」

「うん」

　さっきまで楽しく話していたのに、③坂口くんは急にぶすっとして立ち上がった。

「そろそろ帰る」

「あ、うん」

　答える間にも坂口くんはドアへと大股で歩いていく。ずっと楽しく話をしていたのに急に怒られて戸惑《とまど》った。声をかけられずにいると、ふと坂口くんが振り向いた。

「今度の委員会、いつ？」

「さ来週の水曜日」

「じゃあ部活、休み届けとく」

「ありがとう」

「なんで礼言うの？」

　本当だ。同じ委員なのに、とわたしは［　　　］。

「また送ってやろうか？」

「へ？」

　間抜《まぬ》けな問い返しになった。

「やだ？」

　坂口くんが制服のポケットに手を突《つ》っ込《こ》んで首をかしげる。

「や、じゃない」

　慌《あわ》てて首を横に振ると、坂口くんは嬉《うれ》しそうに笑った。坂口くんはじゃあなと帰ってしまい、わたしはその場に立ち尽《つ》くした。さ来週、また一緒に帰れる。また話ができる。初めて感じる※高揚《こうよう》感に圧《お》されて、わたしはへなへなとその場にしゃがみ込んだ。


（凪良ゆう『わたしの美しい庭』による）

※注　黄昏…夕暮れ。
　　形代…お祓いなどで用いる紙でできた人の形をしたもの。

　　高揚…精神や気分が高まること。

問一　［A］［B］［C］に入ることばの組み合わせとして最も適当なものを次の中から選び、記号で答えなさい。

ア　A　やんわりと　B　ぎょっと　C　ぼそっと
イ　A　はっきりと　B　きょとんと　C　さらっと
ウ　A　しっかりと　B　むっと　C　こっそりと
エ　A　さらっと　B　ほっと　C　はっきりと

「ちょっと思う」

　話しているうちに、わたしの降りる駅に着いてしまった。楽しい時間はあっという間に終わってしまう。じゃあねとわたしは開いたドアから降りようとした。

「久しぶりに縁切りさんに行ってみようかな」

「え？」

「来月から大会だし、悪運切ってもらおうっと」

　そう言いながら、坂口くんはわたしと一緒《いっしょ》に電車を降りてしまった。

（中略）

　屋上に続く重いドアを押《お》し開《ひら》くと、びゅうっときつい風が顔に吹《ふ》きつけた。

「おおー、ここは変わってない。すげえ懐《なつ》かしい」

　六月の※黄昏《たそがれ》の下、小さな森のような屋上庭園を坂口くんは見渡《みわた》した。砂利《じゃり》が敷《し》き詰められた小道の奥《おく》に朱色《しゅいろ》の祠《ほこら》が見《み》え隠《かく》れしている。両《りょう》脇《わき》で祠を護《まも》る狛犬《こまいぬ》に「よ、久しぶり」と挨拶《あいさつ》をし、坂口くんは財布《さいふ》から五円玉を出して賽銭箱《さいせんばこ》に落として大きく手を打ち鳴らした。

　坂口くんはかなり長くお参りをしていた。試合のことを祈《いの》ってるんだろうなと、わたしは黙《だま》って後ろで待っていた。しばらくすると、よし、と坂口くんがつぶやいた。坂口くんは祠に向かって一礼をすると、今度は賽銭《さいせん》箱の横に設置されている木箱から紙の※形代《かたしろ》と鉛筆《えんぴつ》を取った。

「縁切り神社だから、すぱっと切ってもらおう」

　坂口くんは人の形をした白い紙の真ん中に『負け試合』と書いた。

「え、じゃあさっきはなにを祈ってたの？」

「言わない。口にしたら叶《かな》わないだろ」

　そう言い、坂口くんはお祓《はら》い箱に形代を滑《すべ》り落とした。お祓い箱の中には形代だけでなく、開封《かいふう》されていない煙草《たばこ》や缶《かん》ビール、手作りらしい人形なども入っている。煙草は禁煙《きんえん》で缶ビールは禁酒だろうが、手作り人形はなんだか変に顔が歪《ゆが》んでいて気持ち悪い。

「手作りってことはさ、切って捨てたい相手の髪《かみ》の毛《け》とか中に仕込《しこ》んであるのかな」

「怖《こわ》いこと言わないで」

「けど昔、すげえ怖い男きてたよな」

「アイドルのやつ？」

　それぞれと盛り上がった。大学生くらいの男の人で、サングラスとマスクで顔を隠して連日お参りにきていた。当時人気のあったアイドルのファンだったようで、熱愛報道のあった人気俳優の名前を形代に書いて何百枚もお祓い箱に入れていた。お賽銭の額も相当だったのだろう、宮《ぐう》司《じ》をしていた国見のおじさんがさりげなく気持ちを聞いてあげていたのを覚えている。

「芸能人相手に馬鹿《ばか》だよな。もう半分おかしくなってんだ」

「誰かを呪《のろ》ったら自分に返ってくるって国見のおじさんは言ってたね」

「そういえば、俺も見事に返ってきたっけ」

　坂口くんはひどい点数の答案用紙をお祓い箱に入れたことがある。しかし国見のおじさん経由で坂口くんの母親に返却《へんきゃく》され、余計に怒られるという事件があった。

「返すなら、俺に返してほしかった」

「馬鹿ね。名前を消してから入れればよかったのに」

　そう言うと、坂口くんはなんとも言えない顔をした。

図書室でリクエストカードの入力をしていると、他の委員の子から訊《き》かれた。それが呼び水になり、次々と坂口くんへの不満が出てくる。代打の女の子はとっくに帰ってしまっていた。

「インターハイがあるからしかたないよ。うちはサッカー部しか強い部活ないし」

わたしは[A]庇《かば》ったが、そのせいで余計に文句に拍車《はくしゃ》がかかった。図書委員が楽だなんて舐《な》めてるよ、ちょっと人気あると思っていい気になってる、別に恰好《かっこう》いいと思わない、と不満が続き、高田さんもそう思うよねとわたしに回ってきた。

「……うーん、そう、かなあ？」

すごく消極的に答えたとき、背後でドアが開いた。

「遅《おく》れてごめん」

坂口くんが入ってきて、みんなが[B]した。

「え、あの、部活は？」

「途中《とちゅう》で抜《ぬ》けてきた。さすがにサボりすぎだし、悪いと思って」

表情も声も完全に怒《おこ》っている。坂口くんは空いている椅子《いす》にどかっと腰《こし》を下ろしたが、準備室から先生が出てきて、もう遅《おそ》いから帰りなさいと言った。坂口くんはえっという顔をし、みんなはそちらを見ないように帰り支度《じたく》をはじめた。みんなが帰っていく中、わたしの横になんとなく坂口くんが並んだ。②わたしはあんまりなタイミングに泣きたくなった。

「送ってやるよ」

昇降口《しょうこうぐち》で靴《くつ》を履《は》き替えていると、[C]言われた。

「いいよ、そんな」

「あっそ。だよな。恰好悪い男に送られたくないよな」

坂口くんはぶすっとしている。

「わたし、そんなこと言ってない」

「そうだっけ？」

横目でにらまれ、わたしは唇《くちびる》を噛《か》みしめた。すごくすごく消極的ではあったけれど、わたしは坂口くんの悪口に同意した。最低だ。本当はそんなこと全然思ってないのに。

「……ごめんなさい」

うつむいて鞄《かばん》の持ち手をぎゅっとつかんだ。

誰《だれ》もいなくなった昇降口で、少しの間、わたしたちは無言で向かい合った。

「……嘘《うそ》だよ。ごめん。委員会ずっとサボってた俺《おれ》が悪いし」

坂口くんらしからぬ気まずそうな声音《こわね》に、おそるおそる顔を上げた。

「次はちゃんと出るから、許してくんね？」

こちらをうかがうような目から、反省していることが伝わってくる。口元をへの字に曲げた情けない表情に、いたずらが見つかって親に叱《しか》られている幼い坂口くんを思い出し、わたしは小さく笑った。ふたり並んで駅へと向かい、同じ方向の電車に乗る。

「縁切りさんってまだ屋上にあるの？」

「あるよ。国見のおじさんが毎日お勤めしてるし、おばさんが木や花のお世話してる」

「神社よりオープンカフェとかにしたほうが儲《もう》かりそうなのにな」

「そんなこと言ったらバチが当たるよ」

「けど、そう思わね？」

エ　地元の人や専門家が一緒になって地域に価値を与えていく。

問四　X　に入れるのに最も適当な文を次の中から選び、記号で答えなさい。

ア　その土地自体に価値があります。
イ　あらゆる場所に歴史があります。
ウ　過去より未来の方が大切です。
エ　庶民の暮らしこそが大切です。

問五　――③とはどのようなことですか。最も適当なものを次の中から選び、記号で答えなさい。

ア　時代の変化に応じて新たな価値を付け加えること。
イ　現代の生活に不要なものを排除《はいじょ》していくこと。
ウ　都市生活に合わせてかたちをかえること。
エ　その時の住民が価値観を共有すること。

問六　次にあげる「地域の「根っこ」」に関する会話文の中で、本文の内容を**正しく読み取れていない**ものを一つ選び、記号で答えなさい。

ア　本文では「根っこ」という言葉がたくさん出てきました。植物の根が腐《くさ》っていると葉も花も育たないように、地域に根付いているものを育てていかないと地域自体が活発にならないですね。

イ　たしかにそうだわ。でも、地域に住んでいる人が気持ちよく暮らしながらたくさんの人たちに地域の魅力《みりょく》を伝えていくのは難しそうだわ。だから、専門家や事業者と一緒になって地域の価値を伝えていく必要があるのね。

ウ　それができれば、今までは古くて見捨てられていた建物も新しい価値をもって生まれ変われるかもしれないわ。そうすれば多くの人たちが訪れてくれるでしょ。

エ　地域の「根っこ」を育てていくには、これ以上新しいものを持《も》ち込《こ》むことはやめたほうがいいね。そうしないと、古いものは決して残っていけないよね。

二

次の文章を読んで、あとの問いに答えなさい。〈問題は問一から問六まであります。〉

《本文までのあらすじ》

わたし（高田桃子《ももこ》）は、「縁切《えんき》りさん」と呼ばれる神社が屋上にあるマンションに住んでいる。高校生になった折、かつて同じマンションに住んでいた幼馴染《おさななじみ》の坂口くんと同じクラスになった。魅力的《みりょくてき》に成長した坂口くんと同じ図書委員になれたことで、話す機会が増えるかもしれないと心躍《おど》らせていた。

わたしの期待は空振《からぶ》りが続いた。坂口くんは二年になってからサッカー部のレギュラーになり、夏のインターハイに向けて朝も放課後も部活漬《づ》けになっていた。それを知っている女の子たちが①「委員会、代わりに出てあげる」と次々と代打を申し出る。

「いいよ。委員会出てから部活行くから」

「やっぱ高田さんが好きだったりして？」

からかってくる友人に坂口くんは眉《まゆ》をひそめ、「いいよ、じゃあ頼《たの》む」と女の子に代打を頼み、不機嫌《ふきげん》を隠《かく》さない大股《おおまた》で教室を出ていくことが繰《く》り返《かえ》された。

「坂口くんって全然顔見せないね。どうなってるの？」

通しても、これらがない金沢では、その効果は長つづきしなかったでしょう。

地域のリノベーションとは、地域固有の自然や景観、伝統、文化、コミュニティなど、暮らしの豊かさを支える「根っこ」の意味を再評価し、地域の資源とすることを意味します。地域住民から見ると、ありふれていて身近な物事かもしれませんが、その歴史的・文化的な意義を知り、新しい面白《おもしろ》さを発見することが重要です。全国各地でおこなわれている「地域おこし」や「まちづくり」は、この意味づけ（意味の再評価）によって「地域の価値」をつくろうとする運動だといえます。「地域の価値」が、地域内・外の人の共感をあつめれば、それだけ多くの人が訪《おとず》れたり、移住したりすることにもつながります。

人びとに真の感動を与えるには、そこに「本物」がなくてはなりません。「根っこ」とは、その地域で人びとが生きてきたことの積み重ねです。歴史や自然や社会と一体になった人びとの知恵《ちえ》の結晶《けっしょう》です。過去からの継承《けいしょう》こそが価値を高めます。

（中略）

普段《ふだん》は認識《にんしき》されていない「根っこ」の価値をわかりやすく抽出《ちゅうしゅつ》するためには、どうしたらよいでしょうか。それには、※能登《のと》の※「まるやま組」の活動や「金沢らしさとは何か」の議論のように、地元の人や専門家と一緒《いっしょ》になって地道に学習するプロセスが必要です。「意味づけ」が価値を高める時代になったからこそ、漠然《ばくぜん》としていた「地域の価値」を言葉にしたり、デザインしたりして、それを共有していく人びとのネットワークが意義をもちます。

金沢の事例でのべたように、観光に利用できるわかりやすいアイコン的な「文化」や「景観」が大事なのではなく、その背後にあるもの、まちの個性や時代の変化にあわせて市民が意識して磨《みが》きつづけてきた「都市格」こそが、都市の文化の「根っこ」にあります。もちろん新しい取り組みを排するのではなく、むしろ過去から継承してきたものに対して、③現代的に磨きをかけていくことが求められます。それが地域の「根っこ」を育て、豊かにしていくことにもつながるのです。

（除本理史・佐無田光『きみのまちに未来はあるか？「根っこ」から地域をつくる』による）

※注　金沢…石川県金沢市。能登…能登半島の北側、奥能登。
「まるやま組」…地域住民による里山の人と自然の関わりを広めていく活動。

問一 [A] [B] [C] に入ることばの組み合わせとして最も適当なものを次の中から選び、記号で答えなさい。

ア　A　ところが　B　あるいは　C　たしかに
イ　A　そして　B　しかし　C　あるいは
ウ　A　しかし　B　ところが　C　もちろん
エ　A　または　B　もしくは　C　さらには

問二 ――①とは具体的にどのようなことですか。文中より27字で抜《ぬ》き出《だ》し、はじめの5字を記しなさい。

問三 ――②に**あてはまらない**ものを次の中から一つ選び、記号で答えなさい。

ア　規格品をたくさん生産し、値段を安くしていく。
イ　労働を投下して新しい財やサービスをつくりだす。
ウ　地域に産業をおこし、追加費用をかけてモノを増やす。

ます。「コトづくり」の重要性が説かれるのは、このようにモノにどんな「意味」を付け加えるかが大事だからなのです。

二〇世紀の常識では、地域の発展のためには産業が必要だと考えてきました。しかし、二一世紀の経済では、追加費用をかけて、いま以上にモノを増やしていくビジネスモデルは最小限になっていくでしょう。逆に、地域にあるものをそのまま使うことで、費用を節約することができます。大きな投資がなくても、地域の空間や暮らしそのものが、人びとに求められる「舞台《ぶたい》」となるわけです。

知識や情動が消費されるいまの時代に、もっともふさわしくない開発方式は、「スクラップ・アンド・ビルド」です。地域空間において営々と積み上げられてきた暮らしの風景は、いちど壊《こわ》されたらもとには戻《もど》りません。

スクラップ・アンド・ビルドは、工業化・近代化の時代には効率的な開発手法でした。かつては、地域の歴史やその場所のストーリーを「リセット」することこそが開発だ、と考えられていた時代がありました。しかし、建てなおされたその場所は新しくてきれいかもしれませんが、他の場所にも次々と新しいものはできるので、その場所ならではの個性を保っていくのはなかなか大変です。

これに対して、歴史のある自然や建物を、完全にスクラップせずに、むしろその雰囲気《ふんいき》を守りつつ、時代にあった機能や意味を加えて再生する手法が「リノベーション」です。リノベーションとはもともと建築用語で、中古の建築物に対して、現代的に機能・価値を再生するために全面的に改修する事業をさします。

たとえば大阪《おおさか》には、昔たくさんつくられた長屋建ての住居があります。その起源は、大阪が商人・町人のまちとして発展した近世にあり、近代に入ってからは自治体の都市計画によって再整備されてきた歴史があります。大阪の長屋は、このように長いあいだ引き継《つ》がれてきた庶民《しょみん》の暮らしを象徴《しょうちょう》する「大阪らしい」建造空間です。一時期はその価値が認められず、老朽化《ろうきゅうか》が進むにつれ取《と》り壊《こわ》されてきましたが、近年は、レトロな雰囲気やコミュニティ感覚が再評価されて、店舗《てんぽ》、事務所、宿泊《しゅくはく》施設《しせつ》などにリノベーションされるようになっています。モノとしては古くなり、その点では価値を失っていても、別の角度から「意味」を与えられることで、価値が再生するのです。

地域空間に対しても、さまざまなタイプのリノベーションが展開されています。これまでは、開発しやすいように土地を更地《さらち》化するのが大前提で、特別に歴史的に価値があると認められる建物が点的に保護されるだけでしたが、本当は、［ X ］

巨額《きょがく》の設備投資によって空間を新しくつくりだすよりも、地域の文脈を読みこみ、再解釈して、求められている「生活の質」や「地域らしさ」を表現することが、むしろ現代的な開発手法になっています。このほうが大きな費用をかけずに済みますし、地域に新たな価値を与えることができるのです。大阪の長屋リノベーションも、現代的な市街地再開発だといえます。

本書の※金沢の事例で見たように、都会では薄《うす》れてしまったローカルな要素——人とのふれあい、近隣《きんりん》で協力しあうコミュニティ、余裕《よゆう》のある時間や空間、山や海など自然環境《かんきょう》への近さ、風土に根ざした衣食住の慣習、歴史を感じるまちの風景、伝統を醸《かも》す職人的なものづくりなど——が再評価され、地域に「価値」を与えています。たとえ新幹線が開

【国　語】（五〇分）〈満点：一〇〇点〉

【注意】 1　設問の関係で、原文とは異なるところがあります。
2　句読点（、や。）その他の記号（「や〃など）は1字分として数えます。

一　次の文章を読んで、あとの問いに答えなさい。〈問題は**問一**から**問六**まであります。〉

二〇世紀の経済における一つの特徴《とくちょう》は、規格化された画一的な商品を大量に生産・消費してきたことです。それにともなって、地域の固有性も失われていきました。地域それぞれに、歴史や風土に根ざした多様な暮らしがあったのですが、①近代的な開発のもとでどんどん失われていったのです。

A　現代では、そのような経済の仕組みは行き詰《づ》まり、これまで失われてきたものが見直されるようになっています。人びとはこれ以上「モノ」の量的な豊かさを求めるのではなく、それによって得られる「知識」や心温まる「感動」といった無形の要素を重視するようになりました。このようなニーズの変化は、②従来の経済活動や価値に対する考え方を大きく変えています。

たとえば「モノ」の機能は変わらなくても、あるいは時間がたって劣《れっ》化《か》したとしても、そこに「意味」や「物語」（ストーリー）が加わることで価値が大きくなります。芸術作品がわかりやすい例ですが、時間がたつと「モノ」としては劣化しても、歴史的な評価に耐《た》え、生き残ることでむしろその価値は高まります。これは、作品というモノそれ自体ではなく、そこに与《あた》えられた「意味」が価値の根拠《こんきょ》になっているためです。モノの「意味」が深まって、見ている人の知識や情動が高まれば、それにしたがい価値も増加するのです。

従来の経済の常識では、労働を投下して、新しい財やサービスをつくりだすことによってのみ、経済的価値は生まれるとされていました。

B　、何ら新しいものを生産しなくても、すでにあるものに対して「意味」を与えることで価値が高まるのならば、経済活動の様相は一変します。そのため、現代では「モノづくり」だけでなく、「コトづくり」（ストーリーの生産）が重要になっているといわれます。

C　、見えるもの、ふれられるものがあってこそ五感は刺激されますから、「コトづくり」の時代に入っても「モノづくり」の重要性は失われません。大事な点は、そこに知識や情動、倫理《りんり》や美しさといった無形の要素がどれだけあるかです。

「限界費用ゼロ社会」という表現があるように、すでにあるモノをコピーしたり増やしたりする生産は、デジタル化などの技術によって、限りなく費用ゼロでできるようになりつつあります（ジェレミー・リフキン『限界費用ゼロ社会――〈モノのインターネット〉と共有型経済の台頭』ＮＨＫ出版、二〇一五年。「限界費用」とは経済学の用語で、生産量を一単位増加させたときにかかる追加的費用のこと）。農業にせよ工業にせよ、規格品をたくさん生産するだけでは、値段を安くしていく価格競争に追いこまれてしまいます。

しかしたとえば、技術や知識をもった職人が、厳選された材料から精巧《せいこう》で美しい製品を生み出したならば、その製品はモノそれ自体にとどまらず、他にはない真実のストーリー、固有性を備えるでしょう。そこでは「ストーリー」のほうが主であり、「モノ」はその媒体《ばいたい》になってい

MEMO

大切なことはメモしておこうネ！

第1回

2021年度

解 答 と 解 説

《2021年度の配点は解答欄に掲載してあります。》

＜算数解答＞

【1】 (1) 159　(2) $65\frac{5}{11}$分　(3) 6回目　(4) 15才　(5) 午前5時
(6) 10回　(7) 120

【2】 (1) 23箱　(2) 132L　(3) 14個　(4) 21g　(5) 59.66cm
(6) ① $177.2cm^3$　② $258.24cm^2$

【3】 (1) (1, 1, 1), (1, 3, 1), (2, 2, 1), (2, 3, 2)　(2) ア 2　イ 4
ウ 8　エ 8　(3) 512通り　(4) 5通り　(5) 625通り

【4】 (1) 8分45秒後　(2) 12分15秒後　(3) 157.5m　(4) 22分15秒後
(5) 157.5m　(6) 437.5m

○推定配点○

【1】 各5点×7　【2】 各6点×7
【3】 (3)・(4) 各5点×2　(5) 6点　他 各2点×8
【4】 (6) 6点　他 各7点×5　計150点

＜算数解説＞

【1】 (周期, 時計算, 仕事算, 年令算, 速さ, 平均算, 数の性質)

基本 (1) 「1, 2, 3」のくり返しになっている。80÷3＝26余り2　整数の和は(1＋2＋3)×26＋1＋2＝6×26＋3＝156＋3＝159　よって求める答えは159である。

(2) 時計の長針と短針が重なってから次に重なるまでに360度の差ができる。長針と短針が1分間に進む角度の差は6－0.5＝5.5(度)　次に重なるまでの時間は$360\div5.5=360\times\frac{2}{11}=65\frac{5}{11}$(分)

重要 (3) 全体の仕事量を1とすると, 1日の仕事量はAが$1\div10=\frac{1}{10}$　Bが$1\div16=\frac{1}{16}$　$1-\frac{1}{16}\times2=\frac{7}{8}$　$\frac{7}{8}\div\left(\frac{1}{10}+\frac{1}{16}\right)=\frac{7}{8}\times\frac{80}{13}=5\frac{5}{13}$　5＋1＝6　2人で働き始めてから6日目に仕事が終わる。

(4) 兄の年令を□, 弟の年令を○とすると, □＋○＝42÷2＝21　□＝○×3－3より, ○×3－3＋○＝21　○×4＝21＋3＝24　○＝24÷4＝6　□＝6×3－3＝15　兄の年令は15才である。

(5) 都市Aから都市Bへ行くのに3600km÷900km/時＝4時間かかる。都市Bは都市Aより2時間遅いので, 都市Aが午前3時の時, 都市Bは午前1である。4時間かかるので, 1＋4＝5　よって, 都市Bに着く時刻は午前5時である。

重要 (6) 次のテストの点と平均点の83点の差100－83＝17(点)は, これまでのテストの平均点81.3点と83点の差が□回分集まったもの。(83－81.3)×□＝17　□＝17÷1.7＝10(回)

(7) 最大公約数を求めるすだれ算を書いて考える。A＝○×6, b＝△×6, a×b＝○×6×△×6＝2160　○×△＝2160÷36＝60　bが9の倍数になるには△は3の倍数。最小公倍数が6になるには, ○と△は互いに素なので, ○＝20　△＝3　a＝20×6＝120,

```
6) a  b
   ○  △
```

求める答えは120である。

【2】 **(過不足算，差集め算，濃度，つるかめ算，図形の移動，立体図形・体積・表面積)**

重要　(1)　1箱に6個入れる予定の箱10箱に1個も入ってなくて2個だけ入っている箱が1箱ということは，あと6×10＋(6−2)＝64(個)入れる余裕がある。3個ずつ入れるのと6個ずつ入れる差が集まって5＋64＝69(個)になっているので，箱の数は69÷(6−3)＝23(箱)

(2)　毎分11Lの割合で入れるのと同じ時間毎分6Lで入れると，満水まであと6L/分×10分＝60L入る。1分に入れる量の差が集まって60Lになっているので，毎分11Lの割合で入れるのにかかる時間は60÷(11−6)＝12(分)，この水そうの容積は11L/分×12分＝132Lである。

(3)　砂糖水の濃度が8％ということは，水の割合は100−8＝92(％)になる。砂糖：水＝8：92＝2：23＝□：800　$\square=800\times\frac{2}{23}=69\frac{13}{23}$(g)　$69\frac{13}{23}\div5=13$余り$4\frac{13}{23}$　13＋1＝14(個)
よって求める答えは，14個である。

(4)　もし，金属Tだけ5cm^{3}使うと9×5＝45(g)　実際との差は金属Sを混ぜているから，(48−45)÷(10.5−9)＝3÷1.5＝2
よって求める答えは，2gである。

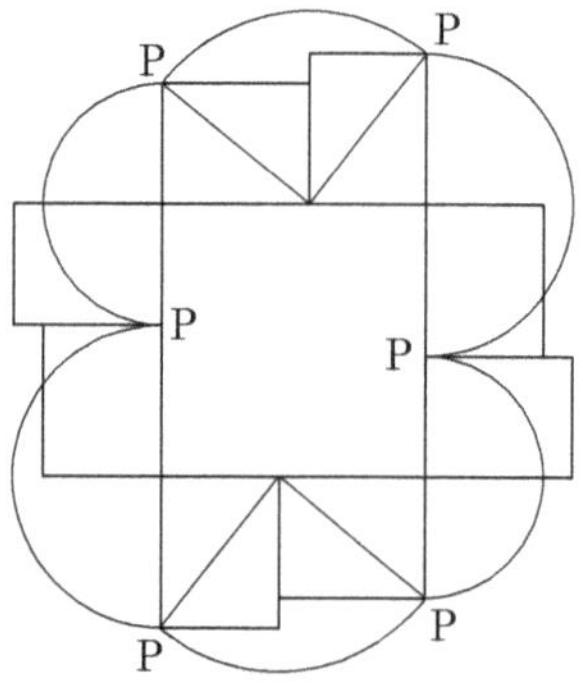

(5)　点Pが通ったあとを右図のようにかいて長さを考える。半径4cm中心角180度のおうぎ形の弧2つ分と半径3cm中心角180度のおうぎ形の弧2つ分と半径5cm中心角90度のおうぎ形の弧2つ分の和。求める長さは$\left(4\times2+3\times2+5\times2\times\frac{90}{360}\times2\right)\times3.14=19\times3.14=59.66$(cm)

(6)　①　体積は底面積×高さで求める。底面はたて6cm横4cmの長方形から半径2cmの半円を除いた形。体積は$\left(6\times4-2\times2\times3.14\times\frac{180}{360}\right)\times10=17.72\times10=177.2$(cm^3)

やや難　②　表面積は，底面積2つ分と，たて10cm横4cmの長方形2つ分と，たて10cm横6cmの長方形1つ分と，たて10cm横1cmの長方形2つ分と，たて10cm横が直径4cm中心角$\frac{180}{360}$のおうぎ形の弧になっている長方形の和になる。$17.72\times2+10\times4\times2+10\times6+10\times1\times2+10\times4\times3.14\times\frac{180}{360}=35.44+10\times(8+6+2+6.28)=35.44+10\times22.28=35.44+222.8=258.24$(cm^2)　よって求める答えは，258.24cm^{2}である。

【3】 **(規則性)**

基本　(1)　3回目にあがるには1回目2回目であがってはいけないので，1回目の目は1か2，2回目もそれぞれであがる目以外1回目1の場合は1か3，1回目2の場合は2か3になる。よって求める答えは，(1，1，1)(1，3，1)(2，2，1)(2，3，2)である。

重要　(2)　ア　1回目にあがらないのは1か2の目が出た場合。よって，2通り。　イ　1回目も2回目もあがらないのは2通りずつなので，2×2＝4，よって，4通り。　ウ　1回目2回目3回目もあがらないのは，2×2×2＝8，よって，8通り。　エ　4回目にあがるのは，2×2×2×1＝8，よって，8通り。

(3)　10回目にあがるのは，2×2×2×2×2×2×2×2×2×1＝512，よって，512通り。

(4)　2回目にあがるのは，1回目にあがらない5通りそれぞれに1通りずつ考えられるので，5×1＝5(通り)　または，(1，5)(2，4)(3，3)(4，2)(5，1)の5通り。

(5)　5回目にあがるには4回目まであがらないので，5×5×5×5×1＝625(通り)

【4】 **(速さの応用)**

重要　(1)　道のりが半周700÷2＝350(m)になるのは，350m÷(70−30)m/分＝8.75分　0.75分×

60＝45秒　　よって求める答えは，8分45秒である。

(2)　太郎君とRの間の道のりが350mになるとRは反時計回り進むので，出会うのは，8.75分＋350m÷(70＋30)m/分＝8.75＋3.5＝12.25分　　0.25分×60＝15秒　　よって，12分15秒後。

(3)　700÷70＝10より，太郎は10分でA地点にもどる。よって，A地点から時計回りに70×(12.25－10)＝157.5(m)である。

(4)　Rは太郎と出会うと3分間止まる。その間太郎は70×3＝210(m)進む。12.25＋3＝15.25(分)後Rは時計回りに進み，道のりが350mになる15.25分＋(350－210)m÷(70－30)m/分＝18.75分後，反時計回りに進む。2回目に出会うのは18.75分＋350m÷(70＋30)＝22.25分後　　よって求める答えは，22分15秒後である。

(5)　2回目に出会うまでにAは2周している。よって，A地点から時計回りに70×(22.25－10×2)＝157.5(m)である。

やや難

(6)　1回目も2回目もA地点から時計回り157.5mの地点で出会う。Rはそこで3分止まり，それから3.5分で進む向きを変え，その3.5分後に出会う。これを繰り返すので，A地点から時計回りに157.5m＋30m/分×3.5分＝262.5mより先には進まない。よって，通らない部分は700－262.5＝437.5(m)

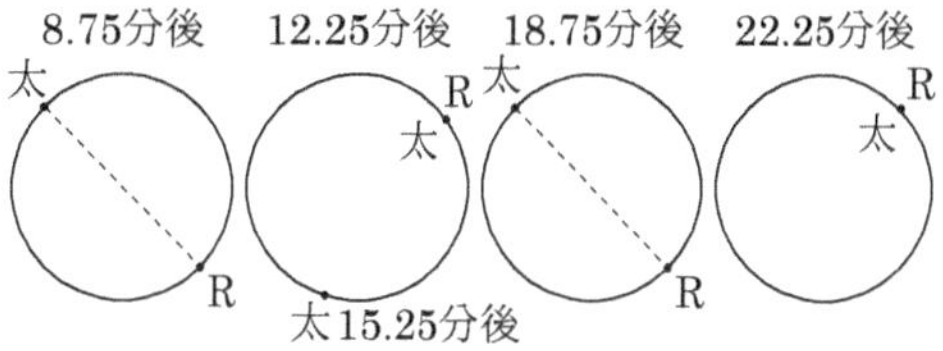

★ワンポイントアドバイス★

基礎的な問題を丁寧に取り組むよう日頃から練習すると同時に，応用的な問題に取り組むことが大切である。応用的な問題では，情報を整理してわかりやすくする，途中式をわかりやすく書くことを意識して取り組むとよいだろう。

＜国語解答＞

一　問一　ウ　　問二　地域の歴史　　問三　エ　　問四　イ　　問五　ア　　問六　エ

二　問一　ア　　問二　ウ　　問三　イ　　問四　エ　　問五　ア　　問六　エ

三　(例)　団員個々と指揮者とが，それぞれ一対一の関係を結び，その関係が複合的に集まっている

四　問一　①　歴訪　　②　鉄棒　　③　就任　　④　改革　　⑤　射　　⑥　食欲
問二　①　宝　　②　砂　　問三　①　看　　②　郷　　問四　得　　問五　イ

○推定配点○

一　各5点×6　　二　各5点×6　　三　10点

四　問一　各2点×6　　他　各3点×6　　計100点

＜国語解説＞

一　(論説文－要旨・大意の読み取り，文章の細部の読み取り，接続語の問題，空欄補充の問題)

基本

問一　A　Aの前では「失われていった」とあり，後では「失われてきたものが見直されるようになっています」とある。前後が反対の内容なので逆接の「しかし」が入る。　B　Bの前で述べ

られている経済的価値が生まれる仕組みと，後で述べられている経済的価値の高まり方は異なる。前後で異なることを述べているので逆接の「ところが」が入る。　C　Cの前で述べたことを当然のこととして，後で念押しをしている。「言うまでもなく」の意味を表す「もちろん」が入る。

問二　「近代的な開発」とはどのようなことかについて，筆者が説明している部分を探すと，文章の中ほどに「かつては，地域の歴史やその場所のストーリーを『リセット』することこそが開発だと考えられていた時代がありました」という言葉が見つかる。このなかから，開発を具体的に説明した「地域の歴史や……すること」の27字を抜き出す。

やや難　問三　手がかりになる言葉に注目して，「従来の経済活動や価値に対する考え方」を文章中から探す。アについては，文章の初めに「二〇世紀の経済における一つの特徴は，規格化された画一的な商品を大量に生産・消費してきたことです」とあるのにあてはまる。大量生産で値段を安くして，大量に消費するのである。イについては，第四段落に「従来の経済の常識では，労働を投下して，新しい財やサービスをつくりだすことによってのみ，経済的価値は生まれるとされていました」とあるのにあてはまる。ウについては，第八段落に「二十世紀の常識では，地域の発展のためには産業が必要だと考えてきました。しかし，二十一世紀の経済では，追加費用をかけて，いま以上にモノを増やしていくビジネスモデルは最小限になっていくでしょう」とある。「追加費用をかけてモノを増やす」のは，二十世紀の経済の考え方である。エについては，第十一段落から紹介されている二十一世紀の経済の説明として，「金沢の事例」について，第十五段落に「都会では薄れてしまったローカルな要素……が再評価され，地域に『価値』を与えています」とある。また，終わりから二段落めに「『金沢らしさとは何か』の議論のように，地元の人や専門家と一緒になって地道に学習するプロセスが必要です」とある。

問四　言葉のつながりをとらえて考える。Xの前では「特別に歴史的に価値があると認められる建物が点的に保護されるだけでしたが，本当は」とあり，「が」でつながる逆接の関係の内容がXに入ると分かる。「点的(部分的)」ではなく，本当はあらゆる場所に歴史があるというのである。

問五　「過去から継承してきたものに対して」，どうするのかということである。「継承」は，受け継ぐこと。受け継いできた過去のものに，現代的に磨きをかけるということは「時代の変化に応じて新たな価値を付け加えること」である。「磨きをかける」は，いっそうすぐれたものにするということである。

重要　問六　「根っこ」について述べている最後の段落に，「もちろん新しい取り組みを排するのではなく」とある。「排する」は，下がらせる，遠ざけるの意味。「根っこ」を育てていくときに，新しい取り組みを遠ざけるのではなく，と述べているのである。エの「これ以上新しいものを持ちこむことはやめたほうがいいね」は，本文の内容と合わない。アは，過去から継承してきたものに現代的な磨きをかけていくことが，「地域の『根っこ』を育て，豊かにしていくことにもつながる」とあるのと合う。イは，問三でとらえたように，終わりから二段落めに「『金沢らしさとは何か』の議論のように，地元の人や専門家と一緒になって地道に学習するプロセスが必要です」とあるのと合う。ウは，第十二段落で大阪の「昔たくさんつくられた長屋建ての住居」の例を挙げて，「モノとしては古くなり，その点では価値を失っていても，別の角度から『意味』を与えられることで，価値が再生するのです」と述べているのと合う。

二　(小説－心情・情景の読み取り，文章の細部の読み取り，空欄補充の問題)

基本　問一　A　「しかたないよ」「サッカー部しか強い部活ないし」という消極的に庇う言い方を表すことばは「やんわりと」が適当。　B　「わたし」が「え，あの，部活は？」と驚いた反応をしているように，悪口を言っているところに，来ると思わなかった坂口くんが入ってきたので

「ぎょっと」したのである。　C　悪口を言われて坂口くんは「完全に怒っている」ので，不機嫌になっていると考えられる。その気持ちに合うのは「ぼそっと」。

問二　《本文までのあらすじ》に「魅力的に成長した坂口くん」とある。そして，本文には「サッカー部のレギュラー」とある。女の子たちから見れば魅力的な男子なのである。そこで，役に立つことで気を引きたいのである。

問三　「タイミング」とは，坂口くんが「わたし」の横に並んだタイミングのことである。問一のBでとらえたように，「わたし」も悪口を言っていたと坂口くんは思っているだろうから，二人きりになって気まずいのである。

問四　坂口くんがぶすっとなったのは，高校に入学して，自分は桃(「わたし」)に「すぐ気づいて毎回振り返ってたのに」，桃は全然気づかなかったということを話すと，桃が「そうなの？　そんなにすぐ気づいたの？」と意外なことを聞いたというような反応をしたからである。坂口くんは桃に好意を持っているからすぐに気づいたのだが，自分に対する桃の関心は薄いのだと感じて，おもしろくないと思っているのである。アはまぎらわしいが，「あれ四回目だから」と言われて「わたしはまばたきをした」とあるのは，意外なことを聞いたから目をぱちぱちさせたことを表現している。わざと気づかないふりをしたのではないので，アは誤り。

や難　問五　この問いも《本文までのあらすじ》に着目する。「同じ図書委員になれたことで，話す機会が増えるかもしれないと心躍らせていた」とある。「わたし」は，坂口くんが委員会に出てくれることがうれしいのである。そのうれしさから思わず「ありがとう」と言ってしまったが，「なんで礼言うの？」と坂口くんに指摘されて，自分のことばのおかしさに気づいて「恥ずかしくなった」のである。

重要　問六　屋上の場面の坂口くんと「わたし」の様子は，「それぞれと盛り上がった」「ずっと楽しく話していた」「坂口くんは嬉しそうに笑った」と表現されている。途中で，坂口くんがぶすっとなったり，「わたし」は「急に怒られて戸惑った」りしているが，最後は坂口くんの機嫌はよくなっている。「寒々しく重たい雰囲気」ではない。　ア　会話文が多用されているが，短くて話し言葉風にくだけた言葉遣いになっている。　イ　問一・問三・問四で確かめたように，表情や動作が描かれ心情が表現されている。　ウ　屋上の場面は，「黄昏の下」と夕暮れから始まり，途中には「青色と桃色が混ざった柔らかな色合いの夕暮れに薄い月が出た。斜め下に小さく一番星が光っている」とあって，時間の経過を表現している。

三　(記述力・表現力)

や難　空らんの前の部分では，「関係というものは，どんな場合も，一対一だというふうに思うのだ」とある。そして，恋人を例にして「恋人がたくさんいても，わたしと，それぞれの恋人の，一対一の関係がたくさんあるだけ」と述べている。そして，次にその関係を「オーケストラの指揮者(＝わたし)」と「団員(＝恋人)」にたとえている。そう考えると，解答例のように「団員個々と指揮者とが，それぞれ一対一の関係を結び，」というようにまとめることができる。そして，それが「オーケストラの構造」としてどのような働きをしているかと考えると「その関係が複合的に集まっている」とまとめることができるだろう。「複合的」は，二つ以上のものが合わさって，一つのものになる様子。つまり，「一対一の関係がたくさんある」ということである。

四　(ことばの意味，四字熟語，漢字の書き取り，敬語，俳句)

問一　①「歴訪」は，方々の土地や人を次々に訪ねること。「歴」を使った熟語には「経歴」「歴代」などがある。「訪」の訓は「たず-ねる・おとず-れる」。「訪問」「探訪」などの熟語がある。　②「鉄棒」の「鉄」は，つくりを「矢」と誤らないように注意する。「棒」は，つくりの横棒の数に注意する。上に三本，下に二本である。　③「就任」は，ある職務につくこと。「就」は，つくりを「犬」と誤らないように注意する。「任」のつくりは，下の横棒が短いので注意する。「就」には「ジュ」の音もある。訓は「つ - く・つ - ける」。「就職」「成就(じょうじゅ)」などの熟語がある。「任」の訓は「まか - せる・まか - す」。「任務」「辞任」などの熟語がある。

④ 「改革」は，悪い点をあらため，変えること。「改」の訓は「あらた - める・あらた - まる」。「改善」「改装」などの熟語がある。「革」には「革命」「革新」などの熟語がある。 ⑤ 「的を射た」は，中心をとらえた，要点をとらえたの意味。「射」の音は「シャ」。「反射」「照射」などの熟語がある。 ⑥ 「欲」の訓は「ほっ - する・ほ - しい」。「欲望」「欲求」などの熟語がある。

やや難 問二 ① 「宝」の音は「ホウ」，訓は「たから」。「宝石」「財宝」は，音＋音で読む。「子宝」は，訓＋訓で読む。 ② 「砂金」は，砂のような形になって，河床などで自然に産する金。「白砂(はくさ・はくしゃ)」は，白く，きれいな砂。「砂鉄」は，風化や浸食によって崩れた岩石中の磁力を持つ鉄鉱が，河床や海岸に砂状にたまったもの。

問三 ① A「看板」，B「看病」で「看」。 ② A「故郷」，B「望郷」で「郷」。

基本 問四 「利害得失」は，利益と損害。「有名無実」は，名ばかりで実質がそれにともなわないこと。「半信半疑」は，なかば信用し，なかば疑いを持つこと。「弱肉強食」は，弱い者は強い者のために滅ぼされること。

重要 問五 1～4には，季節を表す言葉が入る。それぞれの俳句の意味は，次のとおり。 1 山の登り口も紅をさしたように紅葉が赤くなっていることだ。 2 水面を行く水鳥が胸の先で分けて進んでゆく桜の花びらであることだ。 3 花が咲かない自分の身をすぼめている柳であることだ。 4 草の葉の上にとまっていた蛍が，葉っぱの上を滑り落ちるように見えたと思ったら，落ちると同時にふわっと飛び立ったことだ。1は，「紅」とあるので「紅葉(もみじ)」が入ると判断できる。2は，進んでいく水鳥が胸で分けるものだから，「桜の花びら」と判断できる。3は，花が咲かないのだから「柳」と判断できる。4は，「飛ぶ」とあるので「蛍」と判断できる。

★ワンポイントアドバイス★

論説文は，話題についての筆者の考え方をとらえて，その考え方に沿って筆者がどのような例を挙げて説明を進めているかを読み取っていこう。小説は，行動や会話，様子などに表現されていることがらから人物の心情や思いをつかもう。また，場面に沿って表現の効果をとらえよう。

データ対応

収録から外れてしまった年度の
問題・解答解説・解答用紙を弊社ホームページで公開しております。
巻頭ページ＜収録内容＞下方のQRコードからアクセス可。

※都合によりホームページでの公開ができない内容については，
　次ページ以降に収録しております。

① 彼女の話はいつも［A］でわかりやすい。

こまめに手を洗い調理場を［B］に保つ。

② 彼は地球物理学の［A］家だ。

［B］の小僧《こぞう》習わぬ経を読む。

問四 次にあげる四字熟語のうち、１つには誤字が含まれています。それを改め正しい漢字一字を答えなさい。

明鏡止水　枝葉末節　馬耳東風　無我無中

問五 次の和歌の［１］～［４］に入る語の組み合わせとして最も適当なものを後から選び、記号で答えなさい。

君がため［１］の野に出《い》でて若菜摘《つ》む　わが衣手《ころもで》に雪は降りつつ　（光孝《こうこう》天皇）

山里は［２］ぞ寂《さび》しさまさりける　人目も草もかれぬとおもへ《え》ば　（源《みなもとの》　宗于《むねゆき》）

奥山に紅葉踏み分け鳴く鹿の　声聞く時ぞ［３］は悲しき　（猿丸大夫《さるまるたいふ》）

春過ぎて［４］来《き》にけらし　白妙《しろたえ》の衣ほすてふ《ちょう》天《あま》の香具山《かぐやま》　（持統《じとう》天皇）

ア　１　春　２　秋　３　冬　４　夏

イ　１　冬　２　秋　３　春　４　夏

ウ　１　春　２　冬　３　秋　４　夏

エ　１　春　２　秋　３　夏　４　冬

て価値があるということです。

私がことあるごとに「外国語にかまけるな」「若い時こそ名作を読め」と言っているのは、私自身の取り返しのつかない過去への※悔恨《かいこん》もあるからです。小中学校では古典的名作をだいぶ読みましたが、大学、大学院、若手研究者の時代には数学に没頭《ぼっとう》していたから殆ど読めず、名作に戻《もど》ったのは三十代後半からです。無論、大量に読む時間的余裕はなかったし、若者特有の感性もかなり失っています。若い時に感動の涙とともに読むのが何と言っても理想です。情緒や形を育てる主力は読書なのです。

社会に出てからは、すぐに読むべき本が多すぎて、名作にはなかなか手が伸びない。心理的余裕もない。名作は学生時代に読まないと一生読めないと考えた方がよい。なのに私は、※余暇《よか》を外国語などにうつつを抜かして、その機会を失ってしまったのです。

英語ばかりでなく、中学、高校とドイツ語やフランス語にも精を出し、大学以降はロシア語、スペイン語、ポルトガル語にまで手を出したのです。恥ずかしいことに、外国語オタクだったのです。高校時代に買った※『チボー家の人々』全五巻、大学時代に買った※『戦争と平和』、谷崎潤一郎訳の『源氏物語』全十巻は今も本棚《ほんだな》を飾っており、目にするたびに「まだ読まないね」と私を見下します。

もちろん語学だって出来ないよりは出来た方が遥《はる》かに良い。しかし、

【　　　　　　　　】。

（藤原正彦『国家の品格』による）

※注　福沢諭吉、新渡戸稲造、内村鑑三、岡倉天心…明治時代に活躍した思想家。
シェイクスピア…一五〇〇年代に活躍したイギリスの劇作家。
ディケンズ…一八〇〇年代に活躍したイギリスの小説家。
漢籍、漢文…昔の中国の書物、文章。　羨望…強いうらやみの気持ち。
悔恨…過ちを後悔すること。　余暇…自由になる時間のこと。
『チボー家の人々』…フランス文学作品。ロジェ・マルタン・デュ・ガール作。
『戦争と平和』…ロシア文学作品。レフ・トルストイ作。

四　次の問いに答えなさい。（問題は**問一**から**問五**まであります。）

問一　次の①～⑥について、――部のカタカナを漢字に直しなさい。

① 会議で活発なトウロンが交わされた。
② テレビでセンデンしている商品を買う。
③ 試験合格のロウホウが届いた。
④ 球場に大勢のカンシュウがつめかけた。
⑤ 魚のホネがのどにつかえる。
⑥ 保健室で包帯をマく。

問二　次の①・②の□にそれぞれ同じ漢字一字が入ります。その漢字を答えなさい。

① □心　幕□　□閣
② 参□　□方　□目

問三　（例）にならって次の①・②の A ・ B に入れるのに適当な熟語を考え、その両方に共通する漢字一字をそれぞれ答えなさい。

（例）先生を心から A している。（尊敬）
お客様には B を使う。（敬語）　解答…敬

エ　ルビを振ったり何度も書き直したりして、字がうまく書けない恥ずかしさを隠そうとしている。

問三　――線③とありますが、筆者はなぜこのように後悔《こうかい》しているのですか。最も適当なものを次の中から選び、記号で答えなさい。

ア　祖母は新聞に書いてある内容を知りたかったのではなく、実は漢字が読めるようになりたかったのだと気づいたから。

イ　伝わるかどうかも分からない当て字を使ってまで、漢字で手紙を書こうとした祖母の熱心さに尊敬の念を覚えたから。

ウ　祖母が漢字とひらがなの使い方の違いを知っていたならば、もっと満足のゆく手紙を残せたに違いないと思ったから。

エ　漢字とはどういうものかを知ることで、漢字に強い思いを抱《いだ》いていた祖母の楽しみがいっそう増したと思われるから。

問四　(1)　――線④に対する筆者なりの答えが述べられている箇所《かしょ》を、文中から2文続きで探し、はじめの3字を記しなさい。

(2)　また、その2文からどのような祖母の性格（人柄）がうかがえますか。文中から11字で抜き出しなさい。

問五　――線⑤のような祖母の生き方を、筆者はどのように受けとめていますか。そのことが書かれている1文を文中から抜き出し、はじめの3字を答えなさい。

三　次の文章の【　】の部分には、どのようなことが記されていると考えられますか。文脈に照らし合わせて30字以上40字以内で答えなさい。

真の国際人には外国語は関係ない。例えば明治初年の頃、多くの日本人が海外に留学しました。彼らの殆《ほとん》どが下級武士の息子でした。※福沢諭吉、新渡戸稲造、内村鑑三、岡倉天心と、みな下級武士の息子です。

　彼らの多くは、欧米に出向いていって、賞賛を受けて帰って来る。海を渡る前、おそらく彼らは、西欧のエチケットはほとんど知らなかったはずです。レディー・ファーストやフォークとナイフの使い方もよく知らないし、※シェイクスピアや※ディケンズも読んでいない。世界史も世界地理もよく知らなかった。福沢、新渡戸、内村、岡倉などは例外ですが、多くは肝心《かんじん》の英語さえままならなかったはずです。だけど尊敬されて帰って来た。

　彼らの身につけていたものは何か。まず日本の古典をきちんと読んでいた。それから※漢籍《せき》、すなわち※漢文をよく読んでいた。そして武士道精神をしっかり身に付けていた。この三つで尊敬されて帰って来たのです。美しい情緒《じょうちょ》と形で武装していたわけです。

　いま海外に百万人近い日本人が住んでいますが、その中のどれぐらいの人が尊敬されているでしょうか。※羨望《せんぼう》はされても尊敬されている人は非常に少ないのではないでしょうか。

　国際社会というのはオーケストラみたいなものです。オーケストラには、例えば弦楽器《げんがっき》ならヴァイオリンとヴィオラとチェロとコントラバスがある。だからといって、ヴァイオリンとヴィオラとチェロとコントラバスを合わせたような音色の楽器を作って、オーケストラに参加しようとしても、必ず断られる。オーケストラはそんな楽器は必要としないからです。ヴァイオリンはヴァイオリンのように鳴ってはじめて価値がある。日本人は日本人のように思い、考え、行動して初めて国際社会の場で価値を持つ。ガーナ人はガーナ人のように思い、考え、行動して初め

は消した跡《あと》も残っている。生まれて初めて見た祖母の漢字。当て字に祖母独特の漢字が使われ、祖母の漢字に対する強い憧《あこが》れがいとおしい。

私が田舎に行くと、「新聞を読んでおくれ」と言ったものだった。③あの時、ひと言漢字に意味のあること、やさしい辞書で字の引き方を教えてあげておけばよかった。そうすれば心豊かに、漢字の世界に旅することも出来たのではなかったか、と悔《く》やまれる。祖母は家の人たちに漢字の読み方、書き方を尋《たず》ねなかったという。④漢字の出所は何処《どこ》にあったのだろうか？

家人が仕事で留守がちな家の中で、祖母はよくひとり、陽当りの良い広い縁側《えんがわ》に座《すわ》っていた。向かいに見える山肌が新緑をまとったり、紅葉に染まったり、またあるときは庭に続く桑畑《くわばたけ》に積もった雪が陽に照《て》り映《は》える、それらを眺めながら、様々な追憶《ついおく》に耽っていたことであろう。

明治、大正、昭和と、たび重なる戦争の苦渋《くじゅう》の日々のこと。村の年寄りたちの他界を知らされた日の深い寂寥感《せきりょうかん》。白内障を患《わずら》い、神経痛に悩《なや》まされながら、孫やひ孫たちの結婚式《けっこんしき》の写真や、絵入りの手紙などあかずに眺めた楽しい日々のこと。それらを思い出しながら、⑤密《ひそ》かに九十の手習いを始めていたのだった。

思えば、ひ孫たちの手紙からルビのある漢字を拾ったり、昔、孫たちの読んだ大きな活字で、漢字にルビの振ってある童話の本を探し出し、やさしい文字だけ拾ったに違《ちが》いない。それを綺麗《きれい》な包装紙の裏に覚え書きにと、漢字とひらがなを並べて書き、祖母専用の当て字の辞書を作っていたのかも知れない。どのように独学に苦心したのかだれにも口外することなく、他界にまで持参してしまった。

祖母は、用件だけならひらがなの手紙で済むのに、自分の独り学びの漢字が果たして通じるものか、通じないものか、※還暦《かんれき》を過ぎた自分の末娘だけに、心おきなく披露《ひろう》したのではないだろうか？　その祖母が、晩秋の霜《しも》が真っ白に降りた日、遅咲《おそざ》きの野菊《のぎく》やコスモスの花がゆれている村の小道を、杖《つえ》を突《つ》き突き、郵便ポストへと歩いて行ったそうだ。

『気《キ》立《タ》戸《ト》気《キ》ニ夜《よ》ゐ《ろ》知《し》九《く》行手九だサ工待《ま》せ……見《ミ》名《ナ》サんサ夜名ラ』

（来た時に宜《よろ》しく言って下さいませ……皆さんさようなら）

祖母の文字は世間には通用しないだろう。けれど、一生の終りまで自らを充実《じゅうじつ》させて生き抜《ぬ》いたその態度が、文面によく表れていて、それは私にとっての大切な贈《おく》り物《もの》となっている。

（杉田多津子『みずひきの咲く庭』による）

※注　白寿…九十九歳のこと。　茶毘に付される…火葬される。

古希…七十歳のこと。　喜寿…七十七歳のこと。

還暦…六十歳のこと。

問一　――線①の「……」の部分に当てはまる祖母のことばを考えて、10字以上15字以内で記しなさい。

問二　――線②から読み取れることとして、最も適当なものを次の中から選び、記号で答えなさい。

ア　正式な手紙の書き方が分からないので、せめて字だけでもきれいに書こうと慎重《しんちょう》になっている。

イ　一つ一つの字に一生懸命《けんめい》に向き合い、自分の書いた文字が相手に伝わるよう心配りをしている。

ウ　たとえ当て字であろうとも、自分が漢字を覚えたことを人に知らせたい気持ちがあふれている。

その後、祖母のもとへ孫やひ孫たちから、ひらがなの手紙が時々届いた。娘《むすめ》も小学校に入学し漢字を習うと、うれしくて、「ひい祖母《おばあ》ちゃんへ――紀子《のりこ》より」と、漢字にルビを振《ふ》って出したものである。祖母の悲報を知らされた朝、娘は最後の手紙を涙《なみだ》にくれながら書き、私に託《たく》したものだった。それをお棺《かん》に入れた。

山影《やまかげ》を湖面に映した神流《かんな》湖に車が差しかかると、湖水の上に風が吹《ふ》き渡《わた》り、冷たい冬の陽《ひ》は踊《おど》り、銀色のさざ波が見られた。それらに目を落としたとき、①私はふと祖母の声を聞いたように思う。〈孫やひ孫たちに沢山《たくさん》手紙をもらって、また今日も……〉いつしかその声は、静寂《せいじゃく》な湖の中に吸《す》い込《こ》まれていった。

ある春も浅い日。久びさに叔母《おば》の家で、祖母の思い出を語り合ったとき、私が、

「おばあさんは田舎《いなか》でも、ひらがなの家計簿、付けていたのかしら？」

と言うと、叔母は何を思ったのか、

「母から、手紙がきたことがあるのよ」

と手箱から、一通の古い封書《ふうしょ》を取り出した。

私はきっと、その手紙は、伯父《おじ》の代筆によるものだと思った。それでも、懐《なつ》かしい祖母の語り口に会えるのが楽しみで、そっと開いてみた。驚《おどろ》いたことにはそれは祖母自筆の手紙だった。

『知ばラ九ごぶサ立オえ《い》田知待《ま》知立、見名サ待にわオカわりごサエ待せんカ……』

（しばらくご無沙汰《ぶさた》を致《いた》しました。皆様《みなさま》にはお変りございませんか）という書き出しで、田舎の者は皆《みな》元気で暮らしているからご安心下さい……寒くなるから風邪《かぜ》をひかないようにして働いて下さいませ。（新井かの　字を見て意味が分かったら皆に知らせて下さいませ）と結んでいる。

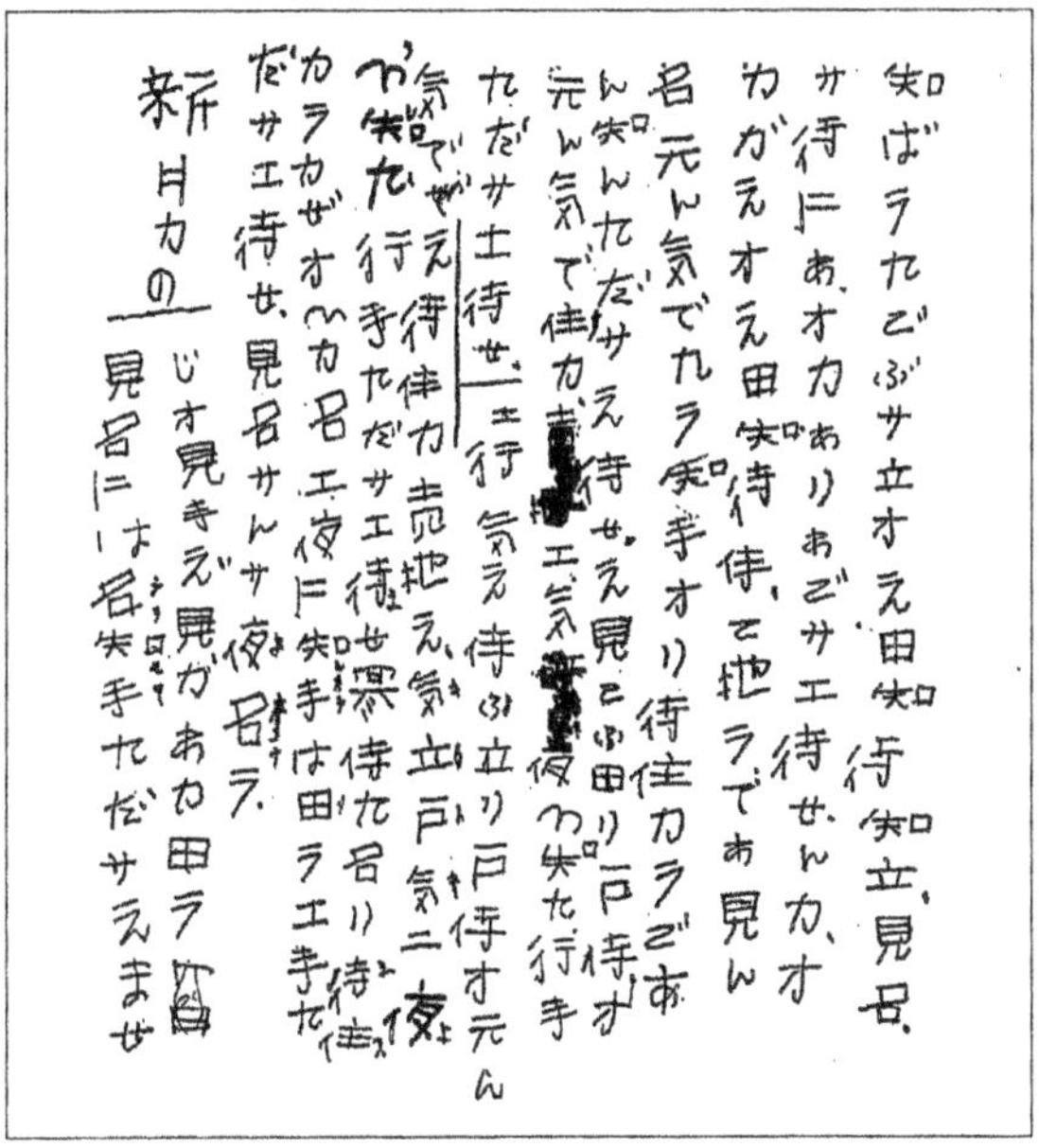

新井カの

『ジオ見手え見《い》がわカ田ラ

見名には名知手九《シラセテ》だサえませ』

手紙の書き方を知らなかった祖母は、便箋《びんせん》などの中で、最後に――様と、先方の氏名を書く上の方の場所に、自分の名前を書いてしまっている。もっとも自分の名前だから、様の字だけはとり除いてあった。

手紙の書体にも特徴《とくちょう》がある。②鉛筆《えんぴつ》を握《にぎ》りしめて字に力をこめて、罫《けい》に正しくそって、隅《すみ》から隅まで書き、自分の書いた漢字が読めないと困ると思い、カタカナ、ひらがなのルビまで振られている。幾度《いくど》か書いて

この「おっさんの茶々」問題は、科学を考える上で、実は一つの重要なポイントである。最初に書いたように科学的な物の考え方の基礎《きそ》には、この世界は「法則」に支配されており、同じことをすれば同じ結果が返ってくるという前提がある。そうであるなら、「正しい」ことというのは、1足す1が2になるように、常に〝100％正しい〟ものとして与えられるはずである。しかし、現実の世界では、同じことをしても同じ結果が返って来ない（正確に言えば、まったく同じ条件を2度作ることが現実的にできない）。

従って、そういった現実的な問題に対する科学的な※知見というのは、「これまでどれくらい、この薬の使用例があり、そのうちどのくらいの人で効果がありました」というような統計学的なものにならざるを得ない。つまり「この薬はこの人のこの病気に効くのか？」といった現実的な※命題に対する科学的な回答というのは、たとえば「60％の確率で効果がある」というような確率的なものになってしまう。Ｙｅｓ《イエス》／Ｎｏ《ノー》で答えるとするなら「　　」である。

※注　知見…見解。　命題…課せられた問題。

二　次の文章を読んで、後の問いに答えなさい。〈問題は**問一**から**問五**までであります。〉

立春の声をきいた朝、※白寿《はくじゅ》の祝いを間近にした母方の祖母は、群馬の静かな山村で眠《ねむ》るように逝《い》った。子ども、孫、ひ孫たちが※荼毘《だび》に付される祖母の供をして、神流《かんな》川に沿って伸《の》びている三十数キロの道を、十数台の車に分乗し最後の旅をした。

凍《い》てついた青空が山肌《やまはだ》の裸《はだか》木の梢《こずえ》の上に広がり、杉林《すぎばやし》の下に淡雪《あわゆき》がまだらに残っている。私はそれらを車窓から眺《なが》めながら、祖母の思い出に耽《ふけ》っていた。

明治十六（一八八三）年、雪深い新潟《にいがた》の寒村で生まれ育ち、九歳《さい》の頃《ころ》から子守奉公《こもりぼうこう》に出された祖母は、十八歳で大工の棟梁《とうりょう》である祖父の所に嫁《とつ》いだ。五、六人の内弟子《うちでし》の世話をしながら七人の子どもを育てた。

何事にも研究熱心だったから、子守りをしながら着物などの解《ほど》き物をさせられた時、解《と》きながら仕立てを覚えたという。文字だけは手本があって読み方が分からないから、仕立物のように独学は出来なかった。六十の手習いで孫の一人にカタカナ、ひらがなの読み書きを習ったそうだ。

※古希《こき》をすぎた祖母は、祖父が逝った後も世田谷で一人、隠居《いんきょ》暮らしをしていた。その時、一度だけ祖母の留守のとき、自筆の字を見たことがある。それは、裏が真っ白い広告紙を綴《と》じ合わせて作った家計簿《かけいぼ》に、筆字で書き留められていた。

十ガツ八カ、ホウれんソウ、××エん
トウふ、××エん
わカメ、××エん

ひらがなカタカナ入り乱れた文字。あの家計簿は、※喜寿《きじゅ》の祝いを済ませ郷里に戻《もど》る際、紙屑《かみくず》として灰となってしまったのかもしれない。

て大阪の道頓堀に飛び込むことをさす。

パラダイム転換…ものの見方や考え方の枠組《わくぐ》みが変化すること。

構築…組み立て築くこと。　阻害…へだてさえぎること。

攪乱…かき乱すこと。

ジレンマ…相反することの板ばさみになって、どちらとも決めかねる状態。

『ツァラトゥストラはかく語りき』…哲学者《てつがくしゃ》ニーチェの著書。

問一　――線①とありますが、「どっかのおっさんの茶々が入るような仕組み」とは、どのような「仕組み」ですか。最も適当なものを次の中から選び、記号で答えなさい。

ア　単純なつくりであるのに面白い効果を生むので、興味を引かれるような仕組み。

イ　発想があまりに子供じみているために、大人が馬鹿《ばか》にしたくなるような仕組み。

ウ　人をごまかしてもかまわないという、ずうずうしさを感じさせるような仕組み。

エ　これでは本当の勝負にならないではないかと、文句をつけられるような仕組み。

問二　[X] に共通して入る言葉として最も適当なものを次の中から選び、記号で答えなさい。

ア　信仰《しんこう》　イ　信用　ウ　経験　エ　試験

問三　――線②とありますが、これらの「考え方」が成り立つために必要となる条件は何ですか。それを説明した次の文の空らんに入れるのに最も適当な部分を、文中から20字以上25字以内で抜《ぬ》き出《だ》し、はじめとおわりの３字を記しなさい。

この世界は［　　］と考えること。

問四　――線③とありますが、「『そんなバカなこと』」にあたる内容として最も適当なものを次の中から選び、記号で答えなさい。

ア　現実世界の様々な要因によって、結果が左右されることを前提として研究すること。

イ　ありのままの自然現象を観測し、最も一般性の高い法則を見つけ出そうとすること。

ウ　複雑な観察結果をできるだけ単純化して、本来の生命現象の仕組みを考察すること。

エ　実験に影響を与える要因を生物から排除し、より純粋《じゅんすい》な科学的真理を追究すること。

問五　――線④の説明として最も適当なものを次の中から選び、記号で答えなさい。

ア　科学が世界の謎《なぞ》を解き明かし真理を明らかにしていくイメージは、全く根拠がないものであるということ。

イ　現実世界で通用する科学において、すべての場合に当てはまる真理というものは存在しないということ。

ウ　何が真理かは個人の考えで決めることだから、誰もが認める正しさというものはあり得ないということ。

エ　科学における真理は科学者だけが理解できるもので、日常の生活には何の意味もないものだということ。

問六　次のページにあげる文章（問題文の中略部分）の［　　］に入れるのに適当なことばを考え、５字以上10字以内で記しなさい。

たと、喜んで患者《かんじゃ》にその薬を投与《とうよ》してみたら、10％の人にしか効果がない、というようなことが、普通《ふつう》に起こるのだ。つまり「法則」的な意味では（試験管の中では）１００％効果がある薬の効き目に「茶々を入れるおっさん」が、現実の人間の体の中にはいる。「消える魔球」のように薬の効果が消えてしまうのだ。

その理由は、たとえば、せっかくの薬を分解して体外に排出《はいしゅつ》してしまう酵素《こうそ》の力であったり、薬を患部《かんぶ》までうまく運べないという問題であったり、薬の効きを阻害する物質が細胞の中にあったり、あるいはウイルスのレセプター自体に人によって微妙《びみょう》に異なったいくつかの種類があったり、といったような様々なことである。そういった多くの要素が、その個人の持つ遺伝子のタイプ、年齢《ねんれい》や性別、あるいは食べ物や環境《かんきょう》といったものたちの影響《えいきょう》を受けて、患者一人一人で違っている。その影響で薬の効き目も違ってくる。それは本来、地球の中心に向けて重力加速度に基づき真《ま》っ直《す》ぐに落下するはずのリンゴが、現実の世界では空気抵抗や台風の風で、理論通りには落ちてこないことと、基本的には同じである。

それじゃ、リンゴの落下実験で真空にしたように、細胞の研究でもそういった※攪乱《かくらん》要因を取り除けばいいじゃないか、複雑な現象を単純化して、その中にある「法則」を見つけ出すのが科学じゃないか、そう言う人もいるだろう。まったくもって、ごもっともな意見である。しかし、この問題が深刻なのは、現実の生物・細胞を使った研究などでは、攪乱要因の数があまりに多く、それらを完全に排除《はいじょ》した状態を作ることが、実務上、不可能に近いという点である。あちらこちらに「おっさん」がいて、茶々を止めないのだ。

また、もう一つの問題は、そういった攪乱要因を取り除けば取り除くほど、〝現実〟から離れていってしまうという※ジレンマである。極端《きょくたん》な話、試験管の中でウイルスとレセプターと薬のみを入れれば、「科学的な真理」を得られるかも知れないが、人に投与して効き目がなければ、そんな「真理」は役に立たない。ニーチェは、※『ツァラトゥストラはかく語りき』で「神は死んだ」と宣言したが、どっこい「茶々を入れるおっさん」は生きている。それが現実の世界であり、そこで通用する科学は茶々の存在を前提にしたものでなければならない。

〈中略〉

批判を承知で単純化して言えば、科学には実は性格の異なった二つのものがあるのだ。一つはこの世の真理を求め、単純化された条件下で１００％正しいような法則を追い求めるもの。そしてもう一つは元来〝１００％の正しさ〟などあり得ない、茶々を前提とした、より現実的なものである。このかなり性格の異なった二つのものが、「科学」という名の下でごっちゃになっている。特に前者の「科学」が持つ、この世界の真理や真実を解き明かしていくというイメージは、あたかもその対象が何であっても「正しい」ことと「正しくない」ことを判定し、明確な回答を与えてくれるような期待を抱《いだ》かせる。

しかし、実情を言えば、一般的に思われているより遥《はる》かに多くの「科学」が後者のグループに属している。特に、人の生活に密接に関連するような話は、ほとんどがそうである。つまり④「１００％の正しさ」など元々ない。

（中屋敷均『科学と非科学』による）

※注　醍醐味…本当の面白さ。

秋には道頓堀だ～！…プロ野球・阪神タイガースのファンが優勝を祝っ

まで正確に予測できるようになるのだから、それは確かに素晴《すば》らしいことである。

　しかし、帰納法というのは単純な理屈の上から言えば、さほど根拠《こんきょ》がしっかりした考え方という訳でもない。たとえば、昨日、阪神《はんしん》が勝っていたとする、そしてなんと今日も勝っているではないか。帰納法が成り立つなら、明日も勝つし、明後日も勝つ。おお、※秋には道頓堀《どうとんぼり》だ～！という理屈が成立するか、という話である（ちょっと違うか？）。これまでそうだったから、この先も必ずそうなるという論理は、一般的には成立しない。では、リンゴはいつ見ても地面に落ちるが、それはこれまでの観測ではそうであっただけで、この先、落ちないことが起こる可能性はまったくないのだろうか？　ないと言うなら、どうしてそう言えるのだろう？

　実は帰納法と演繹法が世界を説明する論理として成り立つためには、重要な前提がある。それはこの世界は同じことをすれば、同じ結果が返ってくるようにできている、という仮定である。別の言葉で言うなら、この世は、ある種、機械的な「法則」により支配されているという仮定だ。この前提で考えれば、事例を集めて「法則」の発見にたどり着けば、その後はすべてそれに従って現象を説明・予測できることになる。この前提は「神々が支配していた世界」から、人類の理性で世界を説明できるとする「理性が支配する世界」への※パラダイム転換《てんかん》に伴《ともな》って得られたものであり、現代科学の根幹となっている。この前提が絶対的に正しいのか、それは誰《だれ》にも分からない。ただ、それに基《もと》づいて※構築された近代の科学は、この世の多くのことを説明・予測するのに成功し、実際に役立ってきた。この世には消える魔球もおっさんの茶々もなく、同じことをすれば、同じ結果が返ってくるようにできている、だから世界は説明できる、と現代人は信じている。私も科学の世界に身を置く者の一人として、大筋でこの世界観に異論を持つ訳では、もちろんない。そう、だからリンゴは木から落ちてきたし、今からも落ち続けるはずなのだ。

おっさんは生きている

　しかし、少しだけ待って欲《ほ》しい。本当にリンゴはこの世でいつも同じように地面に落ちるだろうか？　物理学では地球上における物体の落下速度（v）は、初速が０であれば、v=gt（gは重力加速度、tは時間）で与《あた》えられるとされる。だが、地球上のどこでリンゴを落としても、この公式通りにリンゴは落下などしはしない。それは空気抵抗《ていこう》があるからである。もっと言えば、たとえば台風の風で落ちるリンゴを見てみよう。場合によっては、リンゴは落下どころか風に飛ばされ舞《ま》い上《あ》がるかも知れない。こんなことを書いていたら、何をバカなことを言っているのだ、そんなことは当たり前ではないか、重力加速度通り（法則通り）の速度を計測したいのなら、真空条件でやらないといけないに決まっているだろうと、物理学の先生に笑われるのがオチである。しかし③「そんなバカなこと」を大真面目《おおまじめ》にやっているのが、同じ科学と言っても、たとえば生命科学である。

　それはどういう意味か？　一例を挙げれば、あるウイルス病の薬としてウイルスの細胞《さいぼう》への侵入《しんにゅう》部位であるレセプターとウイルスの結合を※阻害《そがい》する薬があったとしよう。ウイルスとレセプターとその薬だけを試験管内で混ぜれば、なんと百発百中結合を阻害する。すごい薬ができ

【国　語】〈五〇分〉〈満点：一〇〇点〉

【注意】句読点（、や。）その他の記号（「や〃など）は一字分として数えます。

一　次の文章を読んで、後の問いに答えなさい。〈問題は問一から問六まであります。〉

野球盤《ばん》ゲーム

小学生の頃《ころ》、よく野球盤で友だちと遊んだ。パチンコ玉のようなボールをピッチャーが投げて、もう一人が野球盤に固定されたバットでタイミングよく打ち返すというゲームである。ところが、このゲームのピッチャー側には、秘密兵器の「消える魔球《まきゅう》」が用意されている。これは野球盤のホームベースの前に切《き》れ込《こ》みがあり、それが下がって、ボールが床下《ゆかした》に消えてしまうというものである。これをやられるとバッター側はもうお手上げだ（消える魔球をボールが落ちる前に無理矢理《むりやり》打つという強者もいるにはいたが……）。野球の勝負の※醍醐味《だいごみ》が、いかにピッチャーの球にタイミングを合わせて打ち返すか、だとするなら、①消える魔球はその勝負にどっかのおっさんの茶々が入るような仕組みである。なんで、こんな「おっさんの茶々」を許すような仕組みになっているのだろうと思わないでもないが、野球盤に「消える魔球」が登場して以来、なくなることなく現在に至っており、どこか人の心を魅了《みりょう》する部分があるのだろう。

「正しい」こととは？

科学というと、この世にある法則や原理の発見など、世界の真理や真実を解き明かしていくというイメージが強いものである。しかし、この世の真実、つまり「正しい」こととは、一体、何なのか？　以下、屁理《へり》屈《くつ》のような話が続くことになるが、これは実際、単純な話ではない。たとえば「リンゴが木から落ちる」という現象がある。これはニュートンが万有《ばんゆう》引力を発見したきっかけとなったとされる「由緒《ゆいしょ》正しい」物理現象であるが、この「リンゴが木から落ちる」というのは〝正しい〟のだろうか？　もし、〝正しい〟とするなら、それはどうしてそう言えるのだろう？

人間が把握《はあく》できることというのは、基本的に［X］から来ており、「リンゴが木から落ちる」ことが正しいと信じられているのは、リンゴを枝から切り離せば地上に落下するということを、これまでずっと人類が［X］してきたからである。そして、そこからニュートンは、万物《ばんぶつ》はすべて互《たが》いに引き合っているという、「リンゴと地球」の関係だけに留《とど》まらない、たとえば星と星の関係のような、より一般的《いっぱんてき》な現象に適用できる「万有引力の法則」を発見した。そしてそれが今では物理学上の「正しい」法則と信じられている。この例は科学的な「正しさ」についての非常に重要な二つの考え方を含《ふく》んでいる。

一つは「繰《く》り返《かえ》し起こることは法則化できる」という考え方である。そして、もう一つは「法則化できたことは、他の現象にも応用できる」という考え方である。②これらは「帰納法」および「演繹法《えんえきほう》」と呼ばれる論理であり、科学を支える非常に重要な考え方となっている。リンゴはいつ見ても、木から切り離されれば、地面に落ちるし、それを地球とリンゴが引っ張り合った結果と考えると、より多くの現象にも同じ考え方を適用できるようになる。実際、その法則を使えば、惑星《わくせい》や彗星《すいせい》の動き

問四　矢印の方向に向かって読むと２字の熟語が完成するよう、□に漢字１字を入れなさい。

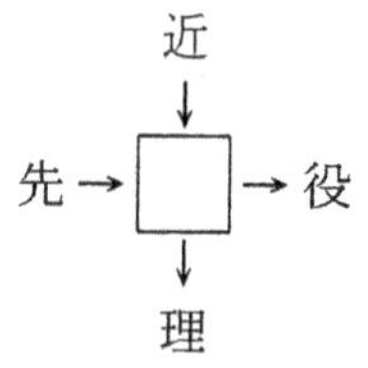

問五　次の□に共通して入る語（漢字１字）を答えなさい。

・奥山に紅葉踏み分け鳴く鹿の声聞くときぞ□はかなしき（猿丸《さるまる》大夫《だゆう》）

・吹く風の涼しくもあるかおのづ《ず》から山の蝉《せみ》鳴きて□は来にけり

（源《みなもとの》 実朝《さねとも》）

・静かな静かな里の□おせどに木の実の落ちる夜は…（齋藤信夫）

ないことだ。現在の社会が全体として向かっている方向、社会が毎日生み出している環境《かんきょう》汚染《おせん》や資源の浪費《ろうひ》は、結局のところ私一人ぐらいがと思う、ごく普通《ふつう》の人が集まって作り出していることを忘れてはいけない。

いま多くの日本人は、自分の日常生活が贅沢《ぜいたく》極《きわ》まりないものだとは感じていないと思う。ところがそのような普通《ふつう》の人が集まって人口一億二千五百万の日本という国にまとまると、それは世界一の豊かで贅沢な国、外国の人々から羨望《せんぼう》の目で見られる消費大国になってしまうのである。

だからこそ私一人ぐらいなどと、自分の力を過小評価してはならない。自分を巨大《きょだい》な社会の片隅《かたすみ》にいる無力でちっぽけな存在と思うことは、とんでもない間違いなのである。一人ひとりがすべての元なのだ。自分が変われば社会も変わる、自分は社会に対して能動的に働きかける力があるのだと、自分の力に自信を持ってかまわないのだ。いや持つべきなのである。

よく人は、【　　　　】

などと言う。私は、このような考え方ほど、矛盾《むじゅん》した考えはないと思う。誰《だれ》でも自分が愚《おろ》か者《もの》だとは思っていないだろう。人間には自尊心がある。人からよく思われたいのは人情であろう。それなのに、自分がよくない、正しくないと思うことをみんながしているからというだけで、自分までがその人々に加担して、愚か者の仲間入りをするのはおかしいではないか。

（鈴木孝夫「人にはどれだけの物が必要か～ミニマム生活のすすめ」よる）

四

次の各問いに答えなさい。〈問題は**問一**から**問五**まであります。〉

問一　次の①～⑥の――線部のカタカナを漢字に改めなさい。

① 室内をテキオンに保つ。
② 今後の動向をチュウシする。
③ お店を現代風にカイソウする。
④ 地球はジキを帯びている。
⑤ 今期でユウタイする名監督《めいかんとく》。
⑥ キャプテンとしてチームをタバねる。

問二　次のA・Bの□に入る漢字の前後のいずれかに、語群ア～ケの漢字を置くと2字の熟語が完成します。例にならってそれぞれにあてはまる漢字を記号で答えなさい。

〈例〉
一Ｘ二鳥　　語群　A、定　B、雨　C、外
答え…A（定石）

有Ａ無実
粉骨砕Ｂ

語群
ア、声　イ、鳴　ウ、飛　エ、雪　オ、決
カ、里　キ、緑　ク、会　ケ、辺

問三　次の①・②の□に入るそれぞれ漢字1字を記しなさい。

① 彼女の受け答えは□の打ち所がない。
② 仕事をしないで□を売っていてはいけません。

が遠のいた。

問三 ——線③とありますが、どうしてですか。最も適当なものを次の中から選び、記号で答えなさい。

ア 息子の死を信じ切れないおばあさんの想いに対し強いあわれみを覚えたから。

イ 悲惨な死に方を想像するおばあさんがかわいそうで否定してあげたかったから。

ウ 詳しい山の知識がないにもかかわらず不安になるおばあさんに憤りをもったから。

エ この山のクマは人を襲わないと知っていたのでおばあさんを安心させたかったから。

問四 「Ⅰ」から「Ⅲ」に入る最も適当なことばを次の中からそれぞれ選び、記号で答えなさい。

ア わだすが腕をだしてやるど、とまってな、口の管をじっと押し当でるんだ。乳のんでるみでの。かわいぐで、かわいぐで

イ ああ、チョウチョ。裏の畑にいでの。息子が帰ってきたんだ

ウ わだすが、ササゲをもいでるど、わだすの周りを飛んで離れねんだ。わだすが畝《うね》を移って歩ぐど、からまるみだいに追ってきての

問五 ——線④とありますが、どうしてですか。最も適当なものを次の中から選び、記号で答えなさい。

ア おばあさんとふれあうことで真の愛情とはどういうものかを学ぶことができたから。

イ きれいな日本晴れの空に私とおばあさんを待っている明るい未来が想像できたから。

ウ 息子を思いつつけなげに生きているおばあさんの生き方に触れることができたから。

エ しっかりと歩くおばあさんの姿に息子の死を乗り越えたすがすがしさを感じたから。

問六 X に入る最も適当なことばを本文中から3字で抜き出し、答えなさい。

三 次の文章の【　】の部分には、どのようなことが記されていると考えられますか。前後の文脈に照らして35字以上45字以内で答えなさい。

私が毎夏を越《こ》す長野県の町は、自然に恵《めぐ》まれた広大な町の中に場所がない（？）と言って、ゴミをわざわざ隣町《となりまち》の処理場に運び、大金を出して始末してもらっている。ところが町の人の中には、庭の落葉を掃《は》いて大きなビニール袋《ぶくろ》にいくつも詰《つ》めて、ゴミ収集車に持って行かせる人がいるかと思えば、刈《か》った芝《しば》や木の枝を山と出す人もいる。

私はこのようなことを見るたびに、大都会と違《ちが》って、広い庭や空間が充分《じゅうぶん》あるのに、ちょっと穴を掘《ほ》って入れるか、それが出来なければ庭の隅《すみ》に積んでおくだけで、ほどなく土に戻《もど》るものを、どうして次々と難問を生み出すゴミとして出すのかと考えてしまう。

ある時、このようなことを知り合いの人に話してみたら、でもゴミ処理の費用は私たちの納める税金に入っているのだから、出さなきゃ損ですよと言われて、なるほどそういう考えもあるのかと感心した。人様々《さまざま》とはよく言ったものである。

大切なことは、私一人だけがやっても意味がないとか、消極的になら

でしまいました。それをドライフラワーが入っていた透明のプラスチックケースに移し、仏壇《ぶつだん》にあげ、以後ずっと拝んでいるのです。

「一緒に連れで登ってくるもんださげ、夏の混《こ》んでる時は来だぐねんだ。毎年、今頃《いまごろ》一緒にくるんだ」

月山は息子さんが大好きだった山で、冬をのぞいて季節ごとに登っていたそうです。おばあさんは息子と二人だけの時間を月山頂上で静かに過ごしたかったのでしょう。もう十年以上もこうして黒い蝶をつれて登ってくるのです。

私はいい話を聞いたと思いました。その夜は、怖《おそ》れていたミイラの恐《きょう》怖《ふ》も感じることなく、ぐっすりと眠りました。おばあさんも息子と二人、やすらかな山上の一夜を過ごしたようでした。

翌朝は滅多《めった》にない快晴でした。えらく冷《ひ》え込《こ》み、神泉池には一夜にして厚い氷が張っていました。しかし日本晴れとはまさにこういう日をいうのでしょう。北にくっきりと鳥海山が秀麗《しゅうれい》な全貌《ぜんぼう》をみせて聳《そび》え、その手前に稲《いね》の刈《か》り入《い》れを終えた広大な庄内平野が続いています。その左手に広がるおだやかな緑っぽい平面は日本海です。

「ありがとうございました。それではお気をつけて」

「ああ、あなださまも気いつけで帰ってくださいね」

私たちは左右に分かれました。私はこれから肘折温泉に下り、おばあさんは登って来た月山八合目弥陀ヶ原に引き返して、櫛引に帰ります。

④私は生き返ったように晴朗な気分で、季節外れでしたが月山に来てつくづく良かったと思いました。

私が見送っていると、おばあさんは［X］となった息子と一緒に、しっかりした足取りで下っていきました。（丸山修身「頂上の一夜」による）

※注　痴呆…現在で言う認知症のこと。

ミイラ…「私」がふもとの寺で見たミイラ。そのとき感じた恐怖を「私」は忘れられないでいる。

ケレン味…ごまかしのこと。

縦走…尾根を伝っていくつもの山を登ること。

問一　――線①とありますが、実際にはどのような思いがあったのですか。最も適当なものを次の中から選び、記号で答えなさい。

ア　おばあさんが山に一人で登る理由がわからないことからくる恐ろしさ。

イ　おばあさんが一人で山に登り白殺をすると確信できたことからくる不安。

ウ　おばあさんがきちんとした装備を持たないで険しい山に登ることへの怒り。

エ　おばあさんが一人、寒々とした山に登らなければならない現実に対する悲しさ。

問二　――線②とありますが、このときの「私」の説明として**ふさわしくないもの**を次の中から選び、記号で答えなさい。

ア　おばあさんがなぜ山に登るかということがわかったので安心している。

イ　おばあさんが物事を正常に判断することができると知り不安が消えた。

ウ　得体の知れないおばあさんだが、共通の話題がもてたことに対し安心している。

エ　話し好きなおばあさんの雰囲気から、自殺するのではという不安

おばあさんはいじらしそうな手つきで、写真立てを枕元《まくらもと》に立てました。私は写真に近づいてよく見ました。山が好きだったのでしょう、登山の服装で、北八ッの高見石小屋を背景に、ちょっとまぶしそうにこっちを見返して微笑《ほほえ》んでいます。気のせいでしょうか、面長《おもなが》な顔がいくぶん柏戸に似ているように思われました。私が黙っていると、おばあさんは説明してくれました。私が庄内《しょうない》弁を聴き取ったところによると、次のような経緯です。

息子さんは地元の高校を出て、東京の中堅の建設会社に就職し、本格的に山登りを始めたそうです。五月の半ば、息子は一人で奥秩父の山に出掛けました。山仲間に語っていたところによれば、西の瑞牆山《みずがきやま》から、金峰山《きんぷさん》、国師岳《こくしたけ》、甲武信岳《こぶしがたけ》、雁坂峠《かりさかとうげ》、笠取山《かさとりやま》、飛龍山《ひりゅうさん》と辿《たど》って東の雲取《くもとり》山《やま》までおよそ六十キロ、三泊四日の※縦走《じゅうそう》を試みたようです。その三分の一ぐらいまで行ったところに位置する甲武信小屋に宿泊したことが分かっていますが、そこから先でふっつりと足跡が途絶えました。

〈中略〉

いったい息子さんの身に何があったのでしょう。捜索《そうさく》がなされましたが、依然《いぜん》として発見されておりません。

「かわいそうでの。クマになんか食われでいねばいいげど」

おばあさんは俯《うつむ》いて、声を弱めて言いました。

「いや、そんな、クマなんてことはありませんよ」

③私は思わず声を高めました。

おばあさんはもう一つ、リュックの底から弁当箱をちょっと大きくしたような箱を慎重《しんちょう》な手つきで取り出しました。プラスチックの透明《とうめい》なケースで、中に黒いものが入っています。何かの干物《ひもの》のように見えました。おばあさんがそっと写真立ての脇《わき》にケースを置いたので、私が顔を近づけると、それは一匹《ぴき》の蝶《ちょう》でした。

黒い大きな蝶です。左右に開いた黒い翅《はね》の長さは、十センチ以上もあります。背中をピンでとめられることもなく、翅をいっぱいに広げて、腹を下に心地《ここち》よく眠《ねむ》っているかのようです。

〈中略〉

「きれいな蝶ですね……すばらしい」

私はしぼり出すように言いました。

「　Ⅰ　」

私は一瞬《いっしゅん》意味が分からず、じっとおばあさんの顔を見つめました。

「　Ⅱ　」

山で行方《ゆくえ》不明になった年の真夏だったそうです。昆虫《こんちゅう》少年だった私は、カラスアゲハがどのように舞《ま》うか、よく知っています。ひらひらひらひら、喜んでまつわりつくかのように飛ぶのです。いかにも人間くさく、なかなか離《はな》れていきません。

「　Ⅲ　」

おばあさんは、愛《いと》し子《ご》を見る面差《おもざ》しでじっと箱の中のカラスアゲハを見ています。

「おお、おめえ、よぐ帰ってきたの。さあ、とまれ。どこでどうすていだんだ？　わだすはそう呼びがげだの」

蝶はしばらくおばあさんの周りをうれしくてたまらないといった様子で飛んだり腕《うで》にとまったりしていましたが、おばあさんが手を伸《の》ばすと、それを待っていたみたいにあっさりと捕《つか》まりました。おばあさんはそれを虫かごにいれてしばらく家で飼っていましたが、程《ほど》なくして死ん

あさんはその上に布団《ふとん》をのべようとしていました。小屋の隅《すみ》に押《お》しつけてあった布団です。おそらくゆっくりゆっくりと登ってきて、小屋に着いて間もないのでしょう。

「こんにちは」

①私は平静を装って言いました。

「ああ、こんにぢは」

おばあさんはこっちに背を向けたまま、のったりとした口調で言いました。東北弁です。私には舌が丸まって声が発せられているように感じます。

「どこからいらっしゃいましたか？」

私は敷《し》き布団の角を引っ張っているおばあさんに訊ねました。

「ああ、わだすが？　この下の方だ。クシビギだ」

「下……ですか……」

「ああ、近ぐだ」

「……地元ですか？」

「ああ、地元だ。クシビギ。ほら、知ってるが？　カシワド」

「カシワド……」

「カシワドよ。ほら、相撲《すもう》の」

私は柏戸が山形県出身だったことを思い出しました。私は相撲が大好きだったのです。

「ああ、横綱《よこづな》の柏戸ですか。大鵬《たいほう》とライバルだった、柏戸。よくおぼえていますよ」

「柏戸はわだすのうぢの近ぐだ。あの子はよぐ寝小便《ねしょうべん》しての」

私は思わず笑ってしまいました。柏戸の家の庭先には、地図をかいた布団がよく乾《ほ》されていたそうです。おばあさんはなかなか話し好きのようでした。

私がよく相撲をとった少年時代、土俵の主役は栃錦《とちにしき》、若乃花《わかのはな》から柏戸、大鵬へと変わりました。柏戸は立ち会いからの出足をきかせた速攻《そっこう》相撲で、強いときはすごく強いのですが、負ける時は突《つ》っかい棒を外されたみたいにころっと負けるのです。その※ケレン味のない取り口が好きだというファンが多かった記憶《きおく》があります。

「クシビギ、ってどういう字を書くんですか？」

「ほら、頭をとがすクシさ。それに、ヒグ。ほら、綱《つな》なんか引っ張るだろう。あの、ヒグ、だ。鶴岡《つるおか》の近ぐでの。鶴岡がら月山にくる途中《とちゅう》だ」

「櫛引」と書くのだと判《わか》り、この人に痴呆はない、と判断しました。東京弁では「クシビキ」と発音するのでしょう。柏戸の寝小便の話までしたことで、②ずっとおばあさんに対する私の気持ちのこわばりが消え、親しみさえ湧《わ》いてきました。

布団を敷き終えると、おばあさんはリュックの中をガサガサと始めました。と、うすい板状のものを取り出しました。よく見るとそれは白枠《わく》の写真立てで、葉書《はがき》サイズと思われるカラー写真が入っておりました。若い男のようです。訊《き》いてよいかどうか迷いましたが、黙《だま》っているのも不自然な気がして、私は訊ねました。

「それ、誰《だれ》ですか？」

「ああ、息子だ」

遺影《いえい》だと私は判断しました。

「亡《な》くなったんですか？」

「ああ、そうだ。よぐ分がらねげどなあ」

が広まること。

問五 □ に入ることばを【３】の段落の文中より３字で抜き出しなさい。

問六 ――線③とありますが、そんな小母さんが日本になかなかあらわれない理由を筆者はどのように考えていると思われますか。その理由について説明した次の一文の中の □ にふさわしいことばを文中より９字で抜き出しなさい。

日本社会には、まだ「文明」に必要な □ が足りていないと考えているから。

二 次の文章を読んで、後の問いに答えなさい。〈問題は問一から問六までありります。〉

月山《がっさん》八合目、人気《ひとけ》が絶えた弥陀ヶ原《みだがはら》に下り着きました。摩滅《まめつ》した石仏がたくさん登山道脇《とざんどうわき》の一箇所《かしょ》に立ち並んでおります。その多くが、近郷《きんごう》の人達が自ら刻んだかのような、坊主頭《ぼうずあたま》の素朴《そぼく》なお地蔵様であることが好ましく感じられました。石仏は造りが下手なほどありがたみが感じられるものです。

弥陀ヶ原は高層湿原《しつげん》です。池塘《ちとう》とよばれる小さな丸い池が湿原に点在しております。私は池塘の間に渡《わた》された木道を歩いていきました。夏の盛りには、オゼコウホネやヒツジグサ、ミヤマホタルイ、リュウキンカ、ミツガシワなどの水草の花が湿原を彩《いろど》って見事だったことでしょうが、今はすべて枯《か》れ、黒ずんだ濁《にご》った色でべったりと倒《たお》れ、迫《せま》り来る長い冬を待っています。すっかり花が枯れしぼんで、寒々と侘びしげなのは、ミヤマリンドウでしょう。

私は木道を伝い歩きながら、しきりにさっきのおばあさんのことを考えました。

（あのばあさん、もしかしたら※痴呆《ちほう》があるんじゃないか）

私は以前、東京立川の路上で、八十歳《さい》ぐらいの見知らぬおばあさんから、突然《とつぜん》、新潟県《にいがたけん》の直江津《なおえつ》まで歩いていくのはどの道を行ったらいいかと訊《たず》ねられ、びっくりしたことがありました。佐渡《さど》を北に望む、県南部の海べりの街、現在は上越市《じょうえつし》です。それはおそらくおばあさんの懐《なつ》かしい故郷で、幸福な思い出がいっぱい詰《つ》まっているのでしょう。無性《むしょう》にそこへ帰って行きたかったに違《ちが》いありません。

（だから、自殺とはかぎらないな。もしかしたら湯殿山《ゆどのさん》や肘折《ひじおり》温泉に下るつもりかもしれない。とすると、今夜は小屋で一緒《いっしょ》になるな……）

野宿はもう不可能です。間違《まちが》いなく凍死《とうし》します。

（でも、一緒になるのはイヤだな。……しかし頂上に引き返すしか術《すべ》はない）

主な荷物は避難《ひなん》小屋にあるのです。他《ほか》に登ってくる人がいるとはつゆ思いませんでしたから、サイフさえも置いてきたのです。

私はどんなことがあろうと耐《た》えようと覚悟《かくご》を決めました。もし死にに来たのであれば、声をかけよう。話をするだけで救えることもある。それにもしおばあさんが一緒なら、多少なりとも※ミイラの恐《おそ》ろしさから免《まぬが》れることが出来るかもしれません。とにかくじたばたしないことです。

私は頂上に戻《もど》って、避難小屋の戸を引き開けました。と、やはりあのおばあさんが奥《おく》にいたのです。床《ゆか》に小屋備えつけのゴザが敷《し》かれ、おば

している人もいることを忘れないでほしい。

障害の先輩《せんぱい》にきくと、古い建物で手すりの位置がいやに低いのがあるそうだ。むかしは手すりを使って上下するのは、たいてい背がまがったような老人なので、なるべく低くしたらしい。［Ｙ］最近は体格のりっぱな障害者もすくなくないので、そんな人たちが※難儀《なんぎ》しているという。

そんなちょっとした不便でも、申し立てれば、いつかは改善されるであろうが、こまかい苦情をならべることは日本的美意識に反すると思われているようだ。

ここで、思い出されるのは、ワイキキのビーチで私の妻を叱りつけた女性である。

――こんなことでは障害者が困ります。

と、いちいち目くじらを立ててくれると、たいそうありがたい。③いまのところそんな小母《おば》さんが日本にあらわれることはまずあるまい。ワイキキ小母さんの想像力に期待をかけよう。

（陳舜臣「曼荼羅の山～七福神の散歩道」による）

※注　無頓着…少しも気にかけないこと。　叱責…しかること。
丹念…丁寧に行うこと。　半世紀…一九〇〇年代後半のこと。
蛮風…野蛮な風俗。　憐憫…あわれむこと。
唐制…中国（唐の時代）の制度。
学制…近代的学校制度を定めた法令。
廃人学校アルヘシ…障害児学校をつくるべきだ。
糾弾…責任を問いただしてとがめること。
座敷牢…昔、外に出したくない人を閉じこめた座敷。　難儀…苦労。

問一　――線①とありますが、米国女性はどのような「思い違い」をしていますか。最も適当なものを次の中から選び、記号で答えなさい。

ア　妻が体の不自由な夫のリハビリを励ましている。
イ　体の不自由な夫が自主的にリハビリに励んでいる。
ウ　妻が体の不自由な夫をないがしろにしている。
エ　体の不自由な夫が第三者に助けをもとめている。

問二　【１】の段落の文章中、まちがった表現のため文意が通らなくなっているところがあります。その表現を５字で抜《ぬ》き出しなさい。

問三　［Ｘ］［Ｙ］に入ることばの組み合わせとして最も適当なものを次の中から選び、記号で答えなさい。

ア　Ｘ　たとえば　Ｙ　すると
イ　Ｘ　あるいは　Ｙ　ところが
ウ　Ｘ　だから　Ｙ　ただし
エ　Ｘ　さらに　Ｙ　ところで

問四　――線②とありますが、この願いを実現するためにはどのようなことが必要ですか。最も適当なものを次の中から選び、記号で答えなさい。

ア　ハイテクに装備された近代社会を作り上げることで、障害者を支援すること。
イ　今まで日本に根付いていた、「恥の文化」をすべての人が完全に捨て去ること。
ウ　あらゆる差別が「悪」である、という考え方が多くの人々に共有されること。
エ　障害者を特別扱いし、彼らの住みやすい社会を作ろうという考え

なったのは、今世紀の後半になってからだった。

　オリンピックの開催《かいさい》地《ち》で、ひきつづいてパラリンピックが行われたのは、一九六〇年のローマ大会からである。つぎの六四年の東京大会には、二十二ヶ国から三百七十九人の参加者があった。

　世界はしだいに文明の方向にむかっている。これを特に意識したのは、自分が一時的にせよ身体障害者となってからである。前述したように、たしかに冷たい視線を感じたことはあるが、それに数倍するあたたかい視線が私を包んでくれていた。

　視線が合ったときに、にっこり笑うのは、［X］ヨーロッパ人の生活の習慣かもしれないが、なんともいえないあたたかさがある。けっしてそれは、※憐憫《れんびん》の表情ではない。人間として、「ともにやって行こう」といった励ましのメッセージと思う。

【2】

　身体障害者、貧窮《ひんきゅう》の病人や孤児に救いの手をさしのべることは、日本にも昔からあった。仏教の博愛精神に根ざすもので、奈良興福寺《ならこうふくじ》に養老《ようろう》七年（七二三）、悲田院《ひでんいん》、施薬院《せやくいん》が設けられている。これは※唐《とう》制に倣《なら》ったものというが、唐では開元《かいげん》五年（七一七）、悲田院がひらかれた。本家の唐でつくられた悲田院が、その六年後に、はやくも日本でおなじものができている。伝来としては、きわめて早いといわねばならない。

　西洋の文物をとりいれた日本の明治初期、※学制が発布されたのは明治五年（一八七二）で、それによると、

——※廃人《はいじん》学校アルヘシ

というくだりがある。廃人ということばはおだやかでなく、いまなら差別語として※糾弾《きゅうだん》されるだろう。明治五年頃《ごろ》にあっては、このことばは、身体障害者を指したのである。障害児教育はなければならないと言ったのだ。理想をいっただけで、その種の学校はすぐにはつくられなかった。学制発布の六年後、明治十一年日本の障害児教育第一号の「京都盲唖院《もうあいん》」が誕生している。

　障害児教育の専門家の話によると、日本は欧米《おうべい》にくらべて約百年遅《おく》れているという。これはそんな子供をなるべく外に出したくないという、日本的な「恥《はじ》の文化」の悪い面が出たためではあるまいか。家族が障害者をかくそうとしてきたのである。よく問題になる「自己規制」に似ているようだ。

　前記の京都盲唖院は、明治十一年の開校のときから、府立で運営され、生徒四十八名ではじめられた。開校式の日は雨天にもかかわらず、三千人の市民がつめかけたという。野次馬《やじうま》もいたかもしれないが、大部分は、

「しっかりやりなはれや」

と、声援《せいえん》する人であったはずだ。

【3】

　まちがっても昔のように、身体障害者を※座敷牢《ざしきろう》にとじこめてはならない。②身体障害者を健常者の生活圏《せいかつけん》に、あたたかく迎《むか》えいれてほしい。そのためには、［　　］が必要である。どうすれば障害をもつ人たちが、快適に生活できるかを健常者が思いめぐらせる。

　三段か四段ぐらいでは階段といえず、せいぜい段差であり、たいてい手すりがついていない。障害者にとっては、手すりがほしいところである。一時期の私もそんなところにさしかかって、四《よ》つん這《ば》いになろうと思ったことがあった。手すりが途中《とちゅう》で、三十センチほど切れていて困ったこともある。工事をしてつけ足すのを忘れたらしい。手すりを頼りに

【国　語】（五〇分）〈満点：一〇〇点〉

【注意】　1　設問の関係で、原文とは異なるところがあります。
　　　　　2　句読点（、や。）その他の記号（「や〃など）は1字分として数えます。

一　次の文章を読んで、後の問いに答えなさい。〈問題は問一から問六まであります。〉

【１】

　文明の度合をはかる一つの目安を、私は弱者にたいする配慮《はいりょ》の程度如何《いかん》に置いている。弱者にまったく※無頓着《むとんちゃく》な社会には、文明は存在しないと考えてよい。弱肉強食の野蛮《やばん》界にすぎないのである。ハイテクに装備された近代社会であっても、この基本に欠けておれば、野蛮と認めなければならない。

　私は三年半前（一九九四）に脳内出血でたおれ、五ヶ月入院した。退院後は杖《つえ》を頼《たよ》りに歩いていた。リハビリの成果があって、杖なしでも歩けるようになったが、まだ左右のバランスがうまくとれない。どうしても足をひきずるようにして歩いている。

　昨年の夏も、私はハワイでリハビリに励《はげ》んだ。ワイキキのビーチのはずれに、細長く海につき出した堤防《ていぼう》状の歩道がある。左右は海だが、歩道の幅《はば》は一メートルあまりあって、ころんでも海におちることはまずありえない。私はそこで歩行練習をする。妻はすこしはなれたところから観察して、「右足をもっと高くあげて」とか「左足を思い切って前へ」というようにアドバイスしていた。

　そのとき、一人の年配の米国女性が、いきなり私の妻に食ってかかった。血相を変えて、と表現してよいほどの勢いだった。

——あなたは体の不自由なダンナをよくも一人でほうっておきますね。こういうところでは手をつないであげるものです。

　というお叱《しか》りであった。

　こんなとき、余計なお世話だと思ってはいけないのである。①相手はいささか思《おも》い違《ちが》いはあるが、野蛮人に文明とは何であるかを、教えようという善意から出た※叱責《しっせき》なのだ。ありがたく思わなければならない。

　文明な土地ほど身体障害者についての関心は低い。私はどうもこれまで、文明度の低いところに住んでいたようである。自分が体が不自由になって、はじめてそれがわかった。

　足をひきずっている自分に注がれている視線を、※丹念《たんねん》に調べてみて、ときには、

——ろくに歩けないくせに、忙《いそが》しい時に、のこのこ出てきて、ふつうの人の邪魔《じゃま》をしてほしくない。

　とでも言いたそうな目を感じることがある。身体に障害をもつ者は、このような視線にとくに敏感《びんかん》なのだ。あきらかにそんな視線に出会ったとき、おぞましい野蛮の気をかんじる。

　この※半世紀以来、この種の※蛮風《ばんぷう》はしだいに薄《うす》れてきた。しぜんに薄らいだのではなく、努力を重ねてきた結果でもある。あらゆる差別が「悪」であることが、誰にでもわかってきた。人種差別や地域差別との戦いが、身体障害者差別との戦いを応援《おうえん》したといえる。

　リハビリに有効な治療《ちりょう》手段として、身体障害者のスポーツは、はやくから注目されていたが、「パラリンピック」として、国際的競技大会と

るものです。

しかし、ぼくたちの祖先は長いあいだ、自然を女性とみるほうの自然観、つまり自然に抱かれて恵みをうけるという自然観によって生きてきたのでした。

もちろん自然は、しばしばあらあらしい姿をみせます。けれどもその自然をもたたかう相手としてみるのではなく、自然の姿をよく知って、逆らうのではなく身をまもり、また洪水のような荒《あ》れる自然からも恵みをうけてきたのです。

いま、そっくり昔にもどるというのは不可能でもあり、また滑稽《こっけい》なことです。しかし、昔の人びとが持っていた自然観と、そこから生まれてきた暮らし方の知恵《ちえ》とを、現代に生かせないはずはありません。

ぼくは諸君に、自然を征服する人になってほしくありません。【　　】を考える人になってほしいと思います。

（高田　宏《ひろし》「生きるよろこび　若い人たちへの21のメッセージ」による）

※注　皆伐…樹木をすべて伐採《ばっさい》すること。

四　次の各問いに答えなさい。〈問題は**問一**から**問五**までであります。〉

問一　次の①～⑥の――線部のカタカナを漢字に改めなさい。

①　お地蔵様に花をソナえる。

②　シンコクな環境問題。

③　新年シュクガ会に出席する。

④　地震研究のためダンソウを調べる。

⑤　祖父はハイクが好きだ。

⑥　幼い頃をカイソウする。

問二　次の①～②の――線部は四字熟語になっています。その□に入る漢字２字をそれぞれ記しなさい。

①　かれは、□直入に話し始めた。

②　父の帰国を、一日□の思いで待っている。

問三　次の①～②の――線部は慣用的表現になっています。その□に入る漢字１字をそれぞれ記しなさい。

①　相手の□をかく作戦。

②　□も葉もない噂話《うわさばなし》を信じてはいけない。

問四　次の□に漢字１字を入れ、↓に従って読むと２字の熟語が４つできます。□に入る漢字を記しなさい。

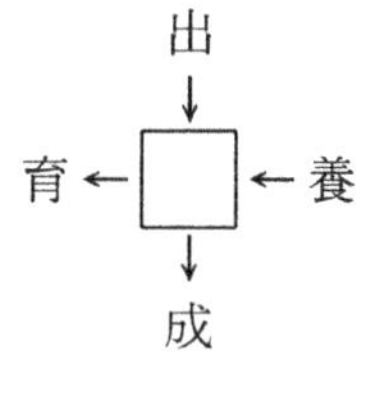

問五　次の□に共通して入る語（漢字１字）を記しなさい。

・天《あま》の原　ふりさけ見れば　春日《かすが》なる　三笠《みかさ》の□に　出《い》でし月かも　（阿倍仲麻呂）

・ふるさとの　□に向かひ《い》て　いふ《う》ことなし　ふるさとの□は　ありがたきかな　（石川啄木）

・菜の花畑に入《い》り日薄《うす》れ　見わたす□の端霞《はかすみ》ふかし　（髙野辰之）

三　次の文章の【　】の部分には、どのようなことが記されていると考えられますか。前後の文脈に照らして40字以上50字以内で記しなさい。なお、設問の都合上、文章を省略した部分があります。

海のことを考えるばあい、老人はいつもラ・マルということばを思いうかべた。それは、愛情をこめて海を呼ぶときに、この地方の人々が口にするスペイン語だった。海を愛するものも、ときにはそれを悪《あ》しざまにののしることはある。が、そのときすら、海が女性であるという感じはかれらの語調から失われたためしがない。もっとも、若い漁師たちのあるもの、釣綱《つりづな》につける浮《う》きのかわりにブイを使ったり、鮫《さめ》の肝臓《かんぞう》で大もうけした金でモーターボートを買《か》いこんだりする連中は、海をエル・マルというふうに男性あつかいしている。かれらにとって、海は闘争《とうそう》の相手であり、仕事場であり、あるいは敵でさえあった。しかし、老人はいつも海を女性と考えていた。それは大きな恵《めぐ》みを、ときには与《あた》え、ときにはお預けにするなにものかだ。

ヘミングウェイ作『老人と海』（福田恆存《つねあり》訳）のなかで、小さな舟《ふね》で海へでた老人が、海の上でひとり考えていることの一部分です。

人間の自然とのつきあい方は、複雑で微妙《びみょう》です。ひとことで言うことはできません。ただ、人間が大自然に向きあうとき、大きくわけて二つの態度があります。二つの心と言ってもいいのですが、ヘミングウェイが描《えが》いているように、大自然（海）を女性とみるか、男性とみるか、その二つです。

海であれ山であれ、自然というものを、ときにあらあらしくではあれ抱《だ》きかかえてくれるものと感じる人びとが一方にいて、もう一方には、それを征服《せいふく》すべきものであり、そこから利益をうばいとるべきものであると感じる人びとがいるのです。

いまはヘミングウェイも書いているように、自然を征服し自然からうばいとるほうの人びとがおおくなっています。漁にしても大型の底曳《そこび》き網《あみ》漁で魚を根こそぎ獲《と》ったりしています。山は山で、日本列島でいうなら、豊かな森であった山を大※皆伐《だいかいばつ》して、スギやヒノキなど育つとお金になる経済人工林をひろげてきました。

このごろようやく、海の乱獲《らんかく》にも山の乱伐《らんばつ》にも反省がでてきていますが、自然を征服するという考え方がきえたわけではありません。

たとえば、川です。日本列島は北から南まで、背骨のように山々がつらなっていますから、じつにたくさんの川がながれ、それもおおくは急流です。川は大昔から人びとの暮らしに欠かせないものでしたが、しばしば洪水《こうずい》が走ります。この川という自然を征服するための土木工事が、ここ半世紀ばかり大がかりに進められてきました。治水のためといって、ダムをつくり、コンクリートで川岸をかためてきました。

ようやく政府もダムのみなおしをはじめたり、自然護岸をとりいれたりしはじめていますが、その根底にある自然観は変わっていないようです。昔の人びとの自然観を川についてみるならば、洪水というのも川のひとつの恵みでした。洪水は下流域で毎年のように氾濫《はんらん》します。それはときに災害をもたらす一面を持っていると同時に、上流の森の養分ゆたかな土壌《どじょう》を流域沿岸に補給してくれるものでもあったのです。

その川へ水をながしだしている森（山）についても、いろいろ問題がありますが、それらすべては自然を征服するという自然観、ヘミングウェイ流に言うなら、自然を男性とみてたたかう自然観から生まれてい

「で、ぼうず、なにをみている?」ストーヴィは好奇心《こうきしん》にかられて、もう一度たずねた。

「なんでもないって」

「ほんとか? おまえ、郵便屋がバースデーカードやマチルダおばさんからのこづかいを届けにくるのを待ってるみたいな目つきだったぞ」

「ちがうよ」みすかされたようで、トムは少しうろたえた。「ただ……みてるだけだ」

「なら、ほっとくがな。さっきも言ったが、あんまり長々とみるもんじゃない。おそわれるぞ」

「おそわれるって、なにに?」

「なんだと思う? 海だ。いや、人魚かもな」

ストーヴィはペンキや道具を片づけはじめた。そろそろ家に帰る時間だ。ストーヴィにもいちおう家はあって、たまにはそっちに帰る。丘《おか》の上の小さな家で、ドアに鉄製のイルカのノッカーがついている。家についたら、やかんを火にかけてお茶を飲む。それがすんだら、三十分ほど寝《ね》てから居酒屋〈アンカー〉に飲みにいく。

「またな、ぼうず。船がすぐに帰るといいな」

（アレックス・シアラー「ガラスの封筒《ふうとう》と海と」による）

※注　トロール漁船…底《そこ》引《び》き網《あみ》を引いて魚を捕《と》る船。
ウィンチ…網《あみ》を巻き上げるための機械。
べっぴん…とても美しい女性。
ライセンス…資格。

問一　――線①とありますが、どうしてこのように考えるのですか。次の一文の空らんに入る言葉を文中から12字で抜《ぬ》き出《だ》しなさい。

人に話すと［　　　　］かもしれないから。

問二　――線②とありますが、その様子を比喩的《ひゆてき》に表現した部分を、文中から45字以上50字以内で抜き出し、最初と最後の3字を答えなさい。

問三　――線③について、ストーヴィが「海のほうが居心地がよくてな」と話す理由をトムはどのように考えていますか。次の一文の空らんに入る言葉を文中から14字で抜き出しなさい。

ストーヴィは［　　　　］だから。

問四　次の脱落《だつらく》文は、文中の【A】～【D】のどこに入りますか。最も適当な場所を記号で答えなさい。

〔脱落文〕　トムは顔が熱くなった。

問五　［X］に入る漢字1字の語を文中から抜き出しなさい。

問六　本文の内容と合致《がっち》するものとして、最も適当なものを次のうちから選び、記号で答えなさい。

ア　トムは瓶のことを人に知られたくないので、ストーヴィの関心をそらすために話題を変えた。

イ　ストーヴィは船に手間をかけることを嫌《きら》い、少しでも楽に手入れできるようにしようとした。

ウ　トムはストーヴィの考え方に触れたが、非常に古くさかったために多少の嫌気《いやけ》がさしていた。

エ　ストーヴィはトムが海を見つめるのを見て、手紙の瓶が彼に早く届いてほしいと願っていた。

「いいね」トムは光沢《こうたく》のある青いペンキをみて、うなずいた。「見ちがえちゃった」【B】

「だろ？　ちょいと手を入れるだけで、こうだ。化粧《けしょう》直しってやつだな。もちろんペンキで塗るのは簡単で、手を焼くのは、そのまえに紙やすりでさびを落とすほうだ」

トムはうわの空で、目は海をみていた。

「なあ、ぼうず、なにを探してる？」ストーヴィがトムの視線をたどる。「アザラシか？　イルカか？　ネズミイルカだな？　まさか、自分の船が帰るのを待ってるわけじゃあるまい」

【C】手紙の瓶を流して返事を待っていることを、だれかに話したい気持ちもある。けれど、胸に秘《ひ》めておいたほうがいいこともある。真剣《しんけん》な思いをからかわれることだってある。姉さんなんか、いつだっておもしろおかしい話にしてしまう。

「なにか探してるわけじゃないんだ。ただ、なんとなく……みてるだけ」

「なら、やめておけ。そう長いこと、みるんじゃない」

トムはジョークかと思って、ストーヴィのほうをみたけれど、ストーヴィはまじめな顔だった。

「なんで？　海をみるのが、どうしていけないの？」

「引きずりこまれる。だから、やめておけ」ストーヴィは真顔で言った。「海はそういうもんだ。長いことじっとみてると、離《はな》れられなくなる」

「そんなこと、あったの？」

ストーヴィはにやりと笑った。顔がしわだらけで、しわで顔ができているみたいな感じだ。【D】

「ああ、まあな。わしは一度も海から離れなかった。ただの一度もな。③陸より海のほうが居心地《いごこち》がよくてな。船は水の上の家だと思わないか？　わしのクルーザーは海に浮《う》いた別荘《べっそう》だ」

ストーヴィはキャビンつきの小さなクルーザーを持っていて、それに釣竿《つりざお》を二本固定して糸をたらしている。カニ捕《と》りかごや浮きも、しかけている。船にお客さんを乗せる※ライセンスを持っているから、シーズン中は釣《つ》りをしにきた人を沖《おき》に連れていく。しゃれた新しい長靴《ながぐつ》をはいた観光客やビジネスマンとならぶと、ストーヴィはますますみすぼらしくみえた。シーズンが終わると、ひとりで釣りに出る。サバやロブスターだけが友だちだ。ストーヴィはやけにたくさん船を持っていて、ほかに手こぎボート一艘《そう》と、船外モーターつきのゴムボート一艘がある。

ストーヴィはまさに海の男で、塩とフジツボがこびりついているような本物だった。日焼けしたなめし革《がわ》のような顔で、肩幅《かたはば》が広い。薄《うす》くなった白い髪《かみ》はぼさぼさで、手はふしくれだって、関節のあたりははれて傷跡《きずあと》がある。十代のころからトロール漁船で働いていた。もう六十代だが、指を二本なくしただけで、たくましく生きている。もうのんびり暮らせばいいという人もいるだろうけれど、のんびり暮らすなんて、性に合わないんだろう。簡単にいうと、ストーヴィは死と背中合わせの生き方が好きなのだ。

ストーヴィは海がぶつけてきた難題をすべて乗りこえてきた。けれど、勝ちほこったりはしていない。自分はラッキーだったと思っているだけだ。海のことをちゃんと理解している。そして、海の力を知っている。海はいつでも気が向いたときに、気に入った人間の［X］をうばう。

問四　――線③とありますが、「傲慢さ」とはどういうことですか。最も適当なものを次のうちから選び、記号で答えなさい。

ア　技術を世に知らしめようとするあまり技術者の思いがエスカレートすること。

イ　人間がロボットのことを思いやれるようにロボットを作《つく》り替《か》えること。

ウ　もっと人間の手間が省けるようにロボット操作を単純化すること。

エ　今ある機能で満足することなく、新たな機能を求め続けること。

問五　次の脱落《だつらく》文は、文中の【Ａ】～【Ｄ】のどこに入りますか。最も適当な場所を記号で答えなさい。

〔脱落文〕　こうした図式は、モノとの関わりに限らず、いま至るところに生じているようなのだ。

問六　この文章を通じて筆者が主張するロボットと人間の関係はどのようなものですか。解答らんに合うように――線③より後の文中から27字で抜き出し、最初と最後の３字を答えなさい。

二

次の文章を読んで、あとの問いに答えなさい。なお、設問の都合上、文章を省略した部分があります。〈問題は**問一**から**問六**まであります。〉

《本文までのあらすじ》

ラジオの放送に影響《えいきょう》を受けたトムは、誰《だれ》かから返事が来ることを期待して手紙を書き、それを瓶《びん》に詰《つ》めて海に流した。しかし、返事が入った瓶を探して連日海へ通っても、期待に反してなかなか返事を受け取ることができずにいた。

「トム、なにか期待してるのか？」

ある日、声をかけられてふりむくと、後ろに漁師のストーヴィが立っていた。ストーヴィはかなりの年だ。長年※トロール漁船に乗って、甲板《かんぱん》の機械で指を二本なくした。※ウィンチに巻きこまれたのだ。それでも、自分は幸運な男だと言っている。「指二本くらい、なんてことない。命を落としたやつもいる」

トムはすぐには答えなかった。たしかに、期待しているんだと思うけれど、認めたくなかった。期待しているのって、ちょっと悲しい。期待がはずれたら、毎日がっかりして過ごすことになる。そもそも、①おおっぴらに人に話すことじゃない。

「期待って、なんの？」【Ａ】トムは慎重《しんちょう》に返事した。

「わしの知ったこっちゃない。だがな、ぼうず、おまえは毎日、夕方になると岸にきて、自分の船が帰るのを待ってるみたいに、②水平線をじっとにらんでる。ひょっとして宝を積んだ船でも待ってるのか？」

「そんなんじゃないよ。ただ、みてるだけ。ストーヴィは船でなにしてんの？」話題を変えるために質問した。「ペンキ塗《ぬ》り？」

ストーヴィはうなずいた。しかたがないとあきらめているような顔をしている。

「ほっとくわけにはいかない。船ってもんはな。手を抜《ぬ》くと、すぐ傷《いた》むんだ。目の前で、こわれていく」ストーヴィは痛む肩《かた》と腕《うで》をのばした。「一日乗ったら一日は手入れだ。うんざりだが、やるしかない。ぼうず、どうだ、この船は？　※べっぴんだろ？」

ストーヴィはいつも、船のことを女の人みたいに話す。古いタイプの人はそうだ。ストーヴィはかなり古い。というか、大昔の人みたいだ。

結果、〈介護《かいご》する人〉と〈介護される人〉とのあいだに垣根《かきね》が生まれてしまう。あるいは、至《いた》れり尽《つ》くせりの講義を準備すればするほど、〈教師〉に対して「もっと大きな声で、もっと手際《てぎわ》よく」と〈学生たち〉からの要求がエスカレートしてしまうこともある。

こうした場面に遭遇《そうぐう》するたびに、お掃除ロボットの気ままさやあっけらかんとした姿もいいなぁと思う。老練な教師ならばすでに心得ているように、「この説明では誰も理解できないだろう……」という講義も何回かに一度は許されてもいい。時には「えっ、なにこれ？　ちょっとわからない、どうしよう……」という学生たちの緊張感《きんちょうかん》も必要だろうと思う。すこし緊張した関係性がむしろ豊かな学びを引きだしているようなのだ。【C】

防災分野などでも「防潮堤《ぼうちょうてい》の存在ゆえに、住民の避難《ひなん》行動に遅《おく》れが生じる」という。津波《つなみ》の災害にあうたびに、「あの防潮堤をもっと高くして！」との要求が高まるけれども、それにも限度はある。「これくらいの高さがあれば、きっと大丈夫！」と防潮堤はいつも強がろうとするけれど、ときには〈弱さ〉を認め、開示することも必要なのだろう。「あれっ、今回はちょっと危ないかも……」と早めにつぶやいてくれたら、それに対するわたしたちの備えや工夫をもっと引きだせるはずなのだ。【D】

同様のことは、いま各方面から期待されつつある人工知能やロボットにも当てはまるものだ。自動で運転をしてくれるクルマというのも便利そうだけれど、いつも強がってばかりいてはどうかと思う。「ちょっと、こんな霧《きり》では自信がないなぁ……」とときどき弱音を吐《は》いてくれたら、ドライバーもすこしは手伝ってあげようかという気になることだろう。これでは自動運転システムとはならないだろうけれど、ときにはお互いの〈弱さ〉を補完しつつ、相互《そうご》の〈強み〉を引きだすという関係性も大切にしたい。「さすが、慣れたもんだね……、こんなところを器用に運転できるんだから……」とつぶやく自動運転システムを横目に、ときには得意顔でドライバーがハンドルを握《にぎ》るような場面があってもいいのだ。

（岡田美智男「〈弱いロボット〉の思考　わたし・身体・コミュニケーション」による）

※注　袋小路…行き止まりになっている小道。　完遂…やりとげること。
協働…協力して働くこと。　利便性…便利さ。
傲慢さ…おごり高ぶって見下すこと。ここではわがままの意。

問一　――線①とありますが、どうして「ほっとしてしまう」のですか。最も適当なものを次のうちから選び、記号で答えなさい。

ア　ロボットは人間よりも劣《おと》った存在であることを目《ま》の当《あ》たりにし、機械の無能さを確認《かくにん》できたから。

イ　部屋をきれいにするという目的を、人間の手を借りずにロボットだけで達成してくれるから。

ウ　ロボットの不器用さに親近感を感じつつ、人間の出番があるということを確認できたから。

エ　掃除を完璧にこなせないロボットの姿をみるにつけ、今後の進歩への期待が高まるから。

問二　X に入る最も適当な四字熟語を次のうちから選び、記号で答えなさい。

ア　試行錯誤《しこうさくご》　イ　温故知新《おんこちしん》　ウ　切磋琢磨《せっさたくま》　エ　付和雷同《ふわらいどう》

問三　――線②とほぼ同じ内容の部分を文中から12字で抜《ぬ》き出しなさい。

ボットはすべての能力を自らのなかに抱《かか》え込《こ》む必要はない。わたしたちもまた完全である必要はないということなのだろう。

でもどうして、このような②連携《れんけい》プレーが可能なのだろう。一つにはこのロボットの性格から来るものなのではないかと思う。ぶつかるのを知ってか識《し》らずか、部屋の壁に果敢《かかん》に突《つ》き進《すす》んでいく。コードに巻きついても、そこからなかなか離《はな》れようとはせず、遂《つい》にはギブアップ……。そんな失敗をなんどかくりかえしても、懲《こ》りることがない。

そのようなロボットのあっけらかんとした振《ふ》る舞《ま》いに対して、「どうして壁にぶつかると知っていて、ぶつかるのだろう。アホだなぁ……」と思いながらも、いつの間にか応援《おうえん》してしまう。

先に述べたように、わたしたちの共同行為《こうい》を生みだすためのポイントは、自らの状況《じょうきょう》を相手からも参照可能なように表示しておくことである。「いま、どんなことをしようとしているのか」「どんなことに困っているのか」、そうした〈弱さ〉を隠《かく》さず、ためらうことなく開示しておくことで、お掃除ロボットは周りの手助けを上手に引きだしているようなのである。

もう一つのポイントは、相手に対する〈敬意〉や〈信頼《しんらい》〉のようなものではないだろうか。お互いの〈弱い〉ところを開示しあい、そして補いあう。一方で、その〈強み〉を称《たた》えあってもいる。このお掃除ロボットは相手を信頼してなのか、その部屋の壁になんのためらいもなく、委《ゆだ》ねることをする。一方で、わたしたちも「へー、こんなところのホコリを丹念《たんねん》に吸い集めてしまうわけ？」「すごい、これには敵《かな》わないなぁ……」というわけで、「ここはロボットに任せておこう！」ということを徹底《てってい》させている。

人とロボットとの共生という言葉があるけれど、自らをわきまえたお掃除ロボットは、わたしたちとのあいだで、持ちつ持たれつという共生をちゃっかり成功させているようなのである。

ここしばらくの「※利便性を追求する」というモノ作りの流れは、個々の〈弱さ〉を克服することに向けられてきたようだ。いわゆる「ひとりでできるもん！」をめざそうというのである。そこで一面的な利便性は高まるように思うけれど、一方では持ちつ持たれつの関係から遠ざかってもいるようだ。

例のお掃除ロボットがもっと完璧《かんぺき》にお掃除するものであったらどうだろう。もうコードに巻きついてギブアップすることもなければ、ちょっとした段差であれば大丈夫！　誰《だれ》の助けも借りることなく、きっちりと仕事をこなしてくれる。そのことでわたしたちの手間もだいぶ省けることだろう。ただどうだろう、それでおしまいということにはならないようなのだ。【Ａ】

すかさず「もっと静かにできないの？」「もっと早く終わらないのかなぁ」「この取りこぼしはどうなの？」と、その働きに対する要求をエスカレートさせてしまう。そうした要求に応《こた》えるべく、技術者も新たな機能の開発に勤《いそ》しむことに。③ロボットの高機能さは、わたしたちの優《やさ》しさや工夫を引きだすのではなく、むしろ※傲慢《ごうまん》さのようなものを引きだしてしまうようなのだ。

〈お掃除してくれるロボット〉と〈それを使う人〉、その役割のあいだに線を引いた途端《とたん》に、相手に対する要求水準を上げてしまう。【Ｂ】

おばあちゃんの世話をするというなにげない関わりが職業となった途端に、「もっと、もっと」と、相手に対する要求を高めてしまう。その

【国　語】〈五〇分〉〈満点：一〇〇点〉

【注意】１　設問の関係で、原文とは異なるところがあります。

２　句読点（、や。）その他の記号（「や〃など）は１字分として数えます。

一　次の文章を読んで、あとの問いに答えなさい。なお、設問の都合上、文章を省略した部分があります。〈問題は**問一**から**問六**まであります。〉

ひとりで勝手にお掃除《そうじ》してくれるロボット。その能力を飛躍的《ひやくてき》に向上させるなら、わたしたちの仕事をいつかは奪《うば》ってしまうのではないかと心配する向きもある。しかし、もうしばらくは大丈夫《だいじょうぶ》なのではないかと思う。一緒《いっしょ》に暮らしはじめてみると、その〈弱さ〉もいくつか気になるのだ。

玄関《げんかん》などの段差から落ちてしまうと、そこからはなかなか這《は》い上《あ》がれない。部屋の隅《すみ》にあるコード類を巻《ま》き込《こ》んでギブアップしたり、時には椅《い》子《す》やテーブルなどに囲まれ、その※袋小路《ふくろこうじ》から抜《ぬ》けだせなくなりそうになる。「アホだなぁ……」と思いつつも、そんな姿に①なんとなくほっとしてしまう。

こうした関《かか》わりのなかで、わたしたちの心構えもわずかに変化してくる。ロボットのスイッチを入れる前に、部屋の隅のコードを束ねはじめる。ロボットの先回りをしては、床《ゆか》の上に乱雑に置かれたモノを取り除いていたりする。いつの間にか、部屋のなかはきれいに片づいている。このロボットの意図していたことではないにせよ、周りの手助けを上手に引きだしながら、結果として「部屋のなかをお掃除する」という目的を果たしてしまう。これも、まさしく〈関係論的なロボット〉の仲間だったのである。

先に述べたように「コードを巻き込んで、ギブアップしやすい」というのは、一種の欠陥《けっかん》や欠点であり、本来は克服《こくふく》されるべきものだろう。しかし、その見方を変えるなら、この〈弱さ〉は、「わたしたちに一緒にお掃除に参加するための余地や余白を残してくれている」ともいえるのだ。

そこで一緒にお掃除する様子を眺《なが》めてみるとおもしろい。わたしたちとロボットとは、お互《たが》いに部屋を片づける能力を競《きそ》いあいながら、この掃除に参加している風ではない。どこまで手伝えばいいのか、どのような工夫《くふう》をすれば、このロボットは最後まで※完遂《かんすい》してくれるのか。そうした X を重ねるなかで、お互いの得手、不得手を特定しあう。目の前の課題に対して、その連携《れんけい》のあり方を探《さぐ》ろうとする。「相手と心を一つにする」というところまで、まだ距離《きょり》はありそうだけど、ようやくその入り口に立てたような感じもするのである。

床の上のホコリを丁寧《ていねい》に吸い集めるのは、ロボットの得意とするところであり、わたしたちに真似《まね》はできない。一方で、ロボットの進行を先回りしながら、椅子を並べかえ、障害物を取り除いてあげることは、わたしたちの得意とするところだろう。一緒にお掃除しながらも、お互いの〈強み〉を生かしつつ、同時にお互いの〈弱さ〉を補完しあってもいる。

これも多様性というのだろうか、そこでは部屋の壁《かべ》、わたしたち、そして健気《けなげ》なお掃除ロボットという、さまざまな個性やそれぞれの技《わざ》が※協働しあっていて心地《ここち》よい。そうした高度な関わりにあっては、ロ

問五　次の□に共通して入る語（漢字1字）を記しなさい。

・やれ打つな蝿《はえ》が□をすり足をする　（小林一茶）

・はたらけど
はたらけど猶《なお》わが生活《くらし》楽にならざり
ぢ《じ》っと□を見る　（石川啄木）

・遠足の小学生徒有頂天《うちょうてん》に大□ふりふり往来とおる　（木下利玄）

三　次の文章の□にあてはまる文を、前後の文章に照らして25字以上30字以内で記しなさい。

こどもの頃《ころ》、父宛《あて》の郵便物の中に時折、宛名《あてな》の左下に「平信」と書かれた封書《ふうしょ》があった。意味を尋《たず》ねると父は、「それは特別のお知らせではない普通《ふつう》の便りで……」、と丁寧《ていねい》に教えてくれた。まだこどもだった私は、何だ、たいしたことではないと思った。その意味の深さに気づいたのは、大人になって自分のところに「平信」と記された手紙が来るようになってからであった。

疎遠《そえん》になっている人から突然《とつぜん》手紙が舞《ま》い込《こ》む。これは嬉《うれ》しいことではあるが、同時に不安も感じる。なぜあの人が今頃《いまごろ》手紙を送って寄越《よこ》すのだろう、何か悪い知らせではないか、受け取った人は心穏《おだ》やかでない。それは相手への配慮《はいりょ》に欠けるから「平信」と記す。すると相手は安心して封《ふう》を開けることができる。この二文字が「この手紙は□」と言っているのだから。

何も書いてなくとも封を切って読めば自《おの》ずと趣旨《しゅし》はわかる。僅《わず》か二十秒か三十秒の違《ちが》いである。しかしその間の相手の気持ちを察して書かれる二文字、こうした心遣《こころづか》いは今時の押《お》しつけがましい「おもてなし」と違って目立たない。けれどこれが日本の文化、日本の心なのだ。そして昭和一《ひと》ケタ以前の人にとって当たり前のことだった。

日々※狂言《きょうげん》を演じながら、日本人の情緒《じょうしょ》が変わってきてはいないかと気《き》掛《が》かりになる。速度を増して激変する環境《かんきょう》に心がついて行けず、苦しい思いをしている人も多いだろう。だからこそ古典を大切にしたい。長く受《う》け継《つ》がれてきた心の財産で生き方について考えるヒントが詰《つ》まっている。

（山本東次郎「平信」による）

※注　狂言…日本の古典芸能の一つ。

四　次の各問いに答えなさい。（問題は**問一**から**問五**まであります）

問一　次の①～⑥の――線部のカタカナを漢字に改めなさい。

①　電車のウンチンを支払う。
②　紅茶にサトウを入れる。
③　ショメイ活動に参加する。
④　本屋でザッシを買う。
⑤　クラス全体でサンピを問う。
⑥　用事をスませて帰る。

問二　次の①～②の――部は四字熟語になっています。その［A］～［D］にそれぞれ漢字１字を入れ、四字熟語を完成しなさい。

①　［A］耕雨［B］の生活に憧れる。
②　［C］［D］錯誤を繰り返す。

問三　次の①～②の――部は慣用的表現になっています。その□に入る漢字１字をそれぞれ記しなさい。

①　友人の□車に乗せられて損をする。
②　彼は周囲から□目置かれる存在だ。

問四　次の□に漢字１字を入れ、↓に従って読むと２字の熟語が４つできます。□に入る漢字を記しなさい。

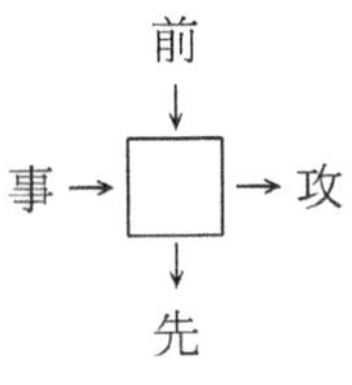

も、同じポーズで父にこたえた。

「グーパー、じゃん」

かけ声にあわせて手をふりおろしたぼくはチョキをだしていた。本当は［Y］のつもりだったが、この状況ではどうしたってチョキにしか見えない。ぼく以外はパーが十五人でグーが八人。末永はパーで、武藤と久保はグーをだしていた。

ぼくが顔をあげると、むかいにいた久保と目があった。

「太二、わかったよ。おれもチョキにするわ」

久保はそう言ってグーからチョキにかえると、とがらせた口から息を吐《は》いた。

「なあ、武藤。グーパーはもうやめよう」

久保に言われて、武藤はくちびるを隠《かく》すように口をむすび、すばやくうなずいた。そして、武藤は握《にぎ》っていたこぶしから人差し指と中指を伸《の》ばすと、ぼくにむかってその手を突《つ》きだした。

武藤からのVサインをうけて、ぼくは末永にVサインを送った。末永は自分の手のひらを見つめながらパーをチョキにかえて、輪のなかにさしだした。

「明日からのコート整備をどうするかは、放課後の練習のあとで決めよう。時間もないし、今日はチョキがブラシをかけるよ」

そう言って、ぼくが道具小屋にはいると、何人かの足音がつづいた。ふりかえると、久保と武藤と末永のあとにも四人がついてきて、ぼくは八本あるブラシを一本ずつ手わたした。【D】

コート整備をするあいだ、誰も口をきかなかった。ぼくの横には久保がいて、ブラシとブラシが離《はな》れないように歩幅《ほはば》をあわせて歩いていると、きのうからのわだかまりが消えていく気がした。

となりのコートでは武藤と末永が並び、長身の二人は大股《おおまた》でブラシを引いていく。コートの端《はし》までくると、内側の武藤が歩幅を狭《せば》くしてきれいな弧を描き、直線にもどれば二人ともがまた大股になってブラシを引いていく。

ぼくたちはこれまでよりも強くなるだろう。③チーム全体としても、もっともっと強くなれるはずだ。

（佐川光晴「大きくなる日」による）

問一　――線①とありますが、「一年生」が簡単に負けてしまった理由を「ぼく」はどう考えていますか。次の文の［　］に入る言葉を文中から20字以上25字以内で抜き出して記しなさい。

［　］ため、試合に集中できなかったから。

問二　次の脱落《だつらく》文は、文中の【A】～【D】のどこに入りますか。最も適当な場所を記号で答えなさい。

《脱落文》**ぼくは落胆《らくたん》するのと同時に自分の甘《あま》さに腹が立った。**

問三　［X］に入る「ぼく」の言葉を考えて、10字以上15字以内で記しなさい。

問四　――線②とありますが、「ぼく」はこの「不安」が何から生じると考えていますか。ここより後の文中から11字で抜き出して記しなさい。

問五　［Y］に入る言葉を文中から抜き出して記しなさい。

問六　――線③とありますが、「ぼく」がこのように考えたのはなぜですか。その理由を説明した次の文の［　］にあてはまる6字を記しなさい。

《説明文》**コート整備をする様子に今後、［　］がよくなるきざしを見てとったから。**

安が広がっていたはずだ。冷静に考えれば、きのうのことは一度きりの悪だくみとしておわらせるしかないわけだが、疑いだせばきりがないのも事実だった。

もしかすると、みんなは今日も末永をハメようとしていて、自分だけがそれを知らされていないのかもしれない。もしかすると、きのうのしかえしに、末永がなにかしかけようとしているのかもしれない。もしかすると、二、三人の仲の良い者どうしでもうしあわせて、たとえ負けてもひとりにはならないように安全策をこうじているのかもしれない。

ウラでうちあわせ可能な手口がつぎつぎ頭にうかび、これはおもっている以上に厄介《やっかい》だと、ぼくは頭を悩《なや》ませた。

やはりキャプテンの中田さんに助けてもらうしかない。そうおもったが、それをおもいとどまったのは、きのうから今日にかけて、一番きついおもいをしているのは末永だと気づいたからだ。末永以外の一年生部員二十三人は、自分が加担した悪だくみのツケとして不安におちいっているにすぎない。それに対して末永は、今日もまたハメられるかもしれないという恐《おそ》れをかかえながら朝練に出てきたのだ。最終的に中田さんに頼《たの》むとしても、まずはみんなで末永にあやまり、そのうえで相談するのが筋だろう。

そう結論したのは、三時間目のおわりぎわだった。おかげで授業はまるで頭にはいっていなかったが、ぼくはようやく自分のするべきことがわかった気がした。【B】そこでチャイムが鳴り、トイレに行こうと廊下《ろうか》に出ると、武藤が顔をうつむかせてこっちに歩いてくる。

「よお」

「おっ、おお」

武藤はおどろき、気弱げな笑顔《えがお》をうかべた。そんな姿は見たことがなかったので、もしかすると自分から顧問《こもん》の浅井《あさい》先生かキャプテンの中田さんにうちあけたのではないかと、ぼくはおもった。

それなら、昼休みには浅井先生か中田さんがテニスコートに来るはずだ。たっぷり怒《おこ》られるだろうが、それでケリがつくならかまわなかった。

給食の時間がおわり、ぼくはテニスコートにむかった。しかし集まったのは一年生だけだった。【C】

いつものように二十四人で輪をつくったが、誰の顔も緊張《きんちょう》で青ざめている。末永にいたっては、歯をくいしばりすぎて、こめかみとあごがぴくぴく動いていた。いまさらながら、ぼくは末永に悪いことをしたと反省した。

しかしこんな状況《じょうきょう》で、きのうはハメて悪かったと末永にあやまったら、どんな展開になるかわからない。武藤をはじめとするみんなからは、よけいなことを言いやがってとうらまれて、末永だって怒《いか》りのやり場にこまるだろう。

だから、一番いいのは、このままふつうにグーパーじゃんけんをすることだった。うまく分かれてくれればいいが、偶然《ぐうぜん》、グーかパーがひとりになる可能性だってある。ハメるつもりがないのに、末永がまたひとりになってしまったら、事態はこじれて収拾《しゅうしゅう》がつかなくなる。

みんなは青ざめた顔のまま、じゃんけんをしようとしていた。どうか、グーとパーが均等に分かれてほしい。

こぶしを顔の横に持ってきたとき、ぼくの頭に父の姿がうかんだ。一《いっ》緒《しょ》にテニススクールに通っていたころ、父は試合で会心のショットを決めると、応援《おうえん》しているぼくたちにむかってポーズをとった。ぼくや母

二　次の文章を読んで、後の問いに答えなさい。（問題は**問一**から**問六**までありります）

《本文までのあらすじ》

中学一年生のぼく（太二《たいじ》）はテニス部員。この部には一年生部員がグーパーじゃんけんをして、人数の少ない側が昼休みにコートの整備をするという習慣がある。先輩《せんぱい》からは、かげで相談して、誰《だれ》か一人を陥《おとしい》れることを禁じられていたが、武藤《むとう》が中心となり、ぼくもまじめな久保もそれに従い、末永一人にコート整備をさせるように仕向けた。ぼくは間違《まちが》ったことをしたという思いと、武藤の言いなりになってしまった情けなさで、どうすればいいのかをあれこれ考えながら翌日を迎《むか》えた。

朝練では、一年生対二年生の対抗戦《たいこうせん》をする。シングルマッチで一ゲームを取ったほうの勝ち。四面のコートに分かれて、合計二十四試合をして、白星の多い学年はそのままコートで練習をつづける。負けた学年は球拾いと声だしにまわる。

力試《ちからだめ》しにはもってこいだが、二年生との実力差は大きくて、これまで一年生が勝ち越《か》《こ》したことはなかった。武藤や末永でも三回に一回勝てるかどうかで、久保は一度も勝ったことがない。ぼくは勝率五割をキープしていたが、団体戦に出場するレギュラークラスには歯が立たなかった。ただし、一度だけ中田さんから金星をあげたことがある。ベースラインでの打ちあいに持ちこんで、ねばりにねばって長いラリーをものにした。誰が相手であれ、きのうからのモヤモヤを吹《ふ》き払《はら》うためにも、ぼくはどうしても勝ちたかった。

①ところが、やる気とは裏腹に、ぼくは一ポイントも取れずに負けてしまった。武藤や末永もサーブがまるで決まらず、ダブルフォールトを連発して自滅《じめつ》。久保も、ほかの一年生たちも、手も足も出ないまま二年生にうち負かされて、これまでにない早さで勝負がついた。

「どうした一年。だらしがねえぞ」

キャプテンの中田さんに命じられて、ぼくたちはグラウンドを走らされた。いつも先頭をきっているので、みんなの姿を見ずに走るのはなれていたが、今日だけは武藤や末永や久保がどんな顔でついてきているのか、気になってしかたがなかった。

誰もが、きのう末永をハメたことを後悔《こうかい》しているのだ。足を止めて、一年生全員で話しあいをして、昼休みのコート整備を当番制にかえてもらうようにキャプテンに頼《たの》もうと言いたかったが、おもいきれないまま、ぼくはグラウンドを走りつづけた。【A】

「よし、ラスト一周。ダッシュでまわってこい」

中田さんの声を合図に全力疾走《しっそう》となり、ぼくは最後まで先頭を守った。

「ボールはかたづけておいたからな。昼休みのコート整備はちゃんとやれよ」

八時二十分をすぎていたので、ネットのむこうは登校する生徒たちでいっぱいだった。武藤に、［　X　］と釘《くぎ》を刺《さ》しておきたかったが、息が切れて、とても口をきくどころではなかった。

ラケットを持って四階まで階段をのぼりながら、ぼくは武藤と話さなくてよかったとおもった。ぼくが武藤を呼びとめていたら、ほかの一年生はぼくたちがなにを話しているのかと、気になってしかたがなかったにちがいない。②武藤ではなく、久保か末永を呼びとめていても同じ不

べる物を自分で獲って殺して調理し、食べるというのは新鮮な驚きだった。興奮と引け目が混じり合い、どぎついほど生々しいのにむちゃくちゃ旨い。

サバイバル登山の延長で、殺す、食べる、生きると真剣に向き合い直し、私は狩猟の世界に足を踏み入れた。山に暮らす生き物の生命に、圧倒的な暴力で介入することを許されたとき、山の風景ががらりと変わった。いつしか私は狩猟者の立場から世界を見るようになっていった。

近所の食べられる草木の生育状況が気になり、昆虫の発生を確認し、天気の巡りから猟場の野生動物の動向を予想した。

②首都圏に隣接した住宅街の片隅に暮らしていても、猟師としての小さな覚悟を持つことで、私は星野道夫が写した先住民の世界観に近づけているような気がしはじめた。

小さなことから手作りで生活を組み立て、自然のサイクルを感じながら生活する。都会でサラリーマンをやりながらでも自然に近いところで生きることはできる。覚悟と気持ちと生きるための小さな努力を積み重ねた先に、もしかして、ありふれた日常の驚くべき絶景があるかもしれない。覚悟とは、できることは自力でやり、自然と共に生きようという小さな気概である。

日本人としての自分の土着の生活――アーバンサバイバル。それは窮屈な環境で繰り返される、平凡な日常であり、そこで目にするのは世界遺産の雄大な風景でもなければ、きわどい登攀《とうはん》の先でたどり着いた高山のてっぺんからの眺めでもない。

③雪の地平線に現れたカリブーの影とは規模も深度も違うかもしれない。だが、自然と深く関わりながら、一つの動物として、地球で生きようという心意気の先でこそ、イヌイットが見たカリブーの影のような、本当の意味で心を揺さぶられるような風景に出会えるかもしれない。いや、おそらく旅先や登山では、土着の生活を掘り下げた先で出会う風景に勝る絶景には出会えない。生活の中でふと目に留める、足元を歩くニワトリのお尻に、衝撃の風景は隠されている。

世界を放浪したり、山を登ったりした末に、私がたどり着いたのは、自宅の小さな庭だった。柿の木が生え、家庭菜園の合間をニワトリが歩き回る傾斜地である。

だが、④そこにこそ深い世界に繋《つな》がる入り口があると、私は今は感じている。

（服部文祥「ありふれた日常の驚くべき絶景」による）

問一 ［X］に入る言葉として最も適当なものを次の中から選び、記号で答えなさい。

ア　地平線の単なる「景色」　　イ　神聖なる「神様」

ウ　生き残るための「食料」　　エ　先住民にとっての「家畜」

問二 ――線①とありますが、その理由を「から」につづく形で、文中から25字で抜き出して記しなさい。

問三 ［Y］に入る2字の熟語をここより後の文中から抜き出して記しなさい。

問四 ――線②とありますが、「小さな覚悟」とはどういうことですか。文中から34字で抜き出し、始めと終わりの3字を記しなさい。

問五 ――線③とありますが、「カリブーの影」と同じ意味で用いられている表現を文中から7字で抜き出して記しなさい。

問六 ――線④とありますが、「深い世界に繋がる入り口」に筆者は何を見ているのですか。文中から14字で抜き出して記しなさい。

【国　語】（五〇分）〈満点：一〇〇点〉

【注意】 1　設問の関係で、原文とは異なるところがあります。
2　句読点（、や。）その他の記号（「や〃など）は1字分として数えます。

一　次の文章を読んで、後の問いに答えなさい。（問題は**問一**から**問六**まであります）

すごい景色が見たい、すごい体験がしたい。平凡ではない人生を求めてそんなことを夢見る平凡な若者だった。だが、何らかのジャンルで一流とされる人間が立つような舞台に立ち、すごい体験をする才能が私にはなかった。

だから、海外を貧乏旅行したり、山に登ったりした。登山なら、根性と体力さえあれば、登れる登れないは別にして、一流と同じ舞台に立つことができる。大きなミスをすれば死ぬし、大自然の中では生きる権利など保障されていない。だからこそ、山は素人だろうがベテランだろうが常に本物の現場だった。

学生時代に登山にのめり込んだ者にとって、アラスカの原野を写真作品とした写真家、星野道夫の生き方は理想だった。大自然の中に長期間入り込み、表現活動をして、世に認められて生きていけたら、素晴らしい。

その星野道夫が、あるイヌイットから聞いた思い出話を著作で紹介していた。カリブーの季節移動が遅れに遅れて餓死寸前になり、いよいよダメだというところで、雪の地平線にぽつりとカリブーらしき黒い点が見えたという話だ。

今、その頃の気持ちを正直に思い返すと、私が本当に憧れていたのは、写真を撮影する星野道夫ではなく、写真に撮られる北米先住民だったと思い至る。白い地平線にぽつぽつと現れたカリブーを、作品の題材としてではなく、［　X　］と思えたら、その風景はいったいどう見えるのだろう。そう心の奥で焦がれていたのだ。

イヌイットにとって「カリブーが来た」は「生き延びた」と同じ意味である。①だが星野道夫も、星野道夫の作品を見る我々も、イヌイットと同じ風景を見て、同じように感じることはかなわない。

それまで海外旅行で見てきた風景は、充分に雄大で息を飲むものだった。だが、どこかでだれかが見た風景と同じだった。

きわどい登山中に見た景色も、そこに存在する自分を肯定し、自己憐《れん》憫《びん》に浸《ひた》るには充分な情景だった。だが、そんな風景に出会うためには、ギリギリの登山でなくてはならず、そんな登山を繰り返すのは怖かった。

それが私の「絶景」の限界だった。時間や労力を費やし、リスクを越えた先で見る充分に深みを伴ったすごい景色だとは思う。だが、イヌイットが見た地平線のカリブーにはかなわない。横浜の公団団地で育ち、典型的な昭和後期生まれの日本人として歩んできた私はどんなに頑張っても、地球環境に対してゲストであることから脱却できない。ひ弱な文明人としてしか、世界を見ることは許されないのだ。

あるとき、登山という一定期間でもいいから、とにかくすべての生活を山に持ち込み、渓流魚を釣り、山菜を採って、ただシンプルに生きてみたいと思った。明日を生きるために、命を奪い、食べ、そして登る。できるだけ［　Y　］を目指すサバイバル登山の始まりである。自分の食

MEMO

大切なことはメモしておこうネ！

解答用紙集

○月×日　△曜日　天気（合格日和）

◆ご利用のみなさまへ

＊解答用紙の公表を行っていない学校につきましては、弊社の責任において、解答用紙を制作いたしました。

＊編集上の理由により一部縮小掲載した解答用紙がございます。

＊編集上の理由により一部実物と異なる形式の解答用紙がございます。

人間の最も偉大な力とは、その一番の弱点を克服したところから生まれてくるものである。――カール・ヒルティ――

東京学参株式会社

国学院大学久我山中学校（ST第1回）　2024年度　◇算数◇

※ 123％に拡大していただくと，解答欄は実物大になります。

1	（1）	（2）	（3）	（4）
	（人）	（秒）		（才）
	（5）	（6）		
	（cm）	（cm）		

2	（1）	（2）	（3）①	（3）②
	L	個	分速　m	m
	（4）	（5）	（6）	（7）
	％引き	％	cm^2	cm^3

3	（1）①	（1）②	
	（　，　，　）	（　，　，　）	
	（2）	（3）	（4）
	回	回	回
	（5）		
	（　，　，　）		

4	（1）①	（1）②	（2）①	（2）②
	秒間	秒後	秒間	秒後

4

（3）

（考え方）

（答）

秒後

（4）

1 回目	2 回目	3 回目	4 回目

（5）

（考え方）

（答）

秒後

国学院大学久我山中学校（ST第1回）　2024年度

◇国語◇

※107％に拡大していただくと，解答欄は実物大になります。

一

問一

問二

問三

問四

食文化の進化と思われていた食材の多くは、

という変化に過ぎないということ。

問五

問六

二

問一

問二

A

B

問三

問四

問五

問六

ア

イ

ウ

エ

オ

三

問一

①

②　える

③　む

④

⑤　しく

⑥

問二

①

②

問三

①

②

問四

問五

問六

国学院大学久我山中学校（ST第2回）　2024年度

◇算数◇

※ 123％に拡大していただくと，解答欄は実物大になります。

1	（1）	（2）		
	（円）	①	②	③
	（3）	（4）	（5）	（6）
	（cm^2）	（人）	（個）	（円）

2	（1）	（2）	（3）	（4）
	g	円	秒	セット
	（5）		（6）	（7）
	① 個	② 個	cm	m^2

3	（1）	（2）	（3）
	cm^2	→ →	通り
	（4）		（5）
	→ → →	→ → →	通り
	（6）		
	回		

4	（1）	（2）	（3）
	分後	度	分後
	（4）	（5）	
	m	度	

4	（6）
	（考え方）
	（答）　分後
	（7）
	（考え方）
	（答）　回

国学院大学久我山中学校（ST第2回）　2024年度

◇国語◇

※ 147％に拡大していただくと，解答欄は実物大になります。

一

問一

問二

問三
A
B

問四

問五
45
55

二

問一

問二

問三

問四
10

問五
45
35

問六
ア
イ
ウ
エ
オ

三

問一
①
②
③
④
⑤
⑥ ねる

問二
①
②

問三
①
②

問四

問五

問六

国学院大学久我山中学校（ST第1回）　2023年度

◇算数◇

※ 120％に拡大していただくと，解答欄は実物大になります。

	(1)	(2)	(3)	(4)
1		(本)	(m)	(年前)
	(5)	(6)		
	(cm)	(時間)		

	(1)	(2)		(3)
2	時速　km	①　に　歩	②　回	点

	(4)	(5)		(6)	(7)
2	個	あめ　個	ケーキ　個	cm^2	cm

	(1)	(2)
3	cm^2	（　，　），（　，　），（　，　）

	(3)	(4)		(5)
3	（　，　）	①	②　通り	通り

	(1)	(2)	(3)	(4)
4	秒後	秒後	cm	秒後

	(5)	
4	（考え方）	
	（答）液体 A　cm	液体 B　cm

4

（6）

（考え方）

（答）

：　　　：

（7）

（考え方）

（答）

：　　　：

※ 118％に拡大していただくと，解答欄は実物大になります。

一

問一

問二

問三

問四

はじめ

〜

終わり

から。

問五

問六

二

問一

問二

問三

問四

問五

が分かって心が救われたから。

問六

ア

イ

ウ

エ

オ

三

問一

①

②

③

④

⑤

⑥

り

問二

問三

問四

(1)

(2)

問五

問六

◇算数◇

※ 120%に拡大していただくと，解答欄は実物大になります。

	(1)	(2)	(3)	
			①	②
1	(個)	(通り)	(m)	(cm^2)
	(4)	(5)	(6)	
	(分)	(点)	(%)	

	(1)	(2)	(3)	
			①	②
2	人	時　分	円	円
	(4)	(5)	(6)	(7)
	人	才	cm^2	cm^3

	(1)	(2)	(3)
	円	円	マス
3	(4)		
	〈　　，　　，　　〉，〈　　，　　，　　〉		
	(5)		(6)
	① (マス)	② (通り)	通り

	(1)	
	太郎君　時　分	花子さん　時　分
4	(2)	
	①（考え方）	(答)　時　分

4

(2)

②（考え方）

(答)

時　分

(3)

（考え方）

(答)

分間

(4)

（考え方）

(答)

時　分

(5)

（考え方）

(答)

が　分早く着く

◇国語◇

※ 118％に拡大していただくと，解答欄は実物大になります。

一

問一

問二

50

60

問三

問四

問五

問六

ア

イ

ウ

エ

オ

二

問一

問二

から。

30

40

問三

問四

問五

〜

ところ。

問六

三

問一

①

②

③

④

⑤

⑥

問二

問三

問四

（1）

（2）

問五

問六

国学院大学久我山中学校（ST第1回）　2022年度

◇算数◇

※ 120％に拡大していただくと，解答欄は実物大になります。

1

（1）	（2）	（3）	（4）
	（問）	（円）	
（5）	**（6）**		
（％）	（個）		

2

（1）	（2）	（3）	（4）
	才	分	個
（5）①	**（5）②**	**（6）**	**（7）**
点	回	cm^2	cm

3

（1）①	（1）②	（1）③	（2）
cm^2	cm^2	cm^2	cm^2

（3）	（4）	（5）
通り	□→□→□，□→□→□ □→□→□，□→□→□	□→□→□

4

（1）	（2）	（3）
km	km	分

（4）

（考え方）

（答）　　kg

4

（5）

（考え方）

（答）

時　　　　分

（6）

（考え方）

（答）

時　　　　分

（7）

（考え方）

（答）

日目が　　　　分早い

国学院大学久我山中学校（ST第1回）　2022年度

◇国語◇

※ 118％に拡大していただくと，解答欄は実物大になります。

一

問一

問二　と考えたから。

問三

問四

問五　可能性があるということ。

問六　ア　イ　ウ　エ　オ

問七

二

問一

問二

問三　A　B　C

問四

問五

問六　ア　イ　ウ　エ　オ

三

問一　①　②　③　④　⑤ り　⑥ まる

問二　①　②

問三

問四

問五

問六

国学院大学久我山中学校（ST第2回）　2022年度　　◇算数◇

※ 120％に拡大していただくと，解答欄は実物大になります。

1

（1）	（2）	（3）	（4）
（人）	（分）	（%）	（日目）

（5）	
①	②

2

（1）	（2）	（3）	（4）
	人	cm	通り

（5）		（6）	（7）
① 秒速　m	② 秒	度	cm^2

3

（1）	（2）

（3）	（4）	（5）	
		d	e

4

（1）	（2）
cm	秒後

（3）
（考え方） （答）　秒後

4

（4）

cm

（5）

（考え方）

（答）

秒後

（6）

（考え方）

（答）

秒後

国学院大学久我山中学校（ST第2回）　2022年度

◇国語◇

※118%に拡大していただくと，解答欄は実物大になります。

一

問一

問二

問三　ような読書の仕方。

問四

問五

問六

二

問一

問二

問三

問四　ような感覚。

問五

問六　ア　イ　ウ　エ　オ

三

問一　①　②　③　④　⑤ かい　⑥ まる

問二　①　②

問三

問四

問五

問六

国学院大学久我山中学校(ST第1回)　2021年度

◇算数◇

※ 122%に拡大していただくと，解答欄は実物大になります。

1	(1)	(2)	(3)	(4)
		(分)	(日目)	(才)
	(5)	(6)	(7)	
	(午前)　(時)	(回)		

2	(1)	(2)	(3)	(4)
	箱	L	個	g
	(5)	(6) ①	(6) ②	
	cm	cm^3	cm^2	

3	(1)	
	(, ,)	(, ,)
	(, ,)	(, ,)

3	(2)			
	ア	イ	ウ	エ

3	(3)	(4)	(5)
	通り	通り	通り

4	(1)	(2)
	(考え方)	(考え方)
	(答)　分　秒後	(答)　分　秒後

4

（3）

（考え方）

（答）

m

（4）

（考え方）

（答）

分　　　秒後

（5）

（考え方）

（答）

m

（6）

（答）

m

国学院大学久我山中学校（ST第1回）　2021年度

◇国語◇

※ 110％に拡大していただくと，解答欄は実物大になります。

一

問一

問二

問三

問四

問五

問六

二

問一

問二

問三

問四

問五

問六

三

30

40

四

問一

①

②

③

④

⑤

⑥

問二

①

②

問三

①

②

問四

問五

MEMO

大切なことはメモしておこうネ！

MEMO

大切なことはメモしておこうネ！

MEMO

大切なことはメモしておこうネ！

MEMO

大切なことはメモしておこうネ！

MEMO

大切なことはメモしておこうネ！

〈ダウンロードコンテンツについて〉

本問題集のダウンロードコンテンツ、弊社ホームページで配信しております。現在ご利用いただけるのは「2025年度受験用」に対応したもので、**2025年3月末日**までダウンロード可能です。弊社ホームページにアクセスの上、ご利用ください。

※配信期間が終了いたしますと、ご利用いただけませんのでご了承ください。

中学別入試過去問題シリーズ

国学院大学久我山中学校(ST)　2025年度

ISBN978-4-8141-3186-0

[発行所] 東京学参株式会社
〒153-0043　東京都目黒区東山2-6-4

書籍の内容についてのお問い合わせは右のQRコードから　⇒

※書籍の内容についてのお電話でのお問い合わせ、本書の内容を超えたご質問には対応できませんのでご了承ください。

2024年5月23日　初版